智慧育人探索丛书

本专著受上海市教师专业发展工程领导小组办公室资助

师生成长的智慧园

蒯峰梅　著

同济大学出版社
TONGJI UNIVERSITY PRESS

图书在版编目(CIP)数据

师生成长的智慧园/蒯峰梅著.--上海:同济大学出版社,2016.12

ISBN 978-7-5608-6702-1

Ⅰ.①师… Ⅱ.①蒯… Ⅲ.①小学教育—研究 Ⅳ.①G62

中国版本图书馆CIP数据核字(2016)第315425号

师生成长的智慧园

蒯峰梅 著

责任编辑 朱 勇 责任校对 徐春莲 封面设计 张 微 郭小源

出版发行 同济大学出版社 www.tongjipress.com.cn
(地址:上海市四平路1239号 邮编:200092 电话:021—65985622)

经 销 全国各地新华书店

印 刷 同济大学印刷厂

开 本 787mm×960mm 1/16

印 张 18

字 数 360000

版 次 2016年12月第1版 2016年12月第1次印刷

书 号 ISBN 978-7-5608-6702-1

定 价 48.00元

《智慧育人探索丛书》编委会

总　序

教师节前夕，上海市第二师范学校附属小学蒯峰梅等三位学校领导来访，兴奋地告诉我，他们学校有八位老师将自己的教育教学经验梳理、筛选、提升，作一点理性思考，并诉之于文字，准备出版，并邀我为该丛书作序。我受老师们积极向上的热情所感染，欣然应允。

《智慧育人探索丛书》内容丰富，有学校管理的经验，有学校德育及班主任的经验，有语文、数学、英语、体育等学科教学的经验，有个人的发展，有团队的成长，林林总总，各具特色。尽管视角不同，认识有异，但都聚焦在“智慧”这个关键词上，探索如何智慧管理学校，如何创建智慧课堂，如何做智慧的班主任等。这确实是值得探讨，用心尝试，力求取得实效的教育课题。

有人说，智慧这个元素，如撒在汤里的盐，看不见，摸不着，但品得出来。没有盐的汤，淡而无味，缺乏智慧的教育，也是如此。事实就是这样，基础教育关乎人德、智、体、美、劳全面发展的事，关乎大脑全面成长的事，理应生气蓬勃，精彩纷呈。二师附小办学追求的就是智慧教育的境界，管理者追求智慧育人，执教者追求智慧育人，努力践行关注每一个，成就每一个，引导学生乐学，会学，学好，激发他们的内在潜能，更好地健康、快乐、幸福地成长。丛书正是各位作者老师从各自教育教学的实际经验出发，表达自己的愿望与理想。简言之，有几点颇受启发。

教育智慧蕴含的最重要的维度是人——学生和教师。管理也好，教育教学也好，学生应是我们思考问题、处理问题的第一立场。一切教育活动、教学行为，都在于体贴人、吸引人、感召人、启迪人，使受教育者内心需求有所满足，感受到求知、成长的快乐。见分不见人，只见知识不见人，是缺乏智慧的表现。

好的课堂教学实际上是充满智慧的探险。以智慧唤醒心灵，激发兴奋点，开发探究点，向知识宝库觅宝，思想碰撞，对话交流，生意盎然。课堂教学其实在演绎老师的智慧，既要自己发出启蒙之声，心魂之声，照亮课堂，又要激励每个学生发声，表达所思所想，有时众生喧哗也是一道美丽的风景线。一切教学行为关键在不断活跃学生思维，引领他们动脑筋，学会发现，学会质疑，试着分析与解决力所能及的问题。有位哲人说，思想是条机灵活泼的鱼儿，井水、江水、海水，它都可以畅游；顺流、逆流、激流，它都可以奋进。对它来说，没有什么界限，也没有什么禁区。智慧课堂就是让学生的思维、思想变得像鱼儿那么活泼，那么自在，那么快乐。

智慧不是一种方法，而是一种能力，在一定条件下就会表现出来。智慧本身需要以一定的知识为基础。教师进行智慧教学当然要博闻强记，以不断丰富自己的知识为基础。有一定的学科素养与文化底蕴，教学时就能触类旁通，举一反三，闪发智慧的光芒。智慧之光要常在，教师还须锻炼自己的思维，特别是多向思维，从不同方向、不同角度思考，可对有些知识重组，可从已有的知识中寻找出新意，让学生兴奋，有新奇感、探究欲。哪怕是教识字，不仅是字音、字形、字义教学，其中还有民族文化的启蒙，民族文化的传承，滋润学生的心灵，让学生感受到春风化雨之甘甜。

智慧育人，教师要有仁爱情怀。一个学生一个样，性格、习惯、脾气、爱好、智力、情商、家庭情况、成长条件等不可能一个样，差异是客观存在。教师要做到真心实意地热爱每一个，确实要锤炼自己的感情，有大爱、仁爱的宽广胸怀，要懂得：差异是和谐的基础，多样是丰富的前提。音符有阶梯，才组合成优美的旋律；色彩多种多样，就能编织成绚丽与斑斓。有一副敏锐的目光，发现每一个学生身上的优点、特点，爱护、培育、聚集，让他们在集体中闪发光芒。以仁爱之心铸就的育人，不仅是知识的传授、能力的训练、智力的发展，有智慧之光，而且透露出师生生命的敞亮，生命的锻造，生命的成长。

营造智慧育人的气氛，探索智慧课堂，学校管理者积极带头，通盘设计，并坚持不懈地一步步推进，力求落到实处，结出硕果。这种对事业执著追求的精神是值得赞颂的。

希望这套丛书能得到小学教师同行的青睐，交流认识与思想，也祝愿丛书的作者继续尽心实践、研究，取得更多的进步，更大的提升。

于 漪

2016 年 9 月 13 日

序

蒯峰梅校长是上海市第三期名校长培养基地的学员。作为上海市名校长培养基地的主持人,看到学员校长成长的业绩和办学的进步会感到由衷的喜悦。当我读到二师附小蒯峰梅校长送来的书稿《师生成长的智慧园》,看到二师附小近十年来在蒯校长领导下积极发展、蓬勃向上的欣喜景象,内心的喜悦和感动更是油然而生。

一所好学校往往是教师队伍、课程建设、学校文化、学校管理、师生发展等众多办学因素相辅相成的体现。一所好学校所展现的可喜景象是:教师的专业成长促进了学生全面发展;师生的共同发展提升了学校的办学质量;办学质量的提升反过来促进了师生更加积极的发展……这种良性循环的不断持久,才会成就一所老百姓喜欢的好学校。二师附小之所以为师生喜爱,为老百姓称道,还在于学生、教师、学校这三者之间的积极互动与和谐共生。蒯校长的专著《师生成长的智慧园》,渗透了二师附小师生快乐成长的教育思想,而书中的字里行间又能感受到蒯校长崇尚并执着追求的办学愿景:用智慧经营,让校园成为师生生命成长的栖居之园、智慧之园、理想之园,实现"学生成才,教师成功,学校发展,人民满意",各美其美,美美与共的教育盛景。这种办学的智慧和豪情、远见和卓识让我深为敬佩!

陶行知先生常说:"做校长,谈何容易!说得小些,他关系千百人的学业前途;说得大些,他关系国家与学术之兴衰。"是的,校长乃一校之魂,当好不易。若要当一名心有盛景,美美与共的校长,那更是难上加难。他必须心系学生,心系教师,心系学校,脑中有纲,胸中有图,目中有人,手中有法,心中有计,砥砺前行。手捧书卷,用心品读,不胜感慨。蒯峰梅校长在书中通过"智慧管理""智慧课程""智慧课堂""智慧教师""智慧学子""智慧联动"等六个篇章,生动展现了她和老师们的十年办学历程，书中看到了她在这十年间，携手每一位教师同仁，继承并发扬附小人的精神，坚定不移地走一条“关注每一个，成就每一个”的办学之路，追求“以学生发展为本、以教师发展为本、以学校发展为本”的管理风格和办学实践，形成了“心胸有高度、待人有温度、思考有广度、落实有深度”的管理特色，树立了“满足师生幸福的事大胆为、推进课程改革的事积极为、助推学生成长的事放心为”的行动理念，开发了顺应儿童天性、富有儿童趣味、适于儿童接受的“智慧树”课程……蒯校长和学校师生的种种努力，有力地推动了二师附小“个性发展、全面发展、创新发展、科学发展”的办学内涵，书中所述，眼前所见，真可谓硕果累累，芬芳满园，景象喜人！

更难能可贵的是《师生成长的智慧园》一书，不仅仅饱含着蒯峰梅校长十年办学、砥砺前行的智慧，更充盈着她心中那一份绵绵无尽、炽热深沉的教育情怀与梦想，正如她自己在书中所描述的那样：我，是一棵小树，生长在二师附小。这是一方生机勃勃、桃李芬芳的沃土。28 载的培植与养育，使我枝繁叶茂，不断成长。我无比热爱她，依恋她，感激她！二师附小，是我永远钟情与奋斗的地方……

《师生成长的智慧园》是一本记叙办学智慧与办学实践的书，书中所思所言所行似乎也回答了教育发展中的许多问题与困惑，对广大基础教育同行特别是年轻校长会有许多学习与借鉴的作用，甚至还有很多可操作性的“干货”可以复制，可以“拿来使用”，可以为同仁们带来帮助，所以我乐意把此书推荐给我的同道人和广大关心基础教育的读者。

最后，我衷心祝愿迁入新校舍的二师附小在先进的办学条件下，在未来的教育发展中，继续求正创新，力臻完善，让每一间教室充满活力，让每一个角落洋溢爱意，让每一位学子怀揣梦想，让每一名教师拥抱愿景，让二师附小真正成为智慧之园，让师生的成长与学校的发展成为二师附小教育盛景的新气象！

上海教育学会副会长兼小学管理专业委员会主任
上海市名校长培养基地主持人　　　　卞松泉
国家督学

2016 年 11 月

目　录

和孩子们在一起，心中永远是春天

引言

心系沃土话成长

“我，是一棵小树，生长在附小。这是一方生机勃勃、桃李芬芳的沃土。我无比热爱她，依恋她，感激她！附小，我永远钟情与奋斗的地方……

在于漪老师的点拨与引领下，不断成长

“教育是事业，其意义在于奉献；教育是科学，其价值在于求真；教育是艺术，其生命在于创新。”教育家吕型伟先生对教育的深刻认识，让我们这一代人对教育满怀敬畏与感恩之心，敬畏教育，要立志奉献、求真、创新；感恩教育，要学会感恩，学会回报。回顾我28年的教育经历，它是一个对教育不断感悟、理解和深化的过程。感谢教育，让我的人生充实而美好！

一、在环境激励中成长

一个人的成长离不开环境的浸润。从小就有个梦，做老师，可以一直和孩子们在一起，一起学习一起欢笑，心中永远是春天。1985年，我的梦想实现了一大步，顺利考入上海市第二师范学校（以下简称“二师”），在“一身正气，为人师表”的环境熏陶下学习着、成长着，于漪校长的崇高人格和治校理念对我和我们这代师范生的影响是一辈子的。在二师，我练就了做教师的基本功，练“三笔”字、练钢琴、学教法；我学会了规范，仪表端庄、行为规矩、珍惜粮食等好习惯深入我心；我知道了担当，“选择做教师，就选择了高尚”“一头肩负着孩子的未来，一头肩负着祖国的明天”，所以二师毕业时“为什么做教师”“怎么做教师”的理想已在心里埋下了真、善、美的种子。

我喜欢把自己比作一棵小树，因为树是不断成长着的，始终充满生命的气息与活力，始终有股积极向上、不畏艰辛的力量。我更相信缘分，是我与教育与二师的缘分，让我与上海市第二师范学校附属小学（以下简称“附小”）结缘，并且结缘一辈子，从1989年毕业分配到附小，从“小树苗”教师做起，慢慢生根、长叶、开花，成长为至今的校长，一待就是28年。对这里的老师、学生甚至一草一木都有了深厚的感情，这片沃土养育了我，培养了我，让我始终心存感恩与敬畏。

（一）初为人师踌躇满志

我在教育中的“责任、担当”是从上好每一节课开始的。分配到附小，第一年担任二年级的数学老师。学校领导为我们这些“小树苗”提供了很多的学习机会，让我们充分感受到集体的温暖。在师傅的带领下，我听了学校所有数学教师的课，并且认真参加每一次的校、区教研活动，一字一句地备课、上课，丝毫不敢懈怠。

不久，师傅对我说，上海市数学教材编写组的专家要来校听课，学校决定让我试一试。这可是一个大好机会呀！师傅的话语牢牢地记在心间，暗暗鼓劲一定要珍惜这次机会。于是，我先借阅了不少教学参考资料，师范学校里学的数学教法又重新拿出来翻阅，真是恨不得使出浑身解数。好不容易备好了课，给师傅看，想不到被否定了不少内容。备好一节课真难呀！教案经过数次修改，终于定了下来，接着准备教具，晚上又拿着教案一字一句地背，对着镜子练表情……

到了专家来校听课的那一天，我胸有成竹地走进课堂，按教案的过程有条理地上起课，自我感觉还挺顺，偷偷看了师傅一眼，表情可以。可就在这时，一个男孩提了个我根本没想到的问题，一下子我面红耳赤，不知如何应对，愣了半晌，含糊地说："下课再讨论。"……唉，上好一节课真难呀！事后，虽然专家们对我的表现予以鼓励和肯定，但我心里还是很不安宁。我感觉到：要学的东西真的很多！

有了第一次的公开教学，就有了以后的一次次公开，一次次机会，也就有了一张张获奖证书和职业的幸福感，我品尝着做一名教师的甘甜，感受着一份崇高的责任，也规划着自己的未来：我愿做一名学生爱戴、家长满意、领导信任、同事喜欢的好老师，我愿和团队一起成长，如果我能在这所学校做一辈子这样的老师就是最大的幸福。有时人生规划的力量是无穷的！

（二）依靠"大树"勇往直前

附小是片沃土，成长出一代代师德高尚、教学精湛的好老师，有全国劳动模范胡蘋老师，全国教书育人先进个人顾美蕾老师……一棵棵"大树"指引着我们"小树苗"前行。

我很幸运。第一年做班主任，就和胡蘋老师搭班，近距离地接受她的指点和帮助。胡老师低调谦虚的处世风格、爱岗敬业的教学态度，我都看在眼里记在心里。尽管她家离校很远，但她每天都会早早来到校园，给教室、办公室开完窗后，微笑地站在教室里等待每一个孩子的到来；她各种会议很多，经常外出，但班级事务安排得井井有条；她对学生春风化雨，无微不至，对家长设身处地，急人所急；对同事关爱有加，特别是对我们这些“小树苗”呵护关照，不断给我们前行的正能量，让我深受教育和感动。

我的前任校长、师傅张治特级校长对我成长的影响也很大。一直追随着张校长，我深刻感受到张校长的儒雅、广博、谦逊，感受到他对小辈们的帮助、关爱、提携。他提出的办学目标是：“三精”——精细化管理、精致化教学、精美化环境，“四园”—— 温馨的家园、启智的学园、成长的乐园、美丽的花园。他引导教师做文化人，具备“可敬、可信、可亲、可学”的品质；他强调学生“健康、懂事、聪明、可爱”的发展标准；他倡导“平等、尊重、服务”的教育理念等等。张校长的人品修养和办学主张，无不体现着他对教育的深刻理解与从容把握。一个个科研项目、一次次教改实验，让教师们不断攀越高峰，让学生们不断持续发展，让附小不断创造辉煌，几十年对小学教育的执著追求，也使他在小学教育界声誉远播。

追随这样的一棵棵“大树”前行，让我少走了许多弯路，少了许多彷徨，让我的步伐更为坚定，一路也收获满满，幸福无比。这些更鞭策着我以他们为前行的明灯，刻苦学习、大胆实践，用整个身心来回报团队对我的培养。

（三）各个岗位锻炼成长

人贵有自知之明，我不是一个天资聪慧的人，但我真诚、守信、勤奋。知识没弄懂，我会花时间钻研，不怕“开夜车”；同事间有什么需要帮忙，我会热心投入，不怕添麻烦；任何事交给我，我都会想办法尽力完成，不怕吃亏吃苦……就这样，我一步一步踏实、认真地走过来，赢得了学校领导的信任、同事的认可，自己也根本没想到25岁时我会被领导看中、老师们选上，当上了学校史上最年轻的工会主席。

这时的我一下子觉得身上的责任重了，原本只要管好自己，“天天快乐”，现在岗位转变了，面对领导的期望、同事们的厚爱，我该怎么做？如何为广大教师服务？如何架起领导与教师间的桥梁？我顿感压力，但我的个性决定了我的选择——滴水之恩，当涌泉相报，知遇之恩，更当尽心尽力回报，不能辜负，必须朝前走！于是，我就向老工会主席学习，热心为教师服务，用心组织各项活动，努力营造安心、舒心、温馨的校园氛围。每次教师提出一些合理提高福利设想时，我都能换位思考后向校长反映意见；每次教师生病、家中有困难时，我都能及时关心、帮助。印象特别深刻的是某一年里去了“人最终的归宿点”14 次，为老师的家人送行，给老师及时的温暖，从第一次的害怕、不知所措到后面的坦然、真切，不知不觉老师们对我的称呼改成了“蒯妈妈”，我和老师们的距离也越来越近了！

或许领导、老师感觉到我做事认真负责、努力踏实，28 岁时乘上培养年轻干部的东风，我被任命为学校的支部副书记。岗位又变了，挑战更大了。除了承担党支部的工作外，还分管其他一些工作，很杂，但我抱定的宗旨还是尽心尽力、认认真真地完成各项工作，为教师、学生服务。例如，分管校办厂工作时，为了维护集体利益，多争取一点租金，为教师为学校多谋福利，我一次又一次和厂长一起与租房单位商量，讨论，直到达成协议；当遇到安全、管理等问题时，我又和厂长一起及时检查、处理，直到解决；分管学校的工会、团支部工作，对各项教师活动予以积极支持，对退休教师的各项活动也毫不马虎，特别是每月一次的退休教师返校活动，即使再忙，也要到会议室与他们闲聊几句，现在仍是如此，喜欢和他们打打招呼，问长问短，表达一下“没有你们过去的辛勤付出，就没有我们今天的继续发展”的真诚心意，使得每一位退休老师看到我都格外亲切，都体谅、支持我这个“小树苗”校长。

岗位锻炼人，岗位磨炼人，岗位也成就人。几年的锻炼，因为认真学、努力干，让我学会了以身作则、率先垂范，学会了换位思考、顾全大局，更学会了勇于担当、全力以赴！现在，每天我都喜欢面带笑容，精神饱满地在走廊上、班级中与师生打招呼，看看、听听、想想，真心、真情、真实地欣赏校园里的各种镜头，了解师生的需求，分享师生的快乐。

二、在关键契机中锤炼

在人的成长道路上，一辈子要走许多路、拐许多弯，但往往最为关键的只有几步。拐弯时学会了正确选择、有所舍弃，方向就会更为清晰；行走时学会了把握机遇、抓住契机，路就会走得更为顺畅。

（一）恢复校名“从零开始”

附小的发展不是一帆风顺，也是历尽考验，接受了岁月的洗礼。学校建于1958年，1999年时为了进一步发挥名校长引领辐射作用，教育局另辟新址成立杨浦小学，任命张治先生为杨浦小学校长，而附小也因为各种原因更名为杨浦小学西部。从此，附小消失，我成为杨浦小学西部负责人，全面主持学校工作。更名、师资变动的感觉都不太好，但无法选择，只能应对！

七年的杨浦小学西部主持工作锻炼，让我成长很快。尽管“大树”还是在保护、关心着我，但东、西部相隔较远，很多具体的问题、具体的困难必须自己去面对和解决，我努力着，也快乐地经营着西部的温馨家园，学着做老师的主心骨，学着做学生的贴心人，学着为西部谋发展。

2006年对于我来说是极不寻常、极富挑战的一年。3月，随着教育的深入发展，再次迎来重大变革，教育局决定成立杨浦小学教育集团，恢复附小校名，由我担任附小的校长兼党支部书记。接受任命后，既感谢上级领导、同事们对我的信任，又深感巨大的压力。压力之一，虽说1998年就踏上校级领导岗位，1999年就主管杨浦小学西部工作，但以前总觉得背后有“大树”依靠，现在一下子自己成了第一责任人，“小树苗”校长如何撑起学校的明天？压力之二，曾经让几代师生引以为豪的“附小”这块金字招牌，不知不觉已经消失了七年，随着七年的沉寂，骨干教师的流失，品牌效应已在社会上淡忘，现在一下子又恢复校名，不免会让人产生众多的疑问：为什么七年前要更名为“杨浦小学”？为什么七年后要恢复校名？恢复校名后的附小变成了“零起点”，没有任何荣誉，今后会怎样？压力之三，教师、学生、家长都忐忑不安起来：不少教师开始担忧自己未来的发展，不少家长担忧孩子的成长……

面对这么多的压力，我陷入了深深的思考。其实心里很清楚，能恢复校名是一件喜事，至少学校摆脱了“消失”和“挪地”的传言，所以，此时此刻需要的是大家的冷静、信心和斗志！虽说我是“小树苗”校长，但一毕业就在附小工作的这份情让我有责任要紧紧团结新附小的每一个人，带领大家重塑信心，重头开始，寻回附小的根、附小的脉！此时此刻也很庆幸，退休的劳模教师来了，深情地诉说附小光辉灿烂的昨天；优秀的骨干教师来了，真诚地表露自己会更努力，与附小共发展；力挺的热心家长来了，积极地表态会支持学校的工作，相信学校的明天会更好……巨大的压力化为了强烈的责任感、使命感，驱使着我、鼓励着我挑起重任，用心、用情、用智慧带领团队再创辉煌。

人在改变中重生，人在逆境中更有士气！新附小人涌起了奋斗的激情，拧成了一股劲，勇敢地担当起历史的使命，用行动来证明自己的存在，用时间来证明自己的力量。通过系列爱校活动，全校上下坚定了从头起步、从零起步的信心和力量！“我是附小人，我要为附小争光彩”的情感日趋强烈；新附小精神应运而生：荣辱与共的爱校精神、合作共赢的团队精神、脚踏实地的求是精神、乐学善思的创新精神；制订了“附小教师、学生、家长十知行”；重新修订了学校的规章制度，编写了《办学之规，治校之章》一书……刚恢复校名时学校什么荣誉都没有，恢复校名后，各项评比、接待的任务层出不穷，许多荣誉都面临重新申报，但教师们毫无怨言，干劲更足了，师师、师生间的配合更默契了。教师们奏响了一曲曲成功的乐章，在教育教学的各个领域取得丰硕成果，得到社会的肯定。教师们成长着，学生们快乐着，我更幸福着。

（二）五十华诞奏响新曲

担任校长的十年里各种考验无数，庆幸的是每一次考验、每一个项目、每一次展示都能有条不紊、沉着淡定地进行，推动着学校的不断发展，取得了专家、领导、同行的赞赏。这就是附小精神！

2008 年，适逢附小五十华诞。新附小人抓住机遇，积极思考如何彰显本色，让所有的人重新认识附小的精神和力量！校庆肯定要搞，但搞什么，怎么搞，智囊团展开了大讨论：以学生为本、以教师为本、以学校为本的教育追求如何体现？如何办出学校特色？经过数次精心策划、夜以继日的实战，一系列校庆主题宣传准备就绪：编写了学校校庆纪念册，一张张老照片、一个个故事述说着附小情怀；以600个学生笑脸为封面编印了学生快乐成长手册，记录了学生们在校园里努力学习、快乐活动的各种精彩镜头；编著了教师教学研究成果《智慧教学》一书，让教师收获成功的喜悦；制作了展示50年“传承与发展”的附小DV宣传片，让学校有历史厚重感。一系列校庆主题活动也盛大展开：“智慧教学，智慧教师”教学研讨活动在老附小人悉心指导、市区专家点拨引领，骨干教师智慧实践下成功举办，语、数、英等7个学科绽放出绚烂的智慧火花，附小50年教学精粹得以彰显；“成长的沃土，智慧的校园”庆祝活动隆重举行，校友、退休教师、领导、同仁们都来到喜庆的校园，参加庆典、追述往昔、展望明天……这是恢复校名后首次最隆重的展示活动，所有的新附小人凝聚在一起，加班加班再加班，没人抱怨，没人退出，都一心向着学校，这就是附小精神！2008年的50年校庆把附小推向一个新的高度，奏响了新的凯歌！

考验接连不断。2009年11月，杨浦区人民政府督导室对我校进行三年办学综合督导评估，这是对我和团队的实力考验。我们不敢有丝毫懈怠，积极应战，把综合督导作为附小再一次发展的契机，把这几年附小各方面的工作认真梳理和总结，亮出我们的特色。最终专家们对我校的办学水平和办学目标达成度给予了高度评价：学校管理精细，文化积淀深厚；教学特色鲜明，教育质量上乘；团队优势明显，师资队伍精良；德育工作有效，育人环境和谐，学校呈现出“蓄能待发”的可持续发展的生机和活力。专家领导们的鼓励和肯定给了我们再发展的力量，也为几年后的学校重建奠定了积极基础。

2011年9月，学校又光荣接受上海市教委委托的两年托管崇明汲浜小学的任务，开始面对新的挑战。因为我一直在附小工作，感受多的是团队的关爱与互助，缺乏各种环境的“战斗”经验，所以对于相对距离遥远的崇明汲浜小学的任何情况都很陌生，但我相信，人是讲感情的，只要我以诚待人，以情感人，真心实意去共同谋发展，一定会赢得支持的。充满信心地去了，但真没想到矛盾重重，问题多多，给了我大大的考验。记忆犹新的是

2011 年 10 月绩效工资分配方案调整期间，广大教师对学校课时量、工作量的计算，绩效工资的分配等提出了质疑，强烈要求修改绩效工资分配方案。当时，我明显感觉教师之间的关系变得微妙起来：教师与中层之间、主课教师与艺体科教师之间、教师与后勤之间。在这关键时刻，我只能面对这一矛盾，与学校管理层共同商议，为汲浜小学的发展出谋划策，着手修订绩效工资分配方案。最终，经全体教职工投票通过，风波逐渐平息，学校又重新焕发出新的活力。

回想起托管两年里自己走过的历程，真是感慨万千。一篇篇日志记录了我的努力，一次次讲稿说出了我的心声，托管工作倾注了附小团队大量的精力和心血，最终附小人以附小精神感染了托管学校的教师，融入了托管学校，并在双方学校的共同努力下，汲浜小学在学校管理效能、教学质量、师资队伍建设上，都有了一定程度的提高，开创了不少学校历史上的第一次。当听到教师们评价，我们的托管是真心、精心、耐心时，大家觉得付出再多也值得……

（三）校舍重建直面挑战

2014 年必将载入学校发展的史册。这一年，学校校舍重建的号角终于吹响，终于可以实现几代附小人的梦想了！附小建于 20 世纪 50 年代，几经风雨，校舍陈旧不堪，到处存在着安全隐患，设施设备无法跟上现在的教育和社会发展的步伐，重建与搬离是必然的结果。因为各种各样的原因，从 2012 年开始规划到 2014 年年初还没最后定夺，当教育局党政领导把附小重建工程作为 2014 年区政府重点实施项目的消息传到校园时，我们顿感春风吹来，好事将成。全校上下把握机遇，积极应对。为了学校新建的定位、为了临时过渡点的确定、为了学生的平稳过渡，班子成员一马当先，各位教师群策群力，共同出谋划策，共同克服暂时的困难。作为校长，重建搬迁前我先后向各级领导汇报了 5 次，召开 3 次家委会、4 次年级家长会，问题一次次沟通，难题一个个攻克，终于迎来 11 月 20 日的开工典礼，胜利的曙光已经绽放，学校的华丽转身已为时不远了！

术业有专攻，各人有所长。其实我对造房装修这类事很不懂，但现时代对校长的要求是要万能的，什么都要懂，所以百年一遇的学校重建大事落在我手上，即使不懂设计、不懂图纸、不懂施工……但不懂也要懂，不懂要想办法学，想办法借力弄懂！2015年附小开始进入另一种考验模式：既要高标准完成各项教育教学工作，保证在过渡期间学校高位发展、师生安全，又要全程跟进、全心投入到整个建设过程中去，搞设计、搞建设、搞设备……于是，逼着我不断思考，一点一点想明白为谁而造？想清楚我们要造怎样的学校？想透彻我们如何因地制宜，造出特色亮点？在不断地学习研究思考中，我们明确了新附小的设计理念，并且不断完善、优化，努力成就这件“作品”。我们期望新校园是一个适合人不断成长、充满绿意生机的地方，能为每个人的成长提供尽可能多的可能，并且每个人能找到适合自己的土壤，自由、快乐、健康、成长，都得到最适合的发展。

一眨眼，学校重建的征途已有几年了。期间经历了太多次重建的研讨交流、太多次外出的学习琢磨，太多次细节的磨合争论，甚至走在路上、商场、宾馆，也会观察研究，想着我们学校应该怎么做才能更好！期间与多个设计团队谈我们的学校理念、设计理念，直到能把我们的想法融入设计。不怕啰唆、不怕麻烦。就这样，有了现在别具一格、绿色生态的智慧大厅，有了壁画悬挂、紫色萦绕的圆梦剧场，有了整整一层、空间自由的创客天地……期间，也经历了数次的胸闷、遗憾、再改善。大门口的“小别墅”，在没人沟通的情况下，它来到了附小，既然无法改变，只能接受，那么，就要做最大程度的改善！从“小别墅”的造型、外墙到高度，都要尽最大可能改善！沟通沟通再沟通，努力努力再努力，即使最后没有最好，也无憾了。现在，新校舍已进入即将竣工阶段，看着教学大楼一天天长高长大，很自豪，毕竟倾注了很多的心血，就像十月怀胎，历经困难终于要赢来最后胜利的曙光！不由感叹，因为担当，让我想做得更好，因为责任让我累并快乐着！

三、在学习体验中感知

人生就是一场修行。要想成为智者，就需不断努力学习，在学习中更清楚地认识自己，知道自己是谁，在哪里，想到哪里去，这样，就会为自己的努力付出感到快乐、有意义，就会为自己的理想实现注入不竭的动力。作为一名现代型校长，必须努力成为教师专业发展的带头人，引领学校发展的思想者，学校变革的实践者，师生生命发展的激励者。

（一）学习修炼永无止境

中师毕业，19 岁踏上工作岗位，从学历进修、业务学习到专业培训，我一直在学习、努力中，依次完成了华东师范大学教育管理系本科和硕士研究生的课程学习，获得了中学高级教师职称。在学习思考中，逐渐学会在工作中争取主动，学会在研究中创新重建，学会在反思中持续发展，不断成长着、锻炼着，带领团队齐心协力奋斗着，成效明显。我也犹如学校的一张名片，代表学校发言、汇报、交流的概率逐年提高。不过在收获之余，我更多的感觉有一种危机，因为我没任何可以骄傲的资本，刚开始做校长时是“小树苗”，有一股冲劲、有一份深情，那么，几年后的我更要多一种思考、规划、创新，更要有引领的高度、深度。因此，时常会反思：我们的办学行为是否已经完全符合学生成长规律了？教师追随附小、家长选择附小、学生热爱附小，作为团队的领头人，我该怎么做？怎么带领团队实现心中的梦想？于漪校长“一辈子做老师，一辈子学做老师”的谆谆教导要牢记心头，所以学习、学习再学习，必将成为工作、生活的主旋律。

阅读反思成为一种习惯。阅读是生命的一种状态，会为自己寻一处灵魂的栖息地，也会沉淀为一种素养，改变生活的内涵，决定思想的高低。只有爱读、善思考，才能慢慢走出狭隘和肤浅，变得乐观进取，才能心有戒、行有界。平时我喜欢享受这种状态：每晚品一壶茶，坐在桌前阅读、摘记、思考，或者周末的下午，晒着阳光，听着音乐，读着一本喜欢的书。那真是一种最舒服的享受，享受学习的快乐和自由，享受大师名家的大智睿思。也因为喜欢，这几年我做了不少阅读摘记、各种剪报，写了不少文章，学了不少对生活、对工作的态度，也更清晰地认识到自己想要什么，什么对自己更重要，自己也更敬畏生命与责任。

到兄弟学校去学习参观。每次走进兄弟学校，我都会感受到教育的精彩、教育人的信念和坚守，他们都在孜孜不倦地努力着为学生成长打造一片乐土。学校是充满朝气、积极向上的地方，学校是追逐梦想、实现理想的地方。参观中我努力看、认真学、仔细听，看师生的精神风貌，校园的文化创设；听校长的办学介绍，喜欢琢磨、思考，哪些是我们可以借鉴的，哪些是我们可以锦上添花的。特别是学校重建期间，我不知走了多少所学校，在市内在郊区，在上海在外地，无论是正好去学习的机会，还是特地去学习，都要看环境布置，看教室看操场看篮球场，看用材看颜色看式样，有的学校甚至去两次，带着问题带着思考再去。不断地行走，不断地思考，激发了不少的灵感，少走了许多的弯路，让我受益匪浅。

珍惜每一次培训机会。从师范毕业至今，经历、参加过无数次的各类各层次培训进修，也正是因为有了这么多与教授、专家、同行面对面的机会，让我一步步思考、渐进，对学生的理解不断深入，对教育的意义不断加深，对管理的目的不断领悟。尤其是以下几次培训对我的影响、触动非常深刻。

2010 年 9 月，在学校新一轮发展的重要期，在自身发展的关键期，我得到了一次宝贵的学习机会：三个月脱产参加长三角首届名校长研修班学习。能参加这个班，心情是迫切的，是充满憧憬的，想好好利用这段宝贵的时间（上班至今唯一的一次三个月脱产学习）充充电，努力思，把平时来不及想的做的梳理一下。其次，想好好向大家学习，拓展交往的渠道和资源。也只有走出去，才真正知道自己的差距。聆听了几十场专家报告，参观了十几所优秀学校，结交了三十几个校长朋友，写了一万多字的学习体会，我努力地学，认真地记，积极地思，“寻影子，找点子，结对子，照镜子”，学习收获满满，回味无穷……2012 年 4 月，经过自主申报、专家面试，我又得到了为期五年的上海市名校长基地培训的机会，这次学习对我的成长帮助更大。这五年，追随了两位导师卞松泉校长、蔡忠铭校长，结交了十位学员朋友，导师情、兄长情、姐妹情温暖心间，在彼此的敞开心扉、真诚相待中学到了更多的治校智慧。

2014 年 7 月，带着珍惜、清空、放飞的心情，我飞赴德国参加 21 天的培训学习。听专题报告、参观学校、课堂听课，与学生交谈、与校长座谈，脑海中留下的美好回忆难以忘怀：蔚蓝的天空、满目的森林、经典的小镇让我感受到德国生活的平静与幸福；严谨的态度、守则的秩序、尽责的服务让我感受到德国的文化与内涵……回顾、思索着一些镜头，最大的感悟是：人最重要，生命最宝贵，以人为本，按需发展，教育要为提升生命质量、生活品质做准备与服务！

镜头一：博物馆课程，意犹未尽。德国有六千多座博物馆，我们这次参观了汽车、科技探索和信息博物馆。其中，博物馆课程给人留下深刻印象。例如，柏林的科技探索博物馆，整个博物馆设计的理念是让学生自己参与、动手、体验、探索，实践多于理论。我们也当了一回学生，跟着老师做了一系列小实验，自主、投入地动手、提问、质疑：有什么变化？为什么？真切体验到实验带来的快乐与兴趣，不知不觉也了解了不少科学常识，这样的博物馆课程学生怎么会不喜欢？也怪不得德国成为拿诺贝尔奖最多的国家。

镜头二：学生午餐，规范文明。德国人守则、守时、自律、严谨，这些品质的形成是靠从小的习惯培养和从小事做起。几次中午都在访问学校就餐，很注意观察学生的就餐情况。到了午餐时间，学生会三五一群自由地来到餐厅，背着书包的会自然地把书包放在规定的角落边，然后沿着规定流程，拿盘子、餐具，领午餐，到餐桌就餐，就餐时会几人一组边吃边聊，但做到不影响其他小组。学生把饭菜全部吃完后自觉地把椅子放好，到指定点归还餐具，当天值日的同学还会留下擦餐桌。整个过程有条不紊，规范到位，没有老师管理。老师也和学生一样就餐，也会亲切自然地与学生坐在一起聊天。这种就餐文化很放松很舒心，让每个人天天有一个好心情。

镜头三：学校校舍，物尽其用。德国学校并不大，但场地、教室的整合功能很强，教室、专用教室、礼堂的桌椅大多可以移动。学校的门厅有表演的舞台、休息的座椅、小卖部；学校礼堂放好椅子学生可以听报告，拿走椅子可以开派对；音乐教室所有乐器都分门别类放在组合柜中，打开一个橱门就会发现橱里的精彩；图书室里的书籍按类别、按需求整齐摆放，连报废的书籍都会做成装饰品摆放其中，所有学校空间尽可能为学生服务、着想，为学生准备的空间很多：活动室、休息室、交流室，而老师的办公室却是多人办公，又挤又杂。学校的建设很务实，注重效益，不虚荣、不浪费。

镜头四：学生活动，自由快乐。德国学生的生活丰富多彩。他们不只专注于课堂，而更注重活动，在活动中开发动手能力、想象力和创造力，学习生活技能、生活常识。学校操场上有各种健身、训练的器材，教室里有各种活动的玩具、场景。孩子们从幼儿园起就玩得“疯狂”。当我们看到几个小朋友在兴奋地玩荡秋千，把秋千甩得很高很高时，不由得捏一把汗。问院长：这样玩危不危险，出了事故怎么办？院长笑笑回答说：我们不觉得有什么危险，即使有了事故，保险公司会解决，家长不会为难学校的。我们也见不到大批等候学生放学的家长。因为有了一种公认的社会规则，让校长、老师会大胆地让学生自由尽情地玩，在玩中学到了能力、学会了成长。

德国教育值得回味的镜头还有很多，这些镜头背后折射出的是一种思想观念、生活态度和处事原则。作为一名校长在感悟、反思后最为关键的是自身的改变和行动，上面的这些镜头其实就是我要努力追求改变的方向。要想清楚、想明白在漫长的人生马拉松中，专业知识仅仅是使人成功的一小部分因素，健康的体魄、成熟健康的心智、良好的生活学习习惯、永不枯竭的想象力和创造力，才是获得真正成功人生的更重要的因素。人本、校本、成本意识要不断加强，这是校长的责任，教育的使命。

奔走于学习、参观、培训，让我领略专家的学识、名校长的风采，真切感受到教育的意义、生命的真谛。管理的灵感和思路在学习中产生，工作的压力和困惑在学习中消化，生活的烦恼和考验在学习中感悟，职业的价值和意义更在学习中提升。二十几年的学习和锻炼，更促进认识自我，更明了自己的不足，更明确自己的责任。时代在发展，教育在发展，校长的责任大如天，校长要有先进的理念和思想，而且必须化为一种校本的实践，一种有效、智慧的实践，能够真正对学生的终身发展有益，能够真正把学生培养成社会所需的人才，此间任重道远！

（二）靠魅力赢得“人心”

领导魅力是一种影响力，犹如磁场一般，能对周围的事物产生积极的影响和作用。我认为，校长的最高境界是教师愿意追随着你，愿意和你在一起为学校为学生为自身不断发展而努力，校长要靠自身魅力赢得教师的“心”。那么，校长的魅力来自于何处？

魅力来自于学术。校长作为一个专业职务，必须具备精湛的教学水平与学术水平，唯此才能在知识分子云集的学校具有专业领导力；否则，校长的专业话语权将大打折扣，乃至影响其行政管理效率与效益。“校长要进得课堂出得听堂”就是这个道理。课堂是每个孩子生命成长的主阵地，校长的专业话语权体现在听课、评课，体现在课堂里关注、了解学生全体、全面、全程的成长。道理都明白，但校长杂事很多，往往有很多理由可以原谅自己不进课堂，这就需要时刻提醒、监督自己，再忙也要进课堂，不能忘记校长的主阵地。每学期，我都要听 40 节左右的课，在听课中了解教师教学情况、学生学习状况，观察班级的班风班貌，在评课中既鼓励教师的用心努力，也一起探讨需反思的问题。如果发现一些具有普遍性的问题，我就会在教师大会上谈自己的想法，跟教师们交流。与教师们一起研究课堂、研究学生，从学生成长出发思考、规划学校的工作，校长会让教师们专业成长的方向更明确，同时也在听课、评课中和教师们共同体悟教育的甘苦和价值。

魅力来自于人格。校长是领导“人”的职业，其领导与服务的对象是一个个具有鲜活生命和独立人格的人，包括成人和儿童；而人是不同程度地具备相应的判断标准与能力的。作为校长，以身作则、言传身教是必不可少的素质，古人亦云“其身正，不令则从；其身不正，虽令不从”。校长要大度与大气，校长的气度决定了学校办学的高度，校长的气度能影响教师的气质。一名成熟的校长必须具备宽广的胸襟、开阔的视野、全局的眼光、战略的思维；一名以自身人格赢得员工尊重的校长必然不拘泥于一事一人，不计较于一时得失。学校各方面的工作很多，都要靠大家一起做，如果教师们愿意积极跟着校长干，觉得跟着校长干有方向、有信心、有成效，那就说明校长有人格魅力。所以，我经常告诫自己，我是教师中的一员，我要担当起为教师服务的责任，要视每一个教职员工为自己的兄弟姐妹，要主动地、真诚地与每一个教师做朋友，同大家打成一片，遇事要冷静，处事要果断，平时多沟通，遇事多商议。当看到教师身上的不足之处，我会真诚地向他指出、坦诚地与他交流；当看到教师身上的闪光点和成绩时，我会由衷地为他高兴，并在教师中大力发扬。亲和力较强成了我的优势，在中年教师看来，我是他们同甘共苦的战友，而在青年教师眼中，我是他们遇事拿主意的参谋。

（三）用办学思想引领团队

苏霍姆林斯基说，校长首先是教育思想的领导。教育改革的步伐越来越快，校长一定要有前瞻性，思考全局，引领学校朝着正确方向前行，面对越来越多的不可预知的情景，其主要职责不是对人、财、物的管理，而是对教师的思想引领；只有教师具备了正确的思想理念，才能在不可预知的情景中做出正确的行动。对此，我深有感触。一名优秀的校长一定具有先进、正确的教育思想。带教我的两位“名校长”基地导师卞松泉、蔡忠铭都是名声显赫的特级校长，这两所名校的辉煌，是绝对离不开这两位特级校长几十年的思想引领和智慧耕耘的。例如，卞校长“超越规范”的观点是对学校办学与发展的深度思考与高度展望；他推行的“摇篮文化”是对儿童教育的本源追溯与行为实践；“让每一个学生都能实现自己的梦想”的办学理念则通过朴素的语言有力诠释了当代的教育；“不用扬鞭自奋蹄”则折射出管理者的睿智与情怀。还有蔡校长提出的“人人都是可以变化与创造变化的”等办学思想都对我的影响很大。我觉得，他们能到今天这样的境界，这样的高度，是一种精神，是一种坚守，更是一种卓越！深刻感受特级校长的“成才、成名、成家”之路的艰辛，引领激励着我前行。

平时工作中，我也努力追求这样的境界，努力按照教育规律以及自己对教育本质的理解，科学地提出适合本校实际情况的办学思想，并引领全体教职员工的思想理念与学校的整体发展趋于一致。时代在发展，教育在发展，学校在发展，但也随之而来很多的矛盾。学生会苦恼：读书越来越累，生活越来越单调；老师会困惑：学生越来越难教，事情越来越繁杂；家长会焦虑：孩子越来越难养，升学越来越困难。作为校长我有时也会纠结，会不断追问自己：教育的本质是什么？应该怎么办学？应该怎么办好学？这些矛盾和问题的解决都需要每个对象能正确认识自我，听从内心的声音，找到一条适合自己行走的成长之路，不断在选择与放弃中前行。这就需要每个对象有认识、判断、选择等方面的能力，这就需要有智慧。

有人说，智慧这个元素，如撒在汤里的盐，看不见，摸不着，但品得出来。《辞海》对“智慧”的解释是：“对事物能认识、辨析、判断处理和发明创造的能力”。智慧是认识自我坚定目标后的有效路径选择与方法创造，是知识的升华，更是一种生活的态度。每一个走向社会的人，要想对社会做出较大贡献，要想能促进自己较好发展，必须具有一定的智慧，具有工作的智慧、学习的智慧与生活的智慧。人的智慧要靠教育的培养，要从小培养。附小能不能创设一定的条件和环境，让每个对象追逐智慧，成为智慧之人？一次次追问，让我对智慧教育的追求日趋坚定。十年的求索与实践，使我更深刻地认识到，没有十全十美的教育，只有现实、适合的教育。只有适合的，才是最好的。每个人具有多方面的智慧潜能，而教育就是要发现每个人不同的优势潜能，让每个人获得最合乎他天性的、最充分的发展，从而实现人的生命价值，这样的教育才是智慧教育。让每一个学生健康、快乐、智慧地学习，享受学习的收获与乐趣，让每一位教师自主、快乐、智慧地工作，体验职业的幸福与尊严，成为新时代附小人的教育梦想。

因为缘分让我来到了附小，因为缘分，让我一直在这所学校坚守教育的岗位。校长十年，凭着一份情、一股劲带领团队一步步前行，取得了被广泛认可的办学成效，让我想大声地说：“我愿一辈子在一所学校干一件事——育人。”我愿研究学生、理解学生，我愿心系教师、善待教师，让学校真正成为学生喜欢、家长满意、教师幸福的智慧园。

“岁月如歌，往事依依，留下的痕迹有浓有淡，有深有浅，有伤痕有欢乐，有失落有收获……教育事业真正是遗憾的事业，教师责任大如天，追求永无止境。”最后，我想引用于漪老师写的《岁月如歌》一书的卷首语作为我永远的追求！

教育局局长邵志勇关心学校重建工作

第一章 智慧管理：关注每一个

“智慧管理”追求的是尊重生命，关注个性，崇尚和谐，让每一位师生拥有幸福、快乐的教育境界——将笑意写在脸上，把温暖留在心中。

原杨浦区区委书记陈寅来校视察

智慧教育倡导智慧管理,即追求教育的一种自由、和谐、开放和创造的状态,展示尊重生命、关注个性、崇尚智慧、追求人生幸福的教育境界。我们期待学校充满幸福感,师生常常"笑意写在脸上",处处流露"愉悦健康,积极向上"的精神风貌,期待师生在平等、民主、和谐的校园里学习和生活,彼此各尽其能,各展其长,各得其所,感受学校大家庭的温暖。

第一节　崇尚"智慧"办学愿景

办学愿景,凝聚着教师的共识,描绘着学校未来发展的努力方向。智慧是认识自我、坚定目标后的有效路径选择与方法创造,是一种生活的态度,是人的综合素质的更高境界。我们期待让智慧引领教育,让教育生成智慧,我们崇尚"真、爱、乐、创"的智慧追求,追求精神、信念、态度、境界的提升,创造积极健康、团结和谐、智慧向上和具有强大向心力的环境,引领团队成员求真、仁爱、融合、创新,以优秀的教风带动乐学的学风,让学校成为师生成长的智慧园。

一、传承学校文化

学校文化是学校组织成员共同形成的一种规范、信念和价值观。一个人的发展离不开环境的浸润,一所学校的发展离不开文化的积淀。师范学校的背景,使学校建立在较高的办学品质上。早在20世纪五六十年代,附小就成为了沪上知名的课改基地学校。语文教研组在市教育局带领下,开展了"集中识字、大量识字、提前读写"的教学研究。80年代起,教研组又深入开展"注音识字,提前读写"等多项实验,成为市教育局教研室蹲点的试验单位。数学教研组也深入开展新教材使用实验,市数学教材编写组设在附小,专家跟踪指导,教师合作跟进,完成了五年制教材编写……一系列课改实践造就了一批爱岗敬业、乐于奉献、专业精湛的优秀教师,形成了肥沃的教学土壤。

1994 年起，附小积极开展“小学参与教学”“双语教学”“小学管理规程的实施”“小班化教育”等课题的研究。“立足学校，面向社会，着眼未来，重在发展”的办学目标得到全面落实，造就了一支具有现代法制观念、自我管理意识，政治思想、业务素质、职业道德水平较高的干部、教师队伍。学校被光荣地评为上海市劳模集体、市新长征突击队（语文教研组）、市第四届教育科研工作先进集体等多项荣誉称号，多次获得教育部、市级领导和专家学者的赞誉。

1998 年，上海市正式启动第二期课程教材改革。附小光荣地成为“二期课改”的基地学校，并提出了“三精”“四园”的发展目标，“三精”即精细化管理、精致化教学、精美化环境；“四园”即家园、学园、乐园、花园。这为学生的个性发展、和谐发展提供了良好的学习、生活环境，为教师的专业化发展搭建了更广阔的平台。附小的学生、教师是幸福的、快乐的。

五十多年来，附小始终牢牢抓住课改实践这条学校持续发展的生命线，经过几任校长先进办学理念的引领，几代附小人孜孜不倦的智慧追求，成为了一所具有科学的教育理念、一流的办学质量、优良的社会口碑的实验性小学。2006 年，学校再一次恢复附小校名，作为新任校长，我和新附小人一起以积极昂扬的姿态，在办学传承中发展、创新，迎接新的挑战。

我们利用五十周年校庆这一契机，对学校的办学历程作了系统回顾，积极思考在新形势、新要求下学校的未来发展。基于现状，我们对学校办学理念、办学目标的内涵进行了深一层的梳理与解读，把办学理念从“让每一个学生健康、快乐地成长”深化为“让每一个学生健康、快乐、智慧地成长”，把目光聚焦于课改，把立足于“三本”（以学生发展为本、教师发展为本、学校发展为本）、“三课”（校本课程建设、生本课堂教学改革、生本课题研究）的智慧教学研究作为办学的新增长点，把办学目标明确为“创建师生共同成长的智慧校园”，旨在更为关注人的成长，关注未来，指引当下，期望打造智慧团队，包括培育智慧的学生、智慧的教师和智慧的管理者，让智慧之泉流淌校园。近几年，随着教改的深入、办学声誉的进一步提升，我们在思考中实践，实践中探索，探索中规划，从研究智慧教学到打造智慧团队到创建智慧校园，从而让智慧教育在附小这片沃土上生根开花，让新时代附小成为师生成长的智慧家园、学园、乐园和花园。

二、引领学校发展

我们提倡的智慧教育的核心是“尊重生命，激发潜能，发展个性，感悟价值”。在智慧教育引领下，我们对学校的办学理念“让每一个学生健康、快乐、智慧地成长”进行了深刻的解读。学校教育要面向每一个学生。我们认为，每个学生都是一个个鲜活而丰富的生命，每个学生都有智慧，智慧在不同的学生身上有不同的色彩。所以，我们要担负起面向“每一个”的职责，心中有“每一个”，眼中有“每一个”，脑中有“每一个”，发现不同学生的不同优势，引导他们发展的方向，拓展他们发展的空间。

我们关注学生健康的发展。学生的健康成长是一切的首要保证。我们要尊重、关爱生命，重视差异，让学生的身心得到健康发展，让学生有一定的受挫、调适能力，从而促使学生“德、智、体、美、劳”得到全面发展。

我们追求学生快乐的生活。智者总是快乐的、幸福的。我们要创造学生快乐成长的环境，让学生小学阶段的全过程幸福、快乐，有收获，使校园成为孩子们最向往、最喜欢、最留恋的地方。

我们激励学生智慧的成长。人只有在自由状态下才会迸发创造的灵感。我们智慧地教，给学生自主发展的自由，促使学生智慧地学，努力激发学生浓厚的学习兴趣，培养良好的学习习惯，掌握有效的学习能力，让学生在自己的最近发展区得到适合的发展，为未来的持续发展奠定良好的基础。

附小的办学目标是：创建一所师生共同成长的智慧校园。核心同样体现在人的成长。教育智慧蕴含的最重要的维度是人——学生和教师，学生和教师是学校主要生命个体。管理也好，教育教学也好，学生应是思考问题、处理问题的第一立场。一切教育活动、教学行为，都在于体贴人、吸引人、感召人、启迪人，使受教育者内心需求有所满足，感受到求知、成长的快乐。所以，我们倡导智慧育人，向往教师与学生的共同成长，家长与学生的共同成长，让教师和学生追求智慧生存，体验生命的价值，从而达到教育的高境界：让校园里的每一个人都得到发展，让每一个人在发展中增长智慧。智慧校园具体指向“三乐、三会、三好”，学生乐学，会学，学好；教师乐教，会教，教好；管理者乐管，会管，管好。

对于附小的每个孩子，我们把他们在附小五年的学习成长经历比作一粒粒种子慢慢成长为一棵棵小树的过程。成长需要土壤、养料、阳光、雨露……那么，小树的根系即学生的自身潜能，土壤、养料即学校提供的适切条件与环境，阳光、雨露即社会、家庭的陪伴和关爱。小树成长过程即：学会求知、学会生活、学会做人，掌握方法与途径，形成持续发展的能力（“三个学会”是于漪老师为我校题词的校训）。园丁即教师，要根据小树的自身特点、成长情况，精心施肥、改善，从而使小树渐渐长出新芽，开出小花，结出果实，为未来长成参天大树打下扎实基础。

园丁的精心栽培在小树的健康成长中起着举足轻重的作用，同时自身也在耕种中不断成长。所以智慧教育的行动原则是：抓住本质，遵循规律，讲求德行，持续创新。这需要教师不断学习，注重教学方法与途径的引导，注重学生能力的培养，示范智慧成长，示范学会求知、学会生活、学会做人，努力让自己成长为智慧教师。

我们追求的智慧教育把教育看作一个系统，社会、学校、教师、学生、家长五位一体，通过构建智慧管理、智慧德育、智慧课程、智慧课堂、智慧家教等五大项目来实现培养智慧之人的目标，尤其是学生，期待通过五年的系列成长“智慧豆、智慧苗、智慧叶、智慧花、智慧果”，最后收获智慧小树，让每个学生向着成为智慧之人的方向迈出坚实的第一步。

2010 年 9 月，学校制定五年办学发展规划时，深入调研，分析优势，针对问题，实践智慧教育，智慧教育的办学追求初见成效。

附小五年办学发展规划(节选)

(2010年9月)

一、办学发展的指导思想

我们切实贯彻落实科学发展观,遵循教育规律和学生的成长规律,以国家、上海、区域的中长期教育改革与发展规划纲要为指导,以半个多世纪办学历程积淀的学校文化为支撑,以前一轮学校发展取得较好的业绩为新起点,坚持育人为本、能力为先、全面发展的教育方向,办一所人民满意的现代化学校。

二、办学发展的基础

附小创办于1958年,1999年11月起更名为杨浦小学,2006年初恢复原校名。在过去的三年里,新一代附小人在继承和发扬附小优良传统的基础上,在"让每一个学生健康、快乐、智慧成长"的办学理念引领下,抓住机遇,创新机制,扬帆起航,学校发展又迈出了可喜的一步。2009年11月,杨浦区人民政府督导室对学校《办学发展规划(2007—2009)》执行情况进行了全面的督导评估,对我校的办学水平和办学目标达成度给予了高度评价:"学校管理精细,文化积淀深厚;教学特色鲜明,教育质量上乘;团队优势明显,师资队伍精良;德育工作有效,育人环境和谐。"

(一) 发展优势

1. 办学综合实力稳步提升

学校现有20个教学班,学生600人,教职工56人。在以学生发展为本、以教师发展为本、以学校发展为本的"三本"思想指导下,实现学校发展的利益共同体。近几年来,学校先后获得了全国电化教育先进单位、上海市文明单位、市行为规范示范校、市语言文字规范化示范校、区教育系统办学先进单位等荣誉称号,学校的办学质量得到了社会的广泛认可。我校学生爱学习、学做人,在校园里健康成长,愉悦发展;在各项展示活动中崭露头角;在各级各类竞赛中屡获佳绩,深受各所中学欢迎。

2. 师资队伍建设成效明显

学校努力打造一支富有朝气活力、乐学慧行的教师队伍。学校现有教师中，大学本科学历达到94%；新一轮的区学科带头人1名，中学高级教师6名，市一级后备名师培养人选3名，区骨干教师5名；一批骨干教师脱颖而出，在全国、市、区各项评比、展示中硕果累累；学校教师梯队建设彰显成效，赢得了社会、同行的认可。

3. 课改教学实践扎实有效

作为市"二期课改"实验校，学校一直着力于从打造智慧课堂、建设智慧课程、研究智慧课题三方面入手，积极实践，形成了一定的课改经验，推进了学校内涵发展。学校打造"精、实、活"的智慧课堂，努力促进学生全面发展、教师个性发展，推进"减负增效"措施层层落实。学校深入分析、立足校情，发挥教师专长，初步形成"智慧教学"科研成果，引领学校新一轮发展。学校还积极开展校本课程建设，初步形成课程框架，打造了"少儿茶艺"等特色课程，使新课程理念迅速转化为校本行动。

（二）面临问题

1. 面对各有特色的学校教育，如何彰显我校的办学特色？

在新的时代背景下，在现有办学规模不大、办学硬件条件较差的情况之下，如何深入挖掘以文化兴校、以品牌立校的办学元素，如何进一步提炼、总结智慧课程新经验，如何进一步弘扬智慧课堂的教学特色，这是学校可持续发展的重要课题。

2. 面对教育发展高要求，如何注入教师专业发展的新动力？

教师是学校文化的推进者，如何引入新机制、新活力，创新教师培养、培训、评价的新模式，推动教师主动学习、主动发展，使名师效应更加彰显。

3. 面对社会、家庭的高需求，如何提高学校育人的实效性？

学生的发展是教育的本义和目的。随着社会、经济、文化的发展，家庭背景的多元，造成了学生的各异，如何设定适切的育人目标，既使学生能够全面的发展，又使学生的特长、个性得到健康、充分地发展。

……

2015 年 9 月,学校对这轮规划做了全面总结,我们看到了五年来智慧办学的成效:“十二五”期间,附小人在传承学校优良传统的基础上,弘扬附小精神,发挥团队优势,在“让每一个学生健康、快乐、智慧成长”的办学理念引领下,抓住机遇,创新机制,丰富内涵,学校发展蒸蒸日上,赢得良好社会口碑,尤其是在各级领导的关心和重视下,学校迎来了百年一遇的整体重建新发展。

在全面总结、系统分析、有效调研基础上,结合各方力量于 2016 年 1 月我们又制定、完成新一轮学校发展规划,踏上新的征程,力争为学校智慧办学再添砖加瓦。

分析学校新一轮发展优势:

1. 综合实力显著提升

学校现有 23 个教学班,学生 720 人,教职工 61 人。在以学生发展、教师发展、学校发展为本的“三本”思想指导下,近几年来,学校先后获得了全国电化教育先进单位、上海市文明单位、市行为规范示范校、市语言文字规范化示范校、市教师专业发展即见习教师规范化培训校、区教育系统办学先进单位等荣誉称号,学校的办学综合实力得到各方的高度认可。学校力求智慧育人,注重立德树人,德育、智育、体育、美育都在原有基础上有较大进步,学生学做人、学求知、学生活,拥有积极心态、持续发展力,在校园里健康愉悦成长,在各项展示活动中崭露头角,在各级各类竞赛中屡获佳绩,深受各所中学欢迎。

2. 师资建设成效明显

努力打造一支积极向上、乐学慧行的教师队伍。学校现有教师中,具有本科学历的教师 100%,研究生学历 4 人,中学高级教师 9 人,市“两名”培养对象 4 人,区拔尖人才 1 人,区学科带头人 5 人,区骨干教师 6 人,校骨干教师 7 人,区中心组成员 13 人。德育组获得全国巾帼文明岗,语文教研组获得“上海市巾帼文明岗”“上海市模范职工小家”等光荣称号。可亲、可信、可学、可敬的教师形象得到了学生、家长、社会的高度好评。

3. 课程建设扎实有效

作为上海市二期课改实验校，学校具有敢于创新、勇于改革的精神。近十年来，我们把目光聚焦于课程改革，提出“智润生命，慧注成长”的课程建设理念，形成课程框架，校本有效实施三类课程，打造了“少儿茶艺”“机器人”等特色课程，课程建设收获了丰富经验和佳绩，成为市课程领导力行动研究（第二轮）项目的实验校。学校智慧扭住“教学五环节”，实施了集体协作式备课、教师精讲“三”原则、学生精练“四”要求、课堂学习“五”策略等举措，推进“减负增效”措施得到层层落实，努力促进师生全面而个性发展。

三、提升管理艺术

学校管理不能仅仅依靠自上而下的外在行政指令，必须用上“心”的管理艺术。校长一定要把每一位教师放在心中，把教师当作宝贝，经常要问：我们的教师需要什么？很多时候需要将心比心，以心换心，以“攻心”换来“真心”。对教师生活帮助要热心，事业扶持要尽心；对中层工作上要放心，沟通中要交心；对团队管理上要耐心，生活上要贴心。尤其对于教师要做到：真心“爱才”——真心欣赏每一位教师，努力发掘每一位教师的长处，真正关心每一位教师的发展；用心“识才”——用心发现可造之才，充分做到“论材、量能、谋德而举之”，做到人尽其才，各得其所；诚心“容才”——练就容人之量，努力做到容人之长，乐见别人超过自己；容人之异，求同存异；容人之过，扬长避短。只有与教师“心心相印”，学校才能呈现出上下一心、同心同德、齐心协力的工作局面。我喜欢这样的经营“人心”，想教师所想，乐教师所乐，忧教师所忧，尊重、理解、信任每一位教师，为人和蔼、善于沟通、待人宽容，敢于创新，用民主的眼光看待有着不同声音的教师，用前瞻的思维审视着有独创精神的教师，用人格的魅力吸引着有思想才学的教师，创设平等、尊重、服务的环境，营造科学、民主、人文的管理氛围，调动教师的积极性，凝聚教师的进取心，发挥教师的创造性。

校长的管理艺术还必须基于行动，根植于行动，才会生长出真正的人格魅力。在行动中我始终遵循四句话：以人为本、与人为善、以身作则、以规治校。

以人为本。提醒自己,自己曾经也是个教师,所以“己所不欲,勿施于人”,尽量站在老师的角度思考问题,尽量为教师们提供和创造发展的机会和空间,尽量多关注教师的心理需求。所以,在教师职称评聘上、教师福利待遇上、发展空间上都做到尽心尽责,全力以赴服务。

与人为善。提醒自己,最大限度地相信教师,以宽广的胸襟对待每一位教师,去发现和捕捉教师工作中点点滴滴让我感动的细节,去理解和听取教师不同想法和意见,甚至牢骚。

以身作则。提醒自己:“最好的教育莫过于感染,最好的管理莫过于示范”。每年学校出色完成了多次的公开、展示、检查活动,每一次成功的背后都凝聚了许多人的智慧和心血,这就更要求自己事事处处要做出表率。为了追求少遗憾的结果,要求自己事前精心准备,过程最大努力,从活动的策划,到组织安排,反复斟酌。

以规治校。提醒自己,要遵循教育规律,用制度和规章治理学校,让每一位党员、中层干部、教师明确岗位职责,知道什么必须遵守,什么必须要做,有法可依,有章可循,奖罚分明。平时以“校长邮箱”“教代会提案”“办学金点子”等形式激发教职员工参与、监督办学,提升办学的整体合力。

【经验交流】

构筑“四心”工程,提升教师职业幸福感

作为学校管理者,其领导与服务的对象是一个个具有鲜活生命、独立人格和不断发展的人,“人的事,是大事,只要把人的工作做好了,很多困难就能迎刃而解”。所以我们要做“有心人”,把每一位教师放在心中,构筑“四心”工程,即“暖心”“炼心”“舒心”“健心”工程,想方设法用一点“心”的艺术,激活教师的无穷潜力,提升教师的职业幸福感。

一、暖心工程:人文关怀,温暖人心

教师需要的不仅是生病时的关怀、慰问,更需要职业的价值观、团队的归属感,需要得到领导和同事、学生和家长的尊重,需要得到自我实现的机遇……"暖心"工程,就是暖人心,读懂教师,理解教师,善待教师,把工作做到教师的心坎上。

在学校管理的过程中,我们想教师所想,急教师所急。每每布置工作,下达任务前,总是从教师的立场出发,思考推进工作的过程中会遇到哪些矛盾、哪些困难;总是联合各部门、各条线、教师骨干及代表一起商议、共同策划……考虑教师面临的各种琐事,梳理任务的轻重缓急,细化工作的步骤进程……在传达工作,布置任务的时候,我们不仅仅就事论事,更多的是传递我们的真心真情,体谅教师们的牢骚、抱怨,关怀教师在教育教学第一线的疾苦,渗透工作任务的重要性与必要性。"想清楚、说明白、议彻底"之余,换来的是教师们"做到位",大家全身心的投入,取得了一次又一次的成功。

这样的思考,让教师们感觉到学校对自己的重视和温暖,激发了教师工作的热情,点燃了教师参与任务的兴趣,使得学校能够精细化应对各项工作,使工作效益最大化。教师们工作着、辛苦着并快乐着。

二、炼心工程:提升师德,锤炼师能

教师幸福感会因个人的职业境界的不同,有着完全不同的感受。教师只有拥有高尚的师德修养,高超的专业能力,才能快乐、智慧地面对教育教学中的疑难杂症。"炼心"工程,就是炼慧心,提升师德,锤炼师能,做智慧教师。

我们想方设法激发每一位教师超越自我、发展自我的愿望。通过榜样示范、竞赛评比、奖惩激励、考核跟进等多种方法,创设"你追我赶,你无我有,你有我优"的氛围,不断鼓励先进,调动教师争优为先的积极性和工作的责任心,变"要我发展"为"我要发展"。

我们打造"减负增效、师生成长"的智慧课堂,积极开展"五课""五写""五练"活动,给教师们提供自砺修身、夯实功底的机会;我们用心思考,反复推敲,大胆实践,编制校本“智慧树”课程,促进教师实现由“传统教师”向“智慧教师”的转变,由“单一型教师”向“复合型教师”转变,培养一批课程建设的特色教师;我们把教育科研看成是一种群体行为,把研究群当成“共同体”,教会教师做课题,促进教师再发展,打造一支能研究、有智慧的教师队伍。与此同时,目标清晰、定位准确、分层推进、因人而异的梯队建设,一系列不断完善、与时俱进的培训、选拔、监控、激励机制,使得附小的每一位教师都得到了雨露滋润,茁壮成长,满足了教师自我实现的需要。

全方位的“炼心”工程,满足了教师自我实现的需要,让幸福的内涵不仅仅只停留在认知层面,而是深入到精神领域,落实在教学管理中的点点滴滴。

三、舒心工程:互动开放,合作共赢

教师幸福感来源于哪里?来源于人际关系的和谐、学习与实践、成功与反思,来源于涉及自身利益的重大决策的知情权、参与权、审议权和监督权。“舒心”工程,就是舒民心,搭设发表想法的平台,创设互动交流的氛围,让教师成为学校的主人。

每学期的“一月一结”“一月一议”,对学校各部门、各条线的工作,教师们拥有充分的知晓权、话语权,发表自己的观点,提出合理的建议,思维的火花在碰撞,人与人之间的情感在交融。一个个闪耀着智慧的新点子、新思路、新办法也就在教师的互相讨论、争辩、交流中产生了。

例如,在学校新一轮办学发展规划的初稿出炉之后,根据发展规划的六大板块,校长室带领中层、骨干分成了六个项目组,就发展规划的方方面面、细枝末节,开展了一次又一次研讨,研究每一个目标、每一条措施的可操作性、科学性,细化、修订、完善学校的发展规划,并且在充分讨论的基础上,六个项目组成员又成为了六个主题论坛的主持人,以实施者、参与者、制定者的姿态,和全体教师一起分享对学校发展规划的解读,展现集体的智慧。

学校上下从学校规划的参与者成为了制定者,不仅对学校发展规划的办学理念、办学目标、实施策略心中有数、心中有底,而且在参与修改、完善、解读学校规划的过程中，激发自主发展的潜能，对自己的发展、学校的未来站得更高，望得更远了。

在互动开放、合作共赢的氛围中，教师被重视、被认可，心情舒畅，这份幸福感弥足珍贵。

四、健心工程：有滋有味，健康身心

人，行走在生命之路上，无论是一帆风顺，还是崎岖坎坷，都要学会有滋有味，享受人生路上的各色风景。“健心”工程，就是健身心，让教师拥有健康的身体，平和的心态，积极的人生追求，能够坦然面对人生的成功、挫折与磨炼。

我们积极创设体育锻炼的条件和氛围，让教师充分认识“身体是革命的本钱”。“书香校园”一系列读书活动的开展，让教师们“以内养外”，读书看书，写下自己的读书感言；读书论坛，诉说着自己的读书故事，分享着自己的读书心得，交流着幸福人生的真谛…… 每周五教工学习开场前的“快乐五分钟”更是犹如一道心灵鸡汤，滋润教师的心田，心宽了，路也会宽广许多。教师们领悟着“心里有人，眼里有事，嘴里有话，手里有活，脸上有笑”的幸福；咀嚼着“不经历风雨，怎能见彩虹”的快乐。

健康的身心赋予了教师对幸福高层次的理解，也为教师体验职业的幸福夯实了基础。

生命如歌，用心才能演奏最美的乐章。构筑“四心”工程，提升了教师的职业幸福感，促进了学校的内涵发展，为和谐校园建设提供了不竭动力。我们是幸福的，让我们彼此之间继续“心心相印”，拉起手来更智慧地把握现在，面对未来，从现在起，从课堂起，从研讨起，努力让生命更加精彩……

（本文发表于《现代教学》2012 年 03 期）

第二节　建立“人本”管理体制

教育的本质是发展人，“人本”管理追求建立一个充满生命力、创造力的自适应系统，全面关注教师、学生、家长的可持续发展，具有一种凝聚力和向心力，能有效推进各项工作科学、民主、精细地管理，让人自觉自愿、最大限度地发挥自身价值，挖掘自身潜能，主动、积极、创造性地参与管理学校、发展学校、成就学校。

一、优化组织机构

学校工作无小事，事事要尽心，光靠校长一人单兵独战肯定是行不通的，校长要学会“无为而治”，要有目标、有意识地引领干部、培养干部，促使团队能同心协力，共同担当。我们根据工作的职能特点，新形势下的工作需要，梳理工作条线与脉络，优化部门结构，简化管理的中间环节，设置了扁平化的组织机构:“六部门”“三管理制”，凸显严谨高效的层级负责制。学校六部门为:课程教学部、学生发展部、教师服务部、教育科研部、信息交流部、综合保障部，设负责人，即学校中层干部，主要规划、落实部门整体工作，起到对内服务协助、对外宣传协调的作用;三管理制为项目责任制、年级组责任制、学科分管责任制，通过自主申报、教师推荐、部门讨论产生负责人。

在实施中，我们处理好授权与用权的关系，体现责、权、利的一致，同时不断扩大年级组长、教研组长管理权限，年级组长要对整个年级的教育教学工作全面负责，教研组长要对教师专业发展全面负责。管理重心的下移，让一线的教师心声、学生的教育更及时、有效地传递和协调。对各部门、各责任组负责人的培训、培养也严格、高效。例如，我们定期学习、研讨，面对问题、解决问题，汇报工作进程，各部门、各责任组有发言权，有主动权，重计划，重过程，重落实，重反馈，提高工作的执行力与达成度，促使学校从容开展各项活动，有序面对常规及一些突发工作，优质、高效地完成各项任务。

整合资源、完善制度等科学管理，对学校组织机构工作的顺利开展起着积极的保障作用。我们建立了一支家长志愿者、义工队伍，调动他们的积极性和丰富资源，提高他们参与管理、服务学生和学校的志愿意识，在处理家庭、社区与学校等的关系上体现时代精神。组成以专家、教代会代表等成员组成的办学发展决策咨询组，赋予他们对于学校工作、管理、发展相当的话语权、建议权、批评权，帮助学校改进、完善和发展，提高办学方向的科学性。完善校长负责制、校务会制、教代会制、教学质量监控制、学生发展评价制、教师专业发展评价制等现代学校的各项规章制度，保证教育教学工作的科学实施。

【组长心语】

快乐小家，齐心共进

附小就像一个大家庭，年级组就是其中的小家庭。时代在发展，学校关注教师的职业幸福感，关注教师的专业发展，给予教师们更多的自主管理空间。年级组长的工作也更多地参与到学校管理之中，要担当起整个年级发展的责任。

由于附小校舍新建，我们二年级组需要脱离“大本营”在其他学校过渡。一晃已经在外过度了一年半的时间。在这期间，如何将组内成员凝聚在一起，让大家努力完成各项教育教学工作、开展好各项活动，成了我这个组长的主要思考。

1. 沟通协调，统筹安排

来到暂借校区，首先要与暂借校区的领导进行联系沟通。所有的作息时间和规则都应遵从他校安排，于是我们重新安排一日常规的时间和注意事项，详细罗列出一天每个时间段老师和学生们所要遵守的规则，如进校时间、教师和学生的早操时间、护导岗位的安排、课间大活动内容调整、学生午餐的用餐管理……细枝末节的问题都考虑到位，让年级组的老师们更清晰地了解所要注意的问题，以及该对孩子们加强哪些内容的教育。

新的环境、新的作息规则下，不断地有问题出现：遇到急事，家长需要接孩子；拓展课程场地的使用问题；乐器培训时家长陪同的问题……不断地和暂借校区磨合,做出调整。每月两次召开年级组会议,老师们互相交流发现的问题,大家一起商讨解决问题,并强化规则意识,努力将工作开展得更好。

突发事件的发生更是考验年级组长的处理、统筹安排能力。我们年级组成立了"快乐小家"微信群,及时将各项重要安排和通知告知组内的各位老师。例如,利用微信群告知雨天放学的具体位置、放学顺序;利用微信群,妥善安排水痘班级隔离的各项事宜。每个老师的尽心尽责、细致入微,赢得了家长的信任和称赞。

元宵节猜灯谜、茶艺节品香茗、图书漂流、研究课、外校老师观摩课、广播操比赛录像、视力检查、体检……各项教育教学活动没有因为我们不在总校而松懈。每次的活动我都和大队部、教导处商量,把细节安排到位,并拟好通知,在年级组微信群中发布了,以便班主任们更清晰地了解情况,做出具体安排。

我和"快乐小家"的老师们一起,在一次次面对困难、解决困难中,充分发挥了年级组自治精神,锻炼了团队各方面能力。

2. 凝心聚力,温暖彼此

与他校合用一个教学场所,在新环境中,老师们的心也似乎贴得更近了,更有当家做主的意识。我也快乐地用心经营着"小家",让彼此在关爱中工作。

当老师们在工作上或生活中遇到困难,需要帮助时,我积极主动,和老师们一起思考对策,分忧解愁。我们关心家中有住院老人的老师,关心身体有疾病的老师,及时安排课务,及时探望慰问。

在教师节、感恩节、圣诞节等假日,我会为组内老师们准备一份小礼物,以增添温馨的气氛。当得知学期末教师活动由各年级组自行决定时,我带领组内老师们商讨活动方案,家住崇明的两位老师热情邀请我们去做客,大家兴致盎然、讨论热烈,反复商量后,解决了自驾车辆、食材购买、入住宾馆等细节安排,成功举行了"温馨小家崇明行"的年级组活动。活动中,大家一起洗菜、烧菜、包馄饨……欢声笑语,温暖如一家人,小家成员的心贴得更近了。

整整一年，暂借校区的领导、老师们对我们的教育教学工作也给予了极大的支持，食堂阿姨、门卫师傅们对我们也非常照顾。附小的老师们懂得感恩，在学期末送上了一封真挚的感谢信，感谢一年来他们对我们各方面的帮助和支持。一封感谢信，表达了我们深深的情谊。

在这一年多的时间里，年级组自治的管理方式让我成长很多，从教师管理、学生行规、体育活动、卫生、安全、后勤等各方面的工作，让我有经历、有体验、有感悟。学校领导对年级组长的支持也使我在年级组开展工作更有力量，更有效。快乐小家，齐心共进！（周明珠）

二、实施精细管理

校长不但要重视思想的引领，同时还必须要重视精细化管理。在精细化管理中，校长将责任精细到人，人人有岗位职责，人人有努力目标，人人有结果考评，从而调动每一个人的工作积极性和主动性。

附小精细化管理从内容上做到了全面、细致的要求。就拿作业批改来说，不同学科有不同学科的作业特点，哪怕是同一学科，不同年段、不同作业内容也有具体的明细要求。我们对于作业批改的符号、日期落款的位置都进行了统一和规范。精细化管理从实施过程上，我们实施“计划—实践—总结—评价”四级循环管理制，以目标为本，引领工作方向。计划，写你想做的；实践，做你所写的；总结，记你所做的；评价，查你已所做的。四方面工作循环往复，并且与考核挂钩，与档案管理的要求相互整合，实现管理高效能。就拿练习设计这个管理环节来说，每个备课组完成阶段练习设计后，由教研组长、课程教学部、分管领导进行审阅，修改后双方进行交流；通过这样的监控机制，提升教师练习设计的专业素养。精细化管理更是从关注细节入手，从桌面、墙面、走廊、操场、厕所、图书室、教室等地方看管理，看服务，从师生的礼仪、礼节、礼貌看养成，看素养，看文化。

我们建立的以班主任为首的“班级合作小组”是精细化管理的特色与亮点，组织班级所有任课教师及相关人员，定期研究学情、教情，互通信息，也不定期地邀请家长代表参加,请他们反映学生的想法和在家表现,形成教育教学齐抓共管的工作合力,保证学校整体的高水平发展。

当然,落实精细化管理离不开一支工作能力强、业务素质高、团队意识明的干部队伍。附小干部一直站在教育教学第一线。教好书是教师的立身之本,校级领导和中层干部更应是教学的能手、教师的榜样。目前,11名干部中区拔尖人才1名,区学科带头人3名,区骨干教师3名。管理团队每周召开例会,做到定时、定点、定人,碰头,通气,沟通,并提高会议主题的可学习性、探讨性,带领教师团队勇于课改,勇于创新,保证学校教育教学各项工作的稳步开展,向建设廉洁、高效、开拓、务实的干部队伍不断努力。

【家园守则】

附小教师十智行

好教师有理想,为人师表最重要;教学生学做人,以身作则品格高;
讲仪表重形象,内外修炼不可少;勤学习乐思考,课题研究多动脑;
同事间互关心,以诚相待不计较;交往中善沟通,团结协作共提高。
课堂上讲平等,耐心教育不急躁;观察细勤护导,点点滴滴服务好;
对家长多尊重,推掉谢礼做得巧;办公室洁净美,赏心悦目靠你我。

附小学生十慧行

好儿童有理想,心怀祖国志气高。不迟到不早退,着装整洁来学校。
进校门问声好,文明礼貌要做到。课堂上认真听,积极发言多动脑。
爱看书爱学习,认真作业习惯好。下了课不奔跑,文明休息不打闹。
爱同学尊师长,团结友爱品德高。爱公物乐助人,诚实守信最重要。
讲卫生爱劳动,校园整洁责不少。勤锻炼多活动,每天生活乐陶陶。

附小家长十知行

育儿为家亦为国，重担在肩意义大。树立正确人才观，学习做人是首条。
育德实比育智难，科学艺术皆讲究。理解成长多烦恼，及时开导同向前。
两代沟通要经常，鼓励自信最重要。严宽有节更有度，溺爱更难育人才。
父母身教重严教，无声榜样是表率。儿女之事儿女做，勤劳节俭大美德。
进访学校讲礼节，言谈举止要文明。家校和谐互动好，合力教育出奇效。

三、完善民主管理

我深信：一个高水平的经营者，其职责并不是管好每一个人，而是发挥好每一个人的作用。校长的决策正确与否直接关系到学校、教师、学生的发展，责任大如天。因此，校长要善于从民主到集中，果断决策、大胆实践，保证方向的正确、办学的效益。

我们推行民主管理。工作中紧紧依靠每一个教职员工，坚信“人人都是重要的，人人都是可以变化与创造变化的”的管理理念，坚持“集众人之智为上智”的原则，建立靠沟通和理解取胜的管理模式，畅通教师发表想法的途径，创设互动交流的氛围，激发教师们的智慧。

我们保证党支部的政治核心作用，充分发挥工会、教代会、家委会等组织的民主管理和监督作用。在工作中发挥中层干部、党员、年级组长等学校中坚力量作用，定期交流研讨，带领中坚力量规划学校的发展，思考工作的得失，发现问题、分析问题、解决问题，让每一个干部牢固树立群众观、服务观，明确岗位职责，紧紧依靠广大群众开展各项工作，力求各项措施、工作的安排事先考虑周到，事中精细到位，有利于教师的发展，学生的成长，使得学校的各项工作有声有色开展，促使形成全校师生同舟共济、奋勇拼搏的合力。

我们实行“问题谏言制”。学校的办学章程、发展规划、评估方案等重要文本的制定，教师们都全程参与其中，集思广益，献计献策，共同描绘发展蓝图。教代会提案中,教师们合理化的想法和建议,学校积极采纳,即知即改。“六一”活动、学校重建等工作倾听教师的呼声,借用每个教职工的眼、耳、脑,采集众人的智慧,建立民主、平等、尊重的人际关系。

我们实行“全民表决制”。学校“三重一大”问题的决策都放在职工大会上讨论、通过。各项推优评优、职称评审、骨干评选、年终考核等涉及教师切身利益的大事要事,更是慎之又慎,“全民”表决、评选产生,无记名投票、集体唱票,让教师拥有知情权、参与权和监督权。例如,专技岗位升级考核工作,学校聘任委员会招募中层班子、教研组长、年级组长、校级骨干、区级骨干、区学科带头人共同参与考核打分,考核申报人的工作实绩、团队作用,教师们的意见成为了评审的关键。

长期以来,附小形成了要做的大事必须大多数人同意,反对声音多的事决不做的团队共识,确立教师主人翁地位,全面调动教师工作的责任心、积极性和创造力。民主管理,是一种尊重人、信任人、依靠人的态度,并能很好地利用团队力量解决各类难题和矛盾,促进各成员更健康成长。

【成长心语】

把好事做好

校长是一所学校的第一责任人,教师们的带头人。做校长肯定想做一个受教师尊敬、喜欢的好校长,多为教师办实事,多为教师做好事,但有的时候好事并不一定做好,并不一定能让教师感受到是一件好事。

教师绩效考核方案的改革从2007年开始实施,从那年起教师的工资待遇有了逐年的递增,绩效考核方案也不断修订,体现多劳多得、优劳优酬,体现教师在社会上的地位提高,应该是件大好事。但每所学校的实施效果却不尽相同,有的学校方案不能通过,教师甚至上访、举报信不断。我想,作为校长,首先应该反思:为什么会有这样结果?什么地方没有满足大部分教师的权益?怎么修订才能让大部分教师感受到工作有尊严有价值?

我校这项工作一直实施效果很好，我们积极应对，反复思考，主要做到四个到位：宣传到位、倾听到位、制定到位及落实到位。

宣传到位。在教工大会上积极宣传此项工作的目的和意义，让教师感受到增资的来之不易，感受到政府的关心，心态要调节好，不管加多少，“有”总比“没有”好，也达成共识，相信学校会站在每个教师的角度思考方案。

倾听到位。由于受“多栽花，少栽刺”“言多必失”等中庸思想和当今社会现实的影响，领导听到的常常多是恭维话，是顺着领导思路讲的“一致意见”，这就更要求校长学会倾听，开门纳谏，广开言路，尤其是听到反对意见时，要沉得住气，并认真反思，及时沟通，这样才能获得真知灼见。为此，校长要与教师平等相待，倾心相交，鼓励教师讲实话、真话、心里话。

制定到位。每个岗位每个职称每种身份都换位思考，想教师所想，一人一表，心中清楚，既想到老教师的奉献，又兼顾青年教师生活的不易，既考虑骨干的用心，也考虑普通教师的辛苦，充分依靠群众、相信群众，从民主到集中，修改再修改，直到教师们最后满意。

落实到位。方案解释面对面，面向全体教工，让大家知道这样制定的思考和意义；方案的沟通点对点，个别教师因为各种自身问题可能会有所失落，一一谈心，让他明白只有付出才会有收获。教师们在参与的过程中也体会到换位、合作而带来的共赢、和谐之美。

只有公正、公开、公平对待教师切身利益之事，领导教师之间才会建立起相互的信任。校长一定要想方设法把好事办好，校长的威信才会在群众心目中逐渐树立。

第三节　创新机制提高管理效能

当今社会对教师的师德素养、专业素养都提出了更多、更新、更高的要求，教师的工作强度、工作压力与日俱增，疲倦感与懈怠感不断袭来。我们要最大限度地创造条件，创新管理，建立一系列的培训、教研、激励机制，进行高效的计划、组织、协调和评价，让教师获得最大程度的发展，激发每一个教师认识自我、发展自我、成就自我的愿望，使工作效益最大化。

一、倡导目标激励

“人在一起不是团队，心在一起才是团队”，要让团队成员的心在一起，团队就必须有明晰的发展目标、共同的价值追求与信仰，而且要适切、适应、适合。例如，学校经历七年更名又恢复校名时，面临重重困难，人心不定，我们适时提出了新附小精神：荣辱与共的爱校精神、合作共赢的团队精神、脚踏实地的求是精神、善思乐学的创新精神，促使新附小人鼓足士气、凝心聚力，开始新的征程，创造新的辉煌。

我会经常利用每周一次的教工大会，和大家探讨正确的世界观、人生观、价值观，分析团队的意义，从“相互帮助”到“合作共创”，从“大雁精神”到“狼之文化”，全力打造一支“可亲、可敬、可信、可学”的教师队伍。每年我还会根据校情、师情、生情提出一句新学期的目标寄语，如“没有爱就没有教育”“爱生活、爱教育、爱学校、爱同事、爱学生”“每一个都重要”“用心工作、快乐生活”“选择教师就选择高尚”“爱与智慧同行”等寄语，成为教师共同的愿景。一年一度的教师节等特殊日子成为弘扬高尚师德的大好契机。9 月 10 日的升旗仪式上，教师们面对全体学生，举起右手，郑重承诺：“关爱每一个学生是我的天职，成就每一个学生是我的荣耀。”每月系列主题研讨成为提升境界的有效手段，手机微信群、网络交流等信息平台成为传播团队正能量的快速方式，教师们会时常探讨思考“教育的本质是什么？未来社会需要怎样的人？为了孩子的健康、快乐成长，我该做什么？我该怎么做？”等问题。我们也及时鼓励教师不断反思自己的教育教学行为，一次次搭设平台鞭策教师把自己所思所想写下来，成为出版物，化为成长的积淀。

【成长心语】

积跬步，行千里——校刊《智慧树》卷首语

在全体教师的勤奋努力下，在专家领导的悉心指导下，在第二十七届教师节来临之际，附小终于诞生了一本属于教师自己的刊物《智慧树》。

校刊取名《智慧树》。智慧，是知识的升华，是对人生的感悟，也是生命的价值体现；树，蕴含着生命的成长历程，代表着希望、生机与力量。《智慧树》期望为每一个老师创造一片属于自己的天空，能插上梦想的翅膀自由翱翔。《智慧树》也意寓着附小人在阳光、雨露的滋润下，在自身的努力下健康、智慧地成长。

一直以来，附小老师们勇于实践，敢于创新，在三尺讲台上播撒着爱的种子，但离“勤于笔耕、笔墨飘香”始终有一定距离，搞科研，写论文，对于大家来说，更是“让人欢喜让人忧”的事情。尽管这几年，有不少老师在各级刊物上发表文章，参与科研评奖的积极性也不低，特别是连续两届区科研论文评比，一等奖、二等奖获得者频频，但我们更清楚地看到，团队中还存在写文章的畏难情绪，清醒地意识到我们的瓶颈：思想不够敏锐，底气不够足，文章还较稚嫩，自己的研究能力有待进一步提高。

“不积跬步，何以至千里”，教师是永远的学习者。面对瞬息万变、日新月异的新时代，面对自己的责任和瓶颈，我们必须养成执笔内省的习惯。“教了十年书的教师，不一定成为一个成功的教师；写了一年反思的教师，必定会成为一个了不起的教师。”当我们静下心来，踏着白纸黑字的阶梯，把教的、读的、感悟到的记下来时，也许过程是辛苦的，因为每一次坚持，都是毅力的锤炼，但最终我们将会发现：写，会让自己更彻悟“曾经”是怎么回事，会敦促自己在校园、在课堂、在生活中主动找寻“我是谁”。“我心我写，我写我乐”，当我们看到自己尽管还很稚嫩的文字变成了方块字，看到自己的真实感受与人分享，写文章的畏难情绪会被涌起的热情，激起的冲动所

代替。写中有学,学中有思,思中有行,那些方块字促进了我们专业素养的提升,化成了教学的结晶和印记,日常的只言片语、点点滴滴,涓涓细流最终汇成大海,而我们也在流动的声浪里听到属于自己心灵花开的声音。花的开放,赢得的是尊重,积累的更是尊严。

“以读为乐,以学促教,以研促思,以写生智”,教师持之以恒地进行这四项“修炼”,使命会因不断累积,变得更加清晰而富有力量;职业会因不断创造,变得更加幸福而富有激情;生命的历程因不断攀登,变得更加精彩而富有境界。相信每一个附小人为了自己和学生的发展,一定会努力成为一名智慧教师,信心百倍地抒写更美好的未来!

一次次的论坛与互动,一次次的学习与交流,一次次的反思与积累,开的是眼界,宽的是心界。教师个人的发展目标融于学校的发展目标,不断引领教师们提升教育的大境界,力求把各项工作做得更细、更精、更好。

二、实行项目驱动

我们采用“建设项目书”的项目管理方法。通过公开、公正的招标、竞标、投标方式,实现项目化、主题化管理,积极依托校内外的教育资源和人力资源,调动更多教师能人的积极性、主动性和创造性,提高效能意识,突出项目的成果绩效。

随着学校的办学声誉不断提升,根据学校自身发展的需求,一个个市级区级项目接踵而来,涉及管理、教育教学、艺术体育各个方面。这些项目专业要求高、研究实践性强、任务重,如果没有业务好、能力强的负责人勇挑重任,不能调动起教师参与的积极性,往往项目研究就会流于形式,失去研究的意义。因此,学校出台参与项目研究人员的激励机制,激发有能力、能吃苦的教师挑起项目重任。

作为市基于课程标准的教学与评价实验校、市提升课程领导力项目校(第二轮)、区“创智课堂”“云课堂”实验校,学校着力于从打造智慧课堂、建设智慧课程、研究智慧课题三方面入手,积极申报、开展项目实践。目前,学校参与市区各级各类项目有30余项。我们组建研究团队,立足校情,确立研究内容，努力促进学校内涵发展，提升学校影响力。例如，平板电脑进课堂项目是新的研究领域，志同道合的中层和教师们组成项目组，围绕项目目标时常聚在一起学习研讨，组织策划，发挥各自特长。项目组按照学科设立了子课题，立足教材，按照学情，改变教与学的方式，攻坚克难，充分发挥平板电脑教学的优势。整个项目组在研究过程中，信息技术的应用能力提高了，解读教材、以生为本的观念增强了，生生互动、师生互动的频率增多了……短短一年时间，语文、数学、英语、科学与技术等学科都有了优秀课例；短短一年时间，平板电脑教学实例获得了三个全国一等奖。中层和教师们在一个个项目实践中锻炼成长，人尽其才、人尽其力、人尽其心，促进教师、学校向更高层次的发展。

三、开展合作研修

长期以来，附小办学质量的稳步提高，师资队伍的茁壮成长，得益于学校以教学改革、教材实验为突破口，逐步完善教研机制，为教师的健康成长提供了良好环境，为学校的可持续发展提供了不竭动力；得益于学校不断营造同伴互助的研修文化，把每一个成员聚集在一起，形成一个个学习、研究的共同体，让他们成为组织中不可或缺的一员，成为参与者、受益者，品尝合作的快乐，找到团队的归属感，并以自己的专业成长引领学生走向成功。

分享"智慧火花"。每周五附小专设一小时，开展合作学习，激励教师以求真、务实、共享的学习态度参与研修，营造和谐的教师学习文化。"铿锵三人行""沙龙式""课题领衔式""漂流瓶式"等各类学习形式，发挥了最大的学习功效。"教学反思碰撞""读书心得交流""附小养心茶座"等丰富的学习内容，提升了教师的研训质量，为智慧团队的打造提供坚实保障。我们努力搭设学习平台，促使教师在合作中进行深度的思维碰撞，理念交锋，经验互补，引导教师对教育教学问题的解读、处理，难题的剖析、攻克，课题的认识、实践达成共识，形成共知，最大限度地丰富并提高感性认知和理性经验，与课改共成长。

教师们执著于教学研究中，研究学生、研究教材、研究教法，沉浸在课堂实践探索中，不断积累、感悟、提升。以学科组教研、“跨学科”教研、班级教研、课题组教研等作为合作研究实践的平台，定时定人定主题，从问题、难题、课题出发，进行深入的教育教学行为研究。集体备课、集体教研，教学资源与智慧共同分享，让教师并肩携手，共同成长：德育教研组被评为全国巾帼文明岗，语文教研组被评为上海市“三八”红旗团队，数学教研组被评为杨浦区优秀教研组。同时，秉持大气、合作、开放的原则，学校又进一步拓宽合作的资源和途径，“迎进来，走出去”，不断开展常态化、多层次的教育集团内、校际间的合作交流活动，让教师站得更高，望得更远。合作研修，练就了教师课堂教学的真本领，练就了积极乐观的好心态，练就了有容乃大的高气度。

合作学习、研究，我们的老师有的说：“合作研究，让我欣喜地走进附小的大课堂，自信地开放自己的小课堂，取长补短。”有的说：“你读一本书，我读一本书，交流后，大家都读了两本书；你有一个认识，我有一个认识，交换后，我们每人多了一个认识；你有一个启发，我有一个启示，互动后，各人添了一个启示。”朴实的话，却道出了不平凡的道理，校内合作学习最大限度地发挥了“1＋1＞2”的功效。合作研修，教师们辛苦着，幸福着，成长着。

四、推行多元评价

学校工作过程、工作质量均是双向互动的结果。我们推行“成长在学校、成功在讲台、成才在岗位”的多元评价机制，实施公正、公平的奖惩机制，创造真正引人向上的力量，提倡有耕耘有收获，变“要我发展”为“我要发展”。学校树典型、立榜样，把评价、激励贯穿、渗透在每一时、每一处，发扬先进性，增强责任心，激发每一个教师超越自我、发展自我的愿望。

我们依托教师绩效工资、岗位设置的推行，完善教师工作的考评方法，将德、能、勤、绩与教育教学过程管理紧密结合起来，真正做到调动人的积极性，凝聚人的进取性，发挥人的创造性。

注重自我评价。年终岁末，每个教师找准年度成长亮点制作精彩生动的数字故事，和全体教师交流共享。《骑行之路》《一米阳光》《特别的爱给特别的你》……年终考核成为了每一位教师自我回顾的良机，成为了每一位教师展示自我、分享幸福的舞台。教师们一个个不为人知的故事，感动了自己，也影响了大家，看到自己的付出，看到同伴的付出，看到自己在团队中的位置，看到自己发展的信心，每位教师以苦为乐，个个都满足着、幸福着！

注重团队评价。年度考评、学期考评的过程中，教师们、年级组、各部门自评、互评，大家看到同事们在团队中的努力和付出，都给予了公正、公平的评价，多劳者、优劳者得到更多的认可。团队评价，让教师们更乐于服务团队，奉献团队，在推动团队的发展中发展自身的专业之路。

注重家长评价。学校鼓励家长参与到学校管理和教师评价之中。每一次假期家访、主题开放、亲子活动后，学校都会发放家长活动反馈表，了解家长对课堂教学、各类活动的评价和需求，并及时总结，及时反馈。每学年末，学校都要进行一次全校家长问卷调查，对每位教师进行无记名满意度测评，评选学校“智慧教师”，弘扬高尚的师风师德，使得教师们更明确“我应该怎样做一个智慧教师”。多元评价，让教师在一次次肯定，一次次鼓励中，撑起专业发展的帆，划起奋发前进的桨。

第四节　智美校园伴师生成长

人的智慧生成和智慧发挥是需要环境的，因而学校必须创设智慧型的校园环境，让智慧充盈着每一个角落，让人置身其中有着宽松、自由、愉悦的感受，有创造的冲动。如何发挥环境育人的最大效能？如何让环境设计体现智慧教育办学理念和目标，让附小校园内的一景一物皆为学习资源，成为学生们学习的活教材，处处可学，时时在学？一直以来，我们努力在思考，在行动。

学校建校已久，占地面积只有九亩多。场地狭小，日益陈旧的校舍已跟不上教育改革的需求,但是每一个走进附小校园的人都会找到一种温馨、舒适的感觉,都会感受到浓郁、亲切的校园文化氛围,因为我们始终在用心用情、因地制宜地美化着校园,让附小的每一个角落富有生的气息、灵的味道。2014 年学校校舍原地重建的项目正式确定后,附小上下一片欢腾,人心振奋,都憧憬着未来的新校园环境更加宜人、功能更加齐全、空间更为开放……大家都愿意用心、用情、用智慧为未来的新校园建设奉献自己的力量。

一、温馨回忆渗透新校园

在设计新校园的前夕,我们召开全体教师会议,举行年级组讨论,群策群力寻找旧校园中最难忘、最温馨的景致,要把这美好的回忆带到新的校园,要让新校园里保留住附小美好的往昔。

附小智慧园。那林荫小道,那假山小池,那圆桌石凳……是孩子休憩玩耍的乐园。他们三五成群在圆桌边写作业,你追我赶,嬉嬉闹闹在石子小路上绽放笑脸。附小的每个人就似那一棵棵智慧树儿,在园中沐浴阳光,汲取养料,自由、快乐、健康地成长。

附小樱花树。这棵早樱驻守在校门口,象征着中日两国人民的友谊。它是 1992 年时由一位日本友人把树苗带到校园的,所有老师一起种植,见证了它的安家落户。小树苗渐渐地长大、开花。每年 3 月底,盛开的樱花树下,纷纷扬扬的花瓣雨随风飘落,留下了一届又一届学生的欢声笑语,留下了一个又一个美好回忆。

附小桂花林。这排桂花树守护在食堂门前,是在学校 2002 年大修时种下的。它就像学校一道天然屏障,守护着校园里的每一个人。每年 9 月丹桂飘香时,走过这里顿感沁人心脾,心情舒畅。美好的一天从这里开始。

梦幻年华少女像。这个雕塑是学校的象征,天真烂漫的孩儿端坐在一轮新月上,翘首远望,昂扬云天,衬托出求知天地的宽广与深邃,洋溢着在附小沃土上快乐成长的气息。这一轮新月象征着附小务实进取的教师团队,闪烁着月光般的轻盈身姿,展现着园丁的美丽与美德,承载着学生的今天和明天。由弯弯的月亮和可爱的孩儿，组成的图案，也是“二师附小”拼音首位字母大写“E、S、F、X”的变形组合，成为了附小的标志。

附小校园，花草树木、圆凳石桌让每个人感到惬意；白鸽空中飞、金鱼池中游，把我们带到了大自然的怀抱……教学大楼的走廊里、教室里，一行行生动的文字、一幅幅漂亮的图片，无声地把每个学生引入健康、快乐的求知殿堂。

点点滴滴的回忆，诉说着对附小的情和爱；一草一木，彰显着附小的勃勃生机。带着这份情、这份爱，我们展开新的蓝图，开始描绘附小美好的明天。

二、小空间发挥大效能

校舍重建是附小百年一遇的大好机遇，正巧落在我们这代人手中！我们必须想明白想清楚，智慧教育到底能给孩子们一个怎样的学习空间？到底想创造一个怎样的梦想家园？学校的办学理念和办学目标都围绕着生命成长、生态自然的寓意，也就是期待校园里的生命个体像一棵棵智慧树一样根深叶茂、枝繁花开、绿意盎然，每个人都能找到适合自己成长的土壤，自由、快乐、健康地成长。那我们新校园的规划设计理念就必须要围绕校本，围绕生本，克服学校先天不足，挖掘资源，让有限的空间发挥出最大的效能，让校园能为每一个人提供尽可能多的成长可能，让每一个人在这里感到温馨、安心、开心，得到最适合的发展。

遵循这一规划设计理念，我们组成重建智囊团，专业人士加教师、家长后援团，一起反复研究讨论，一套套方案，一次次肯定、否定……再肯定、否定，反复研究讨论中，我们达成一致：要尽可能给师生最大的活动空间，要有学生食堂、学校剧场、室内体育馆、地下车库……最终确立了学校三幢大楼呈“L”形排列，四层、五层、七层错落有致，外形头圆尾方，就像一艘昂首起航的万吨巨轮，这样还能保证有150米环形跑道的大操场。

主体结构确定后，内部的设计更要彰显承前启后，环境育人的功能。重建团队又经历无数次取经学习、沟通纠结、推翻再来的过程，灵感和创意也就不断产生,最终确定学校的内部环境设计主色是绿色,代表着欣欣向荣、蓬勃发展的景象。于是就有了:绿色的水磨石地板、楼梯通道的绿色间隔、绿色的吊顶……特别是门厅的设计不知经过多少次的磨合,甚至是推翻原稿请外援再来设计,才有了现在学校办学理念的集聚空间:肥沃的土壤孕育着一棵棵小树的成长,在阳光照耀、雨水滋润下,一棵棵小树健康长大,开花结果,绽放笑脸……一步步,新校园的设计不断优化,有了阅读角、聊天吧、活动区;有了学生放学后看书、等待家长的紫藤休憩林;有了画满各种生动有趣故事的童话长廊……三幢大楼的名字也应运而生:启真楼、慧学楼、乐创楼。

重建后的新校园应该为学校课程的开发、建设提供更多的空间。在新校专用教室的布局上尤其要考虑到"特色彰显、一室多用"的定位,这样既能弥补学校占地面积小的缺憾,又能尽可能多地为孩子搭设各种学习平台,真正让每个学生得到全面而有个性的成长。

一楼心理咨询室、大队部、乐乐电视台三室相邻,可以分开使用,也可以统筹运用。茶博物馆和茶艺教室在同一楼面,为茶艺特色教学开了方便之门,同时茶博物馆与图书馆上下联通,拓展了学生阅读的天地和空间。舞蹈房、合唱室、戏剧室、体育馆组成了艺体中心。档案室、资料室、校史陈列室和校园剧场汇成了展示开放中心。五楼的室内体育馆,既是学生运动的场所,也是集会活动的舞台,体育馆内安装了移动座椅看台、电子大屏幕、空调设备,这样每年儿童节、开学典礼等大型庆典活动就不怕刮风下雨、炎热难熬了。六楼的科创中心,整个层面开放式设计,集机器人、头脑OM、机械车床、乐高等科技创新活动于一体,安装的灵活移动门又可以把大空间分割成一个个小空间,分模块活动,互不干扰,成为科创中心设计的一大亮点。

"悦读阅美"阅读课程是学校的特色课程。为此,在每个层面我们设有阅读天地,书架、绘本和沙发,这里将是孩子们课间休憩的场地,也是阅读活动的空间,更是学生们自由放飞的港湾。相信孩子们在这么多精心打造的空间中学习、交流,一定会非常开心,潜能将得到大大的开发,各种奇思妙想、手工 DIY 将迸发、产生；兴趣、合作、坚持、责任等素养也将自然养成。

三、“智能”平台快乐育人

一直以来，学校乐于投身教育改革，乐于挑战新技术，也尝到了许多发展的甜头，特别是信息化运用给我们带来无限可能与机会。这次重建，在智能校园的规划设计上理应走在教育前沿，期望实现“数字校园”“无围墙学校”的梦想！

我们设计创建的“云空间”，是通过互联网，利用计算机、移动通信、云计算、物联网等新技术，为广大师生提供监、管、控三位一体，全面的智能感知环境和综合信息服务平台。每天，迎着灿烂的阳光，学生们快乐走进校园的各种镜头将被呈现在智慧大厅中，开启每一天的美好生活。

我们打造安全校园——保护孩子们的隐形翅膀，乐学校园——师生学习、成长的个性化空间，健康校园——节能环保健康的有力屏障，开放校园——多元、立体、及时、畅通的信息交流平台，实现更科学的决策制定、更快捷的工作方式、更高的工作效率、更安全的资源保障、更低的维护成本、更强的可靠性的办学成效，真正地、充分地让学生、教师、家长感受“云”的教育价值，真正享受“云”带来的教育福利。

我们打造的智慧课堂是教师和学生能紧密地联系在“云空间”里随云而行，拓展教与学的时空，充分体现以学生为中心的互动式教与学的过程：做到“课前预习、课中学习、课后复习”一线贯通，“自主学习、互动探究”两路并行，“时时、处处、人人”三位一体，切实提高教与学的效率；期待教师能在应用系统形成大数据的基础上，制定适合教学需要、学生个体的最有效教学策略，实现“私人定制”教学。如微课可以为“学习兴趣”定制，为“不同需求”定制，更生动地体现教育服务的个性化、智能化和人性化；期待能基于庞大数据库形成“分层练习”云库，实现教学效益的最大化……云空间，让学生在智慧课堂收获无限快乐！我们打造云系列课程，包括科技云、阅读云、健康云、艺术云、生活云等，形成具有附小特色的现代化云课程超市，为学生提供科学、适切、人本、丰富的网络课程资源。

另外,安全是践行智慧育人的最重要的渠道。尽管校园面积不大,存在这样、那样的不足,但是教室面积的大小要符合规范,采光的指标要符合规范,饮水、用厕等都要规范。为了学生安全,所有的教室门都是向外开放设计;为了学生安全,所有的厕所隔间门都是半封闭设计;为了学生安全,设计了无障碍通道;为了学生安全,塑胶跑道的铺设慎之又慎,协同家委会一起采样检测。我们巧用气力,紧密团结全体师生和家长,高质量、高效益地实现安全治校。

"智美温馨、绿色生态、开放大气",全新的附小即将闪亮登场。附小人不忘初心,将铭记历史的责任,时代的使命,昂扬、智慧地踏上新起点、新征程,满怀喜悦与激情抒写学校智慧办学的新篇章!

【家长心语】

为"巴学园"自豪与感动

《窗边的小豆豆》是联合国儿童基金会亲善大使黑柳彻子的一部代表作,讲述了作者本人上小学时的一段真实经历。

女儿在上小学前,用收听音频的方式了解了《窗边的小豆豆》的故事,这在她心里留下了对美好校园生活的印象。入学后,她对附小的期待,就像小豆豆对自己的学校——巴学园的渴望:多选择的课程设置、轻松的学习环境、智慧的教师队伍……她的想法不仅与世面流行的口号:"不要让孩子输在起跑线上""学习知识在课外,内化知识在课堂"的抢跑式学习相悖,而且与当初我对孩子的期望——"努力"需要着力于学科知识的学习上有着分歧。

三年来,附小没有令女儿失望,竞选演讲、跨班授课,表达能力、语言组织能力快速提高;先后参加了学校的舞蹈队、机器人组、奥数队……代表学校参加了区舞蹈比赛、校园集体舞的表演、2014 年头脑 OM 比赛,孩子忙碌的身影俨然小小社会活动家。表演任务重时，一周训练几次，早出晚归，甚至与课外兴趣课程冲突，孩子斩钉截铁地要求放弃课外学习，誓为学校争荣誉……有时，我心疼地问孩子："睡得少，累不累？苦不苦？"孩子脱口而出："不累，我还想参加更多的兴趣组呢！"

作为家长，我认为：学习，是孩子在学校生活中最重要的内容。孩子在学校的学习，不仅是学习知识，也包括品行成长、德行升华、精神发展、身体锻炼、礼仪交往等。但在当前急功近利的社会风气之下，似乎孩子只有早熟早知，只有人无我有、人有我优的"出众证书"，才能在升学竞争中胜出。无情的考量下，这个"快乐但分数不出彩"的孩子让我欢喜、让我忧。

孩子的"学有余力"让我心有不甘，课外报班、机构培训，或提高或补缺，让孩子双休日利用起来。仿佛只有这样，才可以安抚我因为孩子课业成绩不佳而带来的焦虑。但与此同时，拔苗助长式的学习也在毫不留情地伤害着孩子的自尊心与自信心。时间一长，课外的提高好像也没有多大起色，这不仅让孩子失去了充足的睡眠时间，而且与超前学习的"牛蛙"相比，自尊心受到伤害，这可是难以挽回的。我再次陷入深深的思考。

直到三年级的新学期家长会，蒯校长的快人快语，不仅用新校区、新设施等硬件勾画出"附小"美好的蓝图，更用健康的理念、因材施教的方法，讲述了校长眼里"成才"的标准。班级家长会上，班主任卢肖君老师面对众多家长询问校外补课的事情，坦然地回答："跟上我的教学节奏，不需要课外再补习。"这样淡定的回答需要老师拥有何等的底气和自信呀！这次家长会真是场及时雨，校长和老师的一席话，让我倍感轻松。

之后的日子，孩子的作文本上体现出卢老师的教学风格，批改作文时不仅有圈圈画画，更有大段补充和精彩表述，这样的点评甚至超出了孩子作文的字数。这样的"待遇"在我的一生中遇到过两次，一次是导师对我的硕士论文前后修改了七稿，一次就是附小的老师对孩子每篇作文的悉心指导。

当我再读《窗边的小豆豆》时，心里都会萌生一份感动和自豪，不仅为书中小林校长对学生的信任与尊重而感动，为小豆豆妈妈对孩子的理解与宽容而感动,更为自己的孩子能成为附小的一员而自豪,为在附小能遇到拥有健康理念的校长与真心呵护学生的老师而自豪。

相信孩子的童年一定会过得快乐与轻松,将来会信心满满、潜力无穷,也相信日后在她漫漫学海生涯中,回想起能起步于附小这个心中的“巴学园”而动力倍增。(李怡聆家长)

海峡两岸教学论坛上作主题发言

第二章

智慧课程：适应每一个

课程是学生在学校的全部学习、生活的总和，似跑道，如旅程。“智慧课程”追求的是顺应孩子的天性，为每个学生提供富有儿童味的、适合的教育。

市级课程展示，学生精彩亮相

学校是课程实施的基本单位，加强课程建设是深化学校课程改革，提升发展内涵，促进管理者及教师及专业发展的有效载体。附小作为上海市二期课改基地校，义不容辞地肩负着规范、科学、个性规划学校课程计划"先行兵"的任务。十年时间里，基于"智润生命，慧助成长"的课程理念，我们用心思考，大胆尝试，走在架构、开发、优化、更新"智慧树"课程的建设之路上，经历了若干次优化升级，逐步形成了多样化、可选择、重特色，促进每一个学生全面与个性发展的课程体系及内容，从而培养学生学会求知、学会生活、学会做人。

第一节　构建"智慧树"课程

附小将每个孩子在校五年看成是"智慧豆—智慧苗—智慧叶—智慧花—智慧果"的"智慧树"成长的过程。成长需要阳光、环境、土壤的滋养，为此我们开发、利用各种资源，精心设置课程，创造性、多元化、全方位地培养和激励学生，用智慧之泉润泽孩子的生命，让种子发芽成长，让小树渐渐长高，让每一个孩子的核心素养得到充分、适合的发展。"智慧树"课程建设也让每一个教师在浇灌幼苗、培育智慧小树的过程中，得到全面、生动的专业发展，从而让师生共同得到成长，体验成功，追求幸福人生。

一、全面规划课程目标

与"让每一个学生健康、快乐、智慧地成长"的办学理念相呼应，附小课程建设目标概括为：构建基于核心素养培养的，促进每一个学生全面、个性发展的学校课程。学生的成长应体现在德、智、体、美、劳等各领域的全面发展，拥有厚实的基础素养；能按照自己的兴趣爱好、特长、天赋进行选择性学习，实现个性发展。因此，学校教育不仅是教学生知识，还要教智慧，生动地实现"让每一个孩子学会求知，学会生活，学会做人"的学生发展目标。

1. 学会求知

热爱学习，勇于探索与实践，富有科学精神、创新精神；学会收集、处理、选择、管理信息；学会掌握获取知识的工具；学会掌握终身学习的思维方法；学会掌握应用知识于有意义实践的手段；学会感悟鉴赏，富有审美情趣。

2. 学会生活

知晓生命的意义，珍爱生命；养成良好的生活习惯，科学地安排生活；学会基本的生存和生活技能，有独立自主的能力；拥有健康的生活方式，能充实而又休闲地生活。

3. 学会做人

学会遵守法律法规、校纪校规、社会公德；学会自尊自爱，自信自强，诚实守信；学会与人交往，完善自我意识，加强合作交往能力的发展；学会与社会共处，形成感恩社会理念，积极服务社会；具有一定的国家认同和国际视野。

附小是一个智慧团队，在智慧课程目标指引下，开启了科学架构课程体系和丰富课程内涵的序幕。

二、立体架构课程体系

我们的课程建设力求为学生提供全面、适切、多元、个性的课程经历和体验。根据教育部提出的学生核心素养培养要求，上海市教委颁布的学校课程方案制定与实施要求，从“学会求知，学会生活，学会做人”的学生发展目标出发，我们着重对学生的学习素养、生活素养、道德素养等三大核心素养进行持续培养。“智慧树”课程包含“基础型课程”“拓展型课程”和“探究型课程”这三类课程，三类课程架构起实现学校课程目标的有机整体，助每个学生成长为一棵棵智慧小树。

学校校本课程包括拓展型课程、探究型课程。拓展型课程划分为自主拓展类课程和限定拓展类课程(图 2-1)。

其中，自主拓展课程包括能满足学生兴趣、个性、特长发展所需要的技能、活动、才艺等学习活动，或由基础型课程延伸的学科课程内容组成，涉及人文类、社会类、艺术类、民俗类、体育类、思维训练类和对外交流类七个领域。

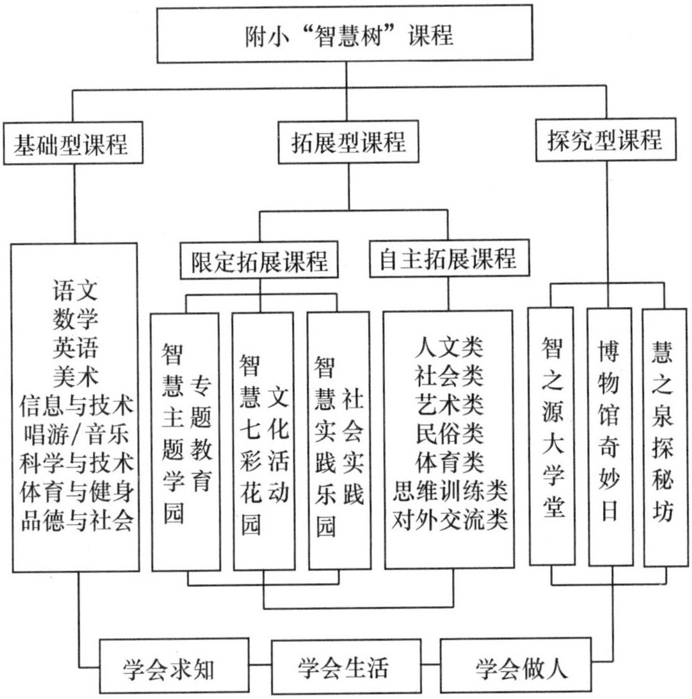

图 2-1　附小"智慧树"课程总体框架

限定拓展类课程主要由"智慧主题学园"(专题教育)、"智慧七彩花园"(文化活动)和"智慧实践乐园"(社会实践)组成,是全体学生限定选择修习的课程。

探究型课程是学校发展学生智慧创新能力和培养探究型课程核心素养的重点板块,具体包含"智之源大学堂""博物馆奇妙日"和"慧之泉探秘坊"三个内容。我们系统科学地编排学生核心素养的培养目标,着力探索和设计校本项目活动来丰富校本探究型课程内涵。

三、逐步丰富课程内涵

只有在奔腾而湍急的水流中生长,鱼儿才能充满灵动,富有活力;课程体系就是让学生茁壮成长的源头活水。基础型课程代表国家意志,体现国家对公民素质的最基本要求,我们始终按照国家的课程要求按质按量设置与实施。而校本课程的开发与实施更要关注每一个孩子健康、快乐、智慧成长，是一个动态的、富有内涵的过程。

1. 开发课程，追求科学性

我们研究心理学对于智慧的阐述，根据加德纳多元智能的理论，把课程内容分成语言智能、逻辑智能等八个学习领域，开展了多元化的科目群课程开发工作，努力构建有序、体验、创新的课程内容，鼓励老师开发利用丰富的学习资源，采用灵活多变的教学方法，科学地引导学生发现、应用并创造自己的智慧，提高学习能力，改进学习方式，发展个性特长，点亮智慧心灯。

2. 编制课程，体现丰富性

在校本课程设置、内容选择、组织形式等方面都力图凸显丰富，一方面充分保证时间，达到并超过市教委规定的标准课时数，做到专时专用；另一方面充分保证科目量。目前学校校本课程共开设五十多个科目，科目率高，充分保证了学生多元化的需求。

3. 设置课程，满足选择性

建立较为合理的课程结构，设计丰富的内容，进行灵活机动的课程设置，通过“开心单点＋随心组合”、长短课程相结合、走班学习、网上选课等形式，在时间与空间上保证学生能自主、多样、愉快地进行课程选择，实现个性化发展。

4. 优化课程，关注适应性

我们倡导并践行让课程适应每一个学生的发展，而不是让学生被动地适应课程。学校在设置课程内容前后，进行学生问卷调查，开座谈会，到经验丰富的学校参观、学习，从学生的年龄、心理、兴趣，教师的实际状况、特色等方面出发，进行课程内容的不断创新，力求让孩子认可并喜欢。

5. 实施课程，强调系列性

我们遵循学生成长规律，形成了“智慧树校本课程各年段培养系列”，一至五年级的培养核心分别为：我适应，我喜欢；我参与，我乐学；我自主，我发展；我探究，我会学；我学好，我精彩。

如：一年级的培养核心是“我适应，我喜欢”；培养目标是“让孩子尽快适应学校生活,喜欢学习,乐进课堂";实施途径为"暑期快乐小任务""开学第一课""'快乐求知'幼小衔接课程""四年级学生与一年级学生结对"……评价方式包括"乐乐果园积点卡"、"小思徽章"评价平台、"成长手记"、学科素养竞赛获奖证书、期末考查免考证书等。

递进、有序、科学、动态的课程开发、设置、实施、完善模式,打开多元化发展通道,让学校课程内容设置、特色科目建设、教师发展、资源优化、管理精细等元素日益科学、丰富;让孩子们在内涵丰富、科学有序的课程实施进程中学有所乐、乐有所得、智慧成长。

第二节　以"四化"实施课程

学校课程实施最终目的是为了促进学生的健康、快乐、智慧成长。因此,学校实施课程的每一个步骤,都指向这一目标,促进孩子通过校园学习与生活获得生动发展与终身受用的良好素质。我们不断积累经验,进行如何更科学、合理地编制学校课程计划的研究。在课程实施的过程中,我们注重校本化、个性化、活动化、优质化,同时关注学校教学管理的变革、教师教学视角的转变和课程形态的转变。

一、校本化实施基础型课程

附小在基础型课程校本化实施中,努力走一条规范实施、特色彰显、创新发展之路,以生为本,让每个孩子健康、快乐、智慧成长;以师为本,让每个教师自主、专业、幸福发展。一直以来,我们因校制宜地开展校本化实施,基于标准,在流程管理、项目建设等层面有思考,有行动,有成效。

1. 实抓教学常规管理

我们严格按照市教委的有关规定,规范设置和执行"三课两操两活动""阳光体育锻炼一小时""小学基于课程标准的教学与评价""学习准备期的实施""专题教育"等规定。

我们夯实课堂管理。始终坚持“聚焦课改，打造智慧课堂”的课堂教学研究思路，立足课堂，关注学生的学习过程，践行“以学论教”，在课堂上催生师生智慧，培养智慧师生，建设新的课堂文化。

我们夯实教学管理。紧紧围绕流程管理“五环节”，进一步重基础、重过程、重细节；贯彻质量管理“五监控”，管理过程求规范、精细，管理形式求多元、开放。

我们夯实教研管理。课程的实施是教师个体、教研团队和课程专家三种力量互动并形成合力的过程，其中教师个体的“反思性教学实践”是课程开发建设的基础和前提；教研团队的“合作互助”是课程深化的核心与标志；课程专家的“理论引领”是课程体系优化完善的导向和助力。附小历来重视实抓教研，走出以校为本、立足发展的教学研究文化发展之路。例如，围绕“基于课程标准，开展教学与评价”的主题，开展打造智慧课堂、有效作业设计、基于问题情境的范式教学研究等专题研修活动。

2. 注重课题研究

十年来，学校以课题研究促进教师专业发展、课程建设的内涵发展，取得了可喜的成绩。我们总结、分析学校现有课题的开展情况，召开诊断会、规划会，不断深化“小学数学课堂中提问的有效性设计”“关注语言实践，提高语言素养”等课题的研究，出经验，出成果。例如，附小作为上海市零起点项目实验校，在实践的基础上，根据问题及相关数据统计，结合阅读课程的发展要求，开展一系列有序推进的教研活动，对“我爱绘本，我爱阅读——幼小衔接期绘本阅读”课程进行了优化，调整部分阅读篇目、课堂教学策略，对亲子阅读途径及策略做了更深入的研究，并设计了更为合理、生动的评价方案，让绘本成为幼小衔接期学生的最佳课外读物、学好语文的助推器、落实《语文课程标准》的有效载体。

与此同时，我们智慧地以市区项目申报为契机，推进创新项目、课题开发与建设，组织教师团队从不同维度、视角开展“微课进课堂”“打造云课堂”等研究，进一步推动教科研工作的规范化发展。学校鼓励教师三五成群，结成志同道合的研究合作共同体，把教室当成研究室，把课堂的问题作为研究的课题、议论的话题、思考的难题，开展课题攻坚，以群体带动个体，以集中拉动分散，教会教师巧做课题，研实课题，研出实效，从而促进学校课程建设工作再发展。

在附小，经常会看到这些令人欣喜的场景：

场景一：早自修，孩子们聚精会神地观看着数学老师精心制作的微视频，尤其是某一习题的难点分析、一种作图方法的分解阐述。孩子们每天花五分钟左右的碎片时间学习，突破了难点。课上教师精讲，学生精练，提升了学习的效能。

场景二：两分钟预备铃，孩子们站在台上轮流做小讲师。比如品社课前，深入介绍长江的源头和流经的省市，为课内学习《国土辽阔》做了有效的补充。又如音乐课前介绍了作曲家聂耳的生平事迹，为课上学习《中华人民共和国国歌》弹奏出生动的前奏……这就是附小的衍生课堂"快乐两分钟"，是校本化实施基础型课程的科研小课题。

场景三：科学与技术课上，每个孩子都在操作平板电脑。我们是区域第一个引进云技术优化课程建设的学校。今天课堂上孩子们操作的软件是前一年科技老师的公开课软件，现在的云技术应用已形成常态化，老师开发过的软件课件已被普遍应用在平时的教育教学当中。

基础型课程的校本化实施，我们践行着一个又一个小项目，附小教师乐此不疲地"做"科研、"玩"项目，让学生学会学习，真正感受到学习的快乐。

二、个性化实施拓展型课程

附小拓展型课程充分体现选择性大、选择面广的特点。在课程设置上，基于办学理念，我们力求为学生提供全面、适切、多元、个性的课程经历和体验，优化三个"对接"：课程开发与学校培养目标对接，课程实施与提高课程品质对接，课程完善与学校特色发展对接。我们建立了较为合理的课程结构，设计了丰富的内容，进行了灵活机动的课程设置，在时间与空间上保证了学生能自主、多样、愉快地进行课程的选择，帮助学生实现个性化的发展。

1. 随心选课机制——“我的课程我做主”

我校拓展型课程中的一大板块——“自主类拓展型课程”采用“开心单点”和“随心组合”相结合的形式，学生可以根据自己的兴趣爱好、能力发展需求进行选择。每一时段的选修课，可选择一个16课时的长课程，或者两个8课时的短课程。由学生根据自己的兴趣自主选课，利用周一下午“快乐活动日”时间进行学习，每次共计2课时。这样的安排大大满足了小学生兴趣广泛、发展多元的特点(表2-1)。

表2-1　　“快乐活动日”自主拓展类课程安排表

<table>
<tr><td>开心单点</td><td colspan="2">快乐蹦蹦跳　儿童舞　十字绣　七彩武林　合唱队　乐乐电视台
乐高机器人　初级机器人　少儿茶艺　上海说唱　布艺画　儿童装饰画</td></tr>
<tr><td rowspan="15">随心组合</td><td rowspan="3">智慧豆
(一年级)</td><td>A套餐:简笔画　阿拉上海人1</td></tr>
<tr><td>B套餐：我为汉语狂、糖果英语1</td></tr>
<tr><td>C套餐：美好纸艺1　简笔画</td></tr>
<tr><td rowspan="4">智慧苗
(二年级)</td><td>A套餐:小眼睛看世界　我和大师学画画</td></tr>
<tr><td>B套餐：我和大师学画画　畅游故事王国</td></tr>
<tr><td>C套餐:棋牌世界　阿拉上海人2</td></tr>
<tr><td>D套餐:小青蛙讲故事　糖果英语</td></tr>
<tr><td rowspan="3">智慧叶
(三年级)</td><td>A套餐:走进经典　汉语王国</td></tr>
<tr><td>B套餐：绘本阅读　阿拉上海人3</td></tr>
<tr><td>C套餐:美好纸艺2　小眼睛看世界</td></tr>
<tr><td rowspan="3">智慧花
(四年级)</td><td>A套餐:儿童哲学　诗路花开</td></tr>
<tr><td>B套餐：性别教育　英语剧社</td></tr>
<tr><td>C套餐:创智天地</td></tr>
<tr><td rowspan="2">智慧果
(五年级)</td><td>A套餐:武术博物馆　糖果英语</td></tr>
<tr><td>B套餐：创智天地</td></tr>
</table>

孩子们一拿到课程套餐表，个个眼中放光，兴致勃勃。在琳琅满目的选课单上流连，和小伙伴共商怎么搭配套餐，那份劲头不亚于在麦当劳、肯德基挑选美食。

2. 开展综合实践活动——"我的亮点我做主"

孩子们的成长离不开安全、健康、适应、责任，本着"以生为本"的实施理念，我们一直探索着打造校本化、个性化、特色化的"限定拓展课程"。其中，包括"智慧主题学园"（专题教育）、"智慧七彩花园"（文化活动）和"智慧实践乐园"（社会实践）。

亮点一：倾情谱写《快乐宝典》

我们从 2007 年开始，在上海市教委的指导与帮助下，根据实际情况，以"激发兴趣、发展情感、培养习惯、激励创新"为目标，以"准备"二字为切入口的实践策略，用心、用情谱写入学教育的"快乐宝典"课程。课程分为"快乐新苗""能干宝宝"和"心灵鸡汤"三个活动模块。通过实施，帮助孩子从幼儿阶段和谐、自然、健康地过渡到小学生阶段，尽快适应小学学习生活，促进身心健康发展。

表 2-2　附小 2016 学年度学习准备期课程安排表

<table>
<tr><th>模块</th><th>模块目标</th><th colspan="2">主题名称</th><th>行为观测点举例</th><th colspan="2">课时</th></tr>
<tr><td rowspan="3">快乐新苗</td><td rowspan="3">1. 熟悉班级、学校和所学课程
2. 熟悉新伙伴，乐意与同学、老师交往，初步感受到小学生活的有趣和丰富
3. 喜欢小学生活，知道父母期望，有信心成为一名合格的小学生</td><td rowspan="2">我是快乐小学生</td><td>我爱附小你我他</td><td>能说出四人一组内新伙伴的名字和正确称呼新教师
……</td><td>1</td><td rowspan="3">3</td></tr>
<tr><td>附小生活真快乐</td><td>1. 能说出新课程的名称
2. 能分辨上下课的铃声，按时上、下课
……</td><td>1</td></tr>
<tr><td colspan="2">父母祝福记在心</td><td>能说出父母的祝福和期望</td><td>1</td></tr>
</table>

续表

<table>
<tr><th>模块</th><th>模块目标</th><th colspan="2">主题名称</th><th>行为观测点举例</th><th colspan="2">课时</th></tr>
<tr><td rowspan="13">能干宝宝</td><td rowspan="13">1. 了解并初步做到行为习惯的基本要求，爱运动、讲卫生、守礼仪
2. 在活动中感受到学习生活的快乐，乐于做“能干宝宝”，在有条有理的活动训练中健康成长
3. 能为学校、班级、伙伴服务，初步培养责任心和集体荣誉感</td><td rowspan="3">学习小主人</td><td>专心致志把课上</td><td>1. 预备铃响立即坐回座位，端端正正坐好准备上课
……</td><td>1</td><td rowspan="3">3</td></tr>
<tr><td>我会表达收获大</td><td>1. 发言前先举手，被老师请到后起立发言
……</td><td>1</td></tr>
<tr><td>读读写写要规范</td><td>1. 读写时，做到一尺一拳一寸
……</td><td>1</td></tr>
<tr><td rowspan="2">礼仪小天使</td><td>国旗国旗我爱你</td><td>升、降国旗时面对国旗立正、脱帽，行注目礼
……</td><td>1</td><td rowspan="2">2</td></tr>
<tr><td>从小做个小绅士</td><td>课间休息时，不打闹，不在走廊里喧叫
……</td><td>1</td></tr>
<tr><td rowspan="5">行规小标兵</td><td>按时上学人人夸</td><td>每天按时睡觉，按时起床
……</td><td>1</td><td rowspan="5">5</td></tr>
<tr><td>我递你接传送快</td><td>传本子前打开本子平放于桌上
……</td><td>1</td></tr>
<tr><td>有条有理我真行</td><td>用完文具后及时把文具整齐地放进铅笔盒。做室外操、到专用教室上课做到人走桌面清
……</td><td>1</td></tr>
<tr><td>爱护公物要牢记</td><td>保持桌椅的干净，不乱涂乱画并会按时擦洗桌椅</td><td>1</td></tr>
<tr><td>排队整齐听指挥</td><td>整队时能听懂教师口令，基本做到快、静、齐
……</td><td>1</td></tr>
</table>

续表

<table>
<tr><th>模块</th><th>模块目标</th><th colspan="2">主题名称</th><th>行为观测点举例</th><th colspan="2">课时</th></tr>
<tr><td rowspan="3">能干宝宝</td><td rowspan="3">1. 了解并初步做到行为习惯的基本要求，爱运动、讲卫生、守礼仪
2. 在活动中感受到学习生活的快乐，乐于做“能干宝宝”，在有条有理的活动训练中健康成长
3. 能为学校、班级、伙伴服务，初步培养责任心和集体荣誉感</td><td colspan="2">岗位
小能手</td><td>会使用劳动工具扫地、擦黑板、整理讲台……</td><td>1</td><td>1</td></tr>
<tr><td rowspan="2">健康小卫士</td><td>我是健康
小宝宝</td><td>每天带好手帕或餐巾纸，并在洗手、午餐后使用，会正确洗手
……</td><td>1</td><td rowspan="2">2</td></tr>
<tr><td>快乐健身
身体棒</td><td>能做眼保健操和运动操
……</td><td>1</td></tr>
<tr><td rowspan="3">心灵鸡汤</td><td rowspan="3">1. 初步学习正确表达自我和与人交流的方法，男孩女孩能根据自己的性别特点正确地上洗手间、着装
2. 乐于与人交流，初步学习畅谈、交流、合作的方法，培养合作技能
3. 能大方地与异性伙伴相处，互相帮助，共同进步</td><td colspan="2">小小的我</td><td>能用几句话简要地把自己的爱好、家庭或特长等情况介绍给新同学
……</td><td>1</td><td rowspan="3">3</td></tr>
<tr><td colspan="2">男孩和女孩</td><td>1. 根据自己的性别特点正确上洗手间、着装
2. 大方地和异性伙伴互动交流</td><td>1</td></tr>
<tr><td colspan="2">我们手拉手</td><td>1. 在组长的带领下，根据自己的特长、喜好选择合作任务
2. 能和小组同学合作完成任务</td><td>1</td></tr>
</table>

学习准备期的目标就是要贯彻“快乐入学，健康第一”的宗旨。我们的“快乐宝典”不仅仅在于一份准备期方案和几套自编的课程，同时也发挥附小团队优势，结合学校实际，从个别课程内容的适时调整，从开展丰富多彩的入学系列活动着手，为新生的“快乐航程”保驾护航。

让我们听听孩子和家长的交流：

“妈妈爸爸，今天我们有一个作业……”阳阳一回家，就嚷嚷起来。

“不是说学习准备期没有作业的吗?”妈妈奇怪地问。

“是爸爸妈妈和我一起跳竹竿舞。”阳阳露出了“就知道你不懂”的表情说，“今天‘心灵鸡汤’课上教了竹竿舞，老师说我和小伙伴配合得很好，叫我做小老师，回来教教爸爸妈妈。”

阳阳妈妈脸红了，这段时间，儿子一会儿利用网络学着理书包，一会儿学着视频里小丁丁的样子对自己谢谢来谢谢去，比以前有礼貌多了。现在的小学太厉害了，还让才入学一个月不到的孩子，做起了小老师。看来自己快跟不上节奏了……

听听孩子和老师的交流：

“阳阳，你为什么把气球涂成灰色？有什么不开心的事吗?”班主任张老师打开阳阳的《新生成长记录册》，认真地看完后，悄悄把阳阳叫到了一边。

“我今天回答问题时，没有答对，我的笑脸数比小潘少了，我有点不开心。”

张老师用鼓励的眼神看着阳阳，说：“你放心，明天老师会多提一些问题，你要抓住机会回答。你的笑脸数一定会赶上来的。”

阳阳受到了老师及时的鼓励和安慰，像被施了魔法似的，他那圆嘟嘟的脸上又升起了明媚的太阳……

亮点二：创意打造主题活动秀

多姿多彩的校园活动是学校丰富课程内容，活化学习途径，凸显特色亮点的试验田。“智慧七彩花园”(文化活动)课程就是围绕学校育人目标开设，促使学生全面发展的主题活动课程。

我们把这个板块分为艺术、科技、体育、人文四个领域，由亲子活动、科技节、运动游戏节、语文周等活动组成。“智慧七彩花园(文化活动)”课程面向全体学生，由课程教学部、学生发展部组织，各教研组、年级组实施，让每一个部门、每一位教师都成为培养智慧学生的创意园丁。每个学期，学校都会着重打造一个特色主题活动，活动呈现主题化、系列化、整合化、个性化，让学生主动参与，自主创造，在实践中体验，在体验中成长。一到主题节，附小上上下下每位老师都成了活动的设计者、推进者、管理者……每个学期，附小的校园内外都会出现师生、家长联动，学校、家庭、社会携手的热闹景象。

例如，“六一”儿童节，学校举行了“快乐民俗游，‘六一’创智行”活动。“课内课外巧设计”，学生自主探究各个民族的风土人情，教室成了民族欢乐谷，校园长廊成了民俗风情街，个性化、儿童化的游戏在孩童们心中诞生；“载歌载舞秀个性”，师生、家长身穿不同民族服装，演绎各地别样的精彩。置身于笑声、歌声中，孩子们在探究中提升了对民族知识的认识，在活动中提升了对民俗文化的认同，在展示中提升了表演的才能，在互动中促进了家校和亲子之间浓浓的情谊……

每年 4 月举行的“茶艺节”活动是我校最具特色的主题节，精彩纷呈的各类活动让学生们大显身手。例如，第三届茶艺节以“以茶育人，以智习礼”为主题，通过系列活动，让学生参与、体验、动手，学习中华茶文化的悠久历史，激发对祖国的热爱之情，培育学习茶文化、茶知识的兴趣，陶冶情操，成为一名健康、活泼、聪明、懂事的小学生。

“茶艺节”活动分为先导篇、体验篇和展示篇三个环节：

其中，体验篇包括“做一做”，即根据各年级学生的年龄特点，学校安排他们制作各种与茶有关的趣味作品，激发他们学习茶文化、茶知识的兴趣，培养动手能力、创新能力、合作能力。一年级——“走进茶山茶海”。通过观察，绘制茶叶，了解茶树的形态，用画好的茶叶和茶芽贴出茶树。二年级——别具一格的茶包。用茶叶、枸杞、冰糖等材料制作各种各样的小茶包。三年级——精彩茶客我来上。学生以“茶的认识”“茶的礼仪”作为讲授内容，自己备课，为同学们上一堂精彩的茶艺课。四、五年级——茶具大观园。利用彩泥，自己设计、制作形态各异的茶具，并写好制作意图。另外是“泡一泡”，即学生通过“乐乐电视台”制作的茶艺节目，了解关于“孝敬茶”的知识，学习冲泡，并邀请茶艺队的小茶人，走进每一个班级，进行现场指导和讲解，让大家实践体验，回家后为长辈冲泡，学会感恩。

展示篇包括“作品展示——茶艺节我来秀”，展示学生在“画茶叶、贴茶树、做茶包、上茶课、捏茶具”等体验活动中取得的成果，互相赏一赏，评一评；“以茶会友——品茶香识茶趣”，借“乐乐茶馆”开张的东风，邀请学生参观，并品茗香茶，观赏茶艺表演，陶冶性情，收获快乐，习得礼仪。另外，每次主题活动后都有适时的反馈、建议收集，让活动的组织更有意义。

附小茶艺节活动反馈表

班级：　　　　　　　　　　　　　　姓名：

亲爱的小朋友：

附小茶艺节闭幕啦！在这次茶艺节中，我们走进了茶的世界，了解茶、认识茶，并且参加了丰富的茶文化活动，这让我们大开眼界。为了了解此次活动的成效，让今后的茶文化活动办得更加有声有色，请大家积极配合，完成如下活动反馈！

1. 第三届茶艺节的主题是（　　　　　　）

   a. 以茶育人 以智习礼　　b. 青青茶叶香 浓浓中华情

2. 你参与的活动是＿＿＿＿＿＿＿＿＿＿＿＿＿＿＿＿

3. 本次茶艺节中，给你印象最深的活动是＿＿＿＿＿＿＿＿＿＿

4. 你对下届茶艺节有什么设想？请简要写一写。

＿＿＿＿＿＿＿＿＿＿＿＿＿＿＿＿＿＿＿＿＿＿＿＿＿＿＿＿＿＿

＿＿＿＿＿＿＿＿＿＿＿＿＿＿＿＿＿＿＿＿＿＿＿＿＿＿＿＿＿＿

此外，学校“浓浓世博情，悠悠中华心”“建党90周年，光荣在我心”等丰富多彩的主题活动，寓情于境，寓教于乐，润物细无声中让孩子学会了学习，得到了发展。

3. 动态调整相关内容

课程建设是一个不断生成、解决问题的动态实施过程。我们立足学生学习需求、学科特色发展、项目创新开展等要素，注重在实践的过程中不断地对内容设置、建设过程、资料管理等因素加以必要的调整与完善。如：在对学生的管理中,我们提出要达成令人满意的校本课程效益。原先,我们提出学生毕业时能做到六个百分百:100%的学生选择综合选修课程学习;100%的学生有自己的兴趣特长;100%的学生参与社会实践活动;100%的学生有一次主持节目或做升旗手经历;100%的学生学会茶艺、游泳、电脑等技能;100%的学生能在集团刊物、各级各类报刊中发表作品。根据新形势、新要求,我们又在原有基础上增加了两个百分百,即100%的学生编制“成长手记”;100%的学生有特长展示机会。

我们连续开展了四轮校本课程打造和优化的工作。如今年,对现有校本课程科目进行梳理,通过教师、学生、家长多元评价,从核心素养培育、课程目标、学生兴趣和需求、新校舍硬件条件出发,择优弃劣,并开发、建设新的课程。对于选定科目的建设,通过科目群建设的方式,运用现场和网络教研相结合的培训,从科目架构、内容组织、学案撰写、方案汇编,到最终教学实施都做到专家指导、专人负责,尤其加强校本课程与育人目标间的紧密联系,关注在课程设置、建设、实施中紧扣目标,还强调在课程实施的过程中要完善科目方案、活动方案、课程资源等内容。

比如,根据教育部加强中小学劳动教育的要求,我们逐步完善“劳动最光荣”附小劳技教育课程,打造学校外环境与内环境相结合的劳技教育文化系统。这个系统包括三大板块:一是以校园生活为阵地的日常劳动行为习惯训练课程板块,即贯穿于每日生活的校园晨扫、美厕服务、植物角养护、午餐服务、物品归零等;二是生活实践型课程板块,如“今日我当家”、环保购物袋爱心拍卖、社区敬老公益劳动等;三是依托传统手工艺开设兴趣类选修课程板块,包括剪纸、折纸、机器人制作、彩泥塑形等。我们开展劳技教育,从学生的现实生活和未来生活出发,融合多学科知识技能,整合各类教育资源,实施开放的教学方式、实施渠道、教学评价,充分发挥劳动教育综合育人的功能。

“少儿茶艺”是附小重点打造的特色课程。我们以校园重建、创建“上海市校园文化环境建设示范学校”为契机,进一步完善机制、优化策略、拓宽渠道、活化资源,智慧地把少儿茶艺与绘画、音乐、科学与技术、饮食文化等巧妙地融合，设计并开展基于生本的课堂实践和每年一次具有显著特色的校园茶艺节等主题活动，营造“以茶习礼，以茶育人”的浓浓校园文化。此次，我们还将结合新校舍重建的契机，筹建少儿茶艺博物馆，将世界各国的茶文化融入其中，展示出来，以此作为学校茶艺课程研究和深化的新的生长点。立体、丰富、创新构建校本少儿茶艺课程，丰富了内涵，营建并形成了学校、家庭、社区三位一体式育人氛围。

在学校重建时期，我们根据两个校区开展教育的实际情况，遵循“因地制宜、因人而异”的原则开展课程实施。例如，“快乐活动日”的实施综合考虑学校场地、教室、教师特长以及学生年段特点等，确定开设科目的数量、内容。如扎染、茶艺、头脑 OM 等科目采用变长课程为短课程、错时安排的方法开设。在这些安排中，没有减少或弱化校本课程的功能，反而令教学资源、教师力量更集中，孩子们的收获更显著。

每个教育者的梦想，应该都有着一个圆桌会议的场景：开放、迸发灵感、平等、共谋发展。附小的圆桌会议一开就是十年，围绕着我们共同的目标，团结起每个同仁需要发展、力求发展的创新之心，让校本课程实施成为我们实现职业追求的最宽阔的舞台。

三、活动化实施探究型课程

我们把学校的探究型课程作为激励学生自主学习、主动探究和智慧体验的试验田，着眼于学生掌握科学探究的基本过程——学会学习，即“提出问题——建立猜想——制订计划——获取证据——检验评价——合作交流”，开发具有附小“智慧树”课程特色的探究模块，强调课内与课外的结合，体验、观摩和主题活动的结合。

课内探究指校本探究型活动项目。结合校情和不同年段学生的特点与需求，从以往的校本主题活动和探究活动包中寻找主题，编制了序列化的“智之源大学堂”项目，发展学生“科学观察”“科学实验”“社会调查”“文献研究”“设计制作”方面的探究能力，促进附小学子智慧成长。

课外探究板块主要包括“博物馆奇妙日”和“慧之泉探秘坊”。学校以

“腾飞的杨浦”作为“博物馆奇妙日”板块的重点研究项目，力求将课堂学习、校本德育课程建设与博物馆教育有效融合。每个学期，每个年级都根据相应的主题，围绕任务单的要求，参与指定场馆的探究活动。活动倡导“体验式实践”，引导学生在参与、体验中继承传统文化，增强集体感和荣誉感，感受杨浦的发展、变化和腾飞。学校还积极参与上海市教委“馆校结合，共建课程”项目，开发的“绿色的秘密”探究型课程项目，以及“走进模拟机器人”课程，分别与上海自然博物馆、上海科技馆相关展区、场馆资源相对接，探索如何利用博物馆资源提升学生探究性学习的基本素养，提高合作解决问题的能力，培养学生从博物馆各类展品、活动资源中获取知识、积累资源、开拓视野的能力。“慧之泉探秘坊”是学校重点打造的涉及所有年级的主题探究活动，与学校少儿茶艺节、科技节，以及弘扬中华传统美德的校本德育特色课程相整合，通过分年级的问题提出、多层次探究任务的推动、特色体验活动的开展，促进学生对多彩世界产生无穷的探究乐趣，同时有效提高发现问题、解决问题的能力。

【新闻稿】

奇思妙想“玩”科学

——记附小科技节

11 月 27 日，附小全体师生和家长志愿者们欢聚一堂，召开了盛大的“奇思妙想‘玩’科学”科技探究活动暨科技节开幕式。合唱队带来了美妙动听的《少年自然科学者进行曲》。男教师们与可爱的机器人一起同台。无人机航拍表演，绕着体育馆上空，自如灵活地飞行，让孩子们兴奋不已。3D 打印技术更让孩子们大开眼界。最炫、最激动人心的节目莫过于师生、家长联袂表演的环保创意服装秀了。每个班的孩子们穿上自制的各色环保时装，在红毯上尽情地展现着各自的风姿。孩子们个个都是创意达人，他们的服装极富创意，智慧地选用了各种环保材料：纸箱、塑料薄膜、废弃光碟、米袋、购物袋……然后用妙手制成了一件件极具时尚潮流的服装。他们以团队合作的形式在台上尽显风姿："琅琊榜"组合、"复仇者"联盟、"绿野仙踪"团队、"宇宙战士"步兵队……最富高潮的表演莫过于家长团队和团员教师团队，他们的出场让全场沸腾起来，"大长今""魔法师""精灵公主"……闪亮登场，学生们为家长、老师的精彩走秀不停地喝彩着。我们的时装秀呼唤着孩子们从小具有环保意识，爱护家园，变废为宝，让我们共同的家园——地球少一点污染，多一份纯净，让环保意识植入心田。

附小的科技节开幕式在全场的欢呼声中落下了帷幕，但是精彩纷呈的科技探究活动正在一一上演——

"放飞梦想动手乐"：一年级纸牌叠高赛、二年级手制降落伞、三年级遥控车绕标赛、四年级拼搭旋转小马达、五年级风筝团队赛。"动手乐"让每个孩子都积极行动起来，玩科学，用科学，享受着无穷的乐趣。

"奇思妙想设计展"：附小长廊里汇聚了一幅幅孩子们手绘的科幻画，一件件精心创作的小制作，每件作品无不展示着孩子们的才华和智慧。

"云端科技大课堂"：智慧家长们走进校园，来到教室，为孩子们开设一堂堂生动的"妈妈科普故事会"，用书香浸润孩子的身心。

"科普知识智多星"：孩子们在平板电脑上开展一场有趣、激烈的手指科普竞赛，争做学习科学知识的最强者。

丰富多彩的科技节系列活动，让附小的孩子们亲身感受着科技创新的魅力，从小播种"我是小小爱迪生"的梦想，并进一步推动了学校"智慧树"课程探究主题活动的探索。（本文摘自"杨浦教育网"2015 年 11 月）

四、优质化实施特色课程

附小立足市、区教育综合改革深入发展，教育信息化改革步伐日益加快的现实背景，创建"云享空间"系列云课程，包括科技云、阅读云、健康云、艺术云、生活云、语用云课程等，形成具有附小特色的现代化云课程超市，为学生提供科学、适切、人本、丰富的网络课程资源，便捷、高效地实现学习需求的生成、学习行为的跟踪与成果的分析，以期让智慧课程成为丰富学生学习经历的“蓝本”,学校办学特色的“画板”,教师因材施教的“利器”。其中,“阅读云课”程让阅读成为孩子幸福的生活方式。它根据学生年段特点、兴趣爱好、学校阅读课程特色等因素,将数量多、分布散、难购买的课外书整理、分类、打包,形成具有种类广、类别清、藏本多、取阅快、保存易等特点。“阅读云”还是能推荐阅读、发表评论、互动交流的个性化私人图书馆,孩子们可以在任何时间、任何地点,应用任何媒介轻松点击,乐享“阅读云”课程带来的无限快乐。如今,学校正在重点建设“阅读云”“科技云”“健康云”三个课程。

2015年岁末,在市、区教育局领导的殷殷鼓励与关怀下,附小积极参与了市教委重点项目“提升上海市中小学(幼儿园)课程领导力行动研究”第二轮试点校的申报,获得成功。这一项目如引航灯塔,敦促我们进一步着眼课程改革在学校推进中遇到的问题解决,以课程实践的方式,重点探索学校课程计划、学科建设、课程评价和课程管理这四个领域面临的难点和关键问题,旨在改善学校现行的课程建设状况,指导并促进课程改革在学校的推行,提升学校课程建设品质。面对这一场任务重、挑战多的攻坚战,学校组建了校长室领衔的课题组,聚集了学校五个职能部门的负责人和各学科的教研组长并肩同行。

我们立足校情,依据选题的四大原则,遵循“提升课程领导力行动研究”相关文件中的指导建议,认真查摆问题、筛选问题。我们把“二师附小课程计划编制及其基于证据的完善研究”确立为必选项目,把“架构与运用‘慧说吧’数字化平台,提升小学生口语表达能力的实践研究”确立为自选项目,从语文、英语学科入手,展开研究。我们从课题价值分析、课题内容分析和课题操作分析三方面入手,编制必选和自选项目的研究方案:在课题内容分析中,我们切实回答“课题做什么”的问题;在课题操作分析板块中,从研究思路、方法和实施步骤三方面入手,全面回答“课题该怎么做”的问题。在团队智慧的凝聚下,我们的课题方案呈现出明确清晰的研究思路,为进一步深化研究打下扎实基础。

智慧的附小教师在项目建设的领域不断探索、不懈追求,未来必将涌现出一批时代感强、技术手段先进、教学理念独特的新一轮智慧课程……

【经验交流】

精准对接　科学建构

“运用‘慧说吧’平台，提升小学生口语交际能力的实践与研究”是我校参与上海市第二轮“课程领导力行动研究”项目的研究课题。一年来，我们坚持围绕课题目标，在实践中审视、反思，以学生生命成长需要为依据，以提升教师课程领导力为落脚点，以培养学生口语交际能力为目标，对课题的认识不断深化，行动目标更加明确，研究方向更加校本化，以期更好地符合学生的发展需要，促进教师课程设计、实施能力的提升，推进学校课程建设新一轮的发展。以下主要围绕一个“改”字，从五方面谈谈这一年中的所思所行。

一、为谁改：在求时代最大公约数中建构课程愿景

为谁改，是价值层面的问题，集中体现了校长的课程领导力。对附小来说，我们必须明确改革的指向是什么？到底为谁而改？为学生而改？为教师而改？为学校而改？……当然要为学生改，为学生改也是为了解放和发展教师，也是为了更好地发展我们的学校。所以，附小的课程改革，就是要在时代的各种要求中求最大公约数，不管是立德树人、核心素养，还是绿色指标、“两纲”教育，在这些时代的要求中，结合我们的办学理念求最大公约数，形成校本化的课程愿景，那就是“成就每一个学生”。事实上，我们一直以来的办学理念与引领时代的上级教育改革理念和方针是高度契合的，我们始终坚持以学生为本，尊重每一个，了解每一个，培养每一个，发展每一个，一切行动的目标都在于更好地培养学生，帮助学生发展核心素养，使他们具备能够适应终身发展和社会发展需要的必备品格和关键能力。因此，在学校课程规划的研制中，最重要的就是确立课程的愿景、明确学校课程价值的核心取向。

二、改什么:在精准对接学生需求中确立改革主题

项目之初,我们开展了广泛的实证调研,分别进行了课程计划的调研、学生口语交际现状的调研。例如,通过调研我们发现学生的口语交际现状不容乐观,包括主动、积极表达的意愿,听清、听全、听懂话意,语言的规范、流畅,根据场合、情境适切表达等能力不强。通常教师们遇到此类情况时,会适时提醒,采用随机教育的方式来引导学生恰当地进行口语交际。但在这样的方式下,教育的效率比较低,对学生口语交际能力的培养不够系统化。因此,校本化地开设相关课程就显得尤为必要。恰好学校借助进入第二轮课程领导力项目为东风,把这一主题明确为改革的重点方向。

在研究的过程中,我们还是不断去找准,去对接学生的需求,并把改革的主题从原先的"口语表达"提升到"口语交际"。从语言的功能来看,它是人类最重要的交际工具和思维工具。口语交际是现代交际社会最基本的技能之一,我们希望学生能够在日常的沟通交往中态度大方、举止得体,能够在不同的场合用恰当的语言自如地交际。因此,这样的转向深化了对语言交际功能的认识,另一方面也契合了新课标的要求,这也是从校情、生情的实际出发,精准对接,在实践中摸索出的新方向。

三、怎么改:在资源要素优化整合中形成实施框架

一年里,我们在项目实施推进的过程中始终坚持上下同商,不断地开展讨论,在实践中提炼、总结,并适时、合理、灵活地调整项目实施策略。同时,我们在深化认识的基础上进行有步骤、有针对性的项目实践,主要从课程开发的资源要素的优化整合方面入手,勾画了学生口语交际课程系列蓝图。

1. 立足课堂,用智慧建构学习材料的内容性要素资源

口语交际与阅读、写作、识字写字、综合性实践活动并驾齐驱,共同构成了语文课程。因此,我们首先从语文学科入手,在不增加学生负担,不占用额外课时的前提下,在课堂中渗透口语交际的训练内容。课堂是学生生命发展的主要阵地,是知识习得、能力形成、素养发展的重要平台。口语交际能力的训练和培养也应始发于课堂,如此才能更高效、系统地训练学生,

而不用依靠在零散的情境中进行个别的、碎片化的指导。

为使口语交际的指导更具有序列性、渐进性和系统性，我们组建了研究团队，在专家的引领与指导下，认真学习市教委教研室编写的“低年级语文教学略谈”指导建议，依据课标，遵循儿童身心发展的规律和学校办学理念，对现有的语文教材进行深入的探索与挖掘，并结合课外拓展资源，开展了“二师附小一年级第一学期语文口语交际课程单元教学指南”的研究与编制。

根据一年级第一学期学生在日常交际中还较为稚嫩，有的学生在之前的生活和教育中较少接受这方面的培养，我们充分挖掘语文教材中的相关课文，结合听说活动中的对应内容，以及拓展型课程教材中相应的课程，形成学习单元。在课堂教学中灵活运用形式多样的语文实践活动，既关注学生口语交际兴趣的激发，丰富学习生活，又使学生的口语交际能力得到逐步提高。在本册教学指南中，各单元的学习材料，都经过了序列化的整合，配合口语交际课程的实施，层层推进，循序渐进地提高学生的口语交际能力。

每个单元三篇学习材料，从教学目标来看，是不断递进的过程。通过精心设计的课程活动进行开展，由课后的实践作业、即时多元的评价来激发学生兴趣，将能力的习得内化为交往的习惯，整个过程由教到扶到放，对教师的课程实施能力提出了新的要求，也为学生的学与习提供了更好的条件。

2. 拓展延伸，以梦想促生学习场域的环境性要素资源

口语交际是一项情境性、互动性、综合性很强的实践活动，必须通过大量的实践锻炼才能内化为自身的习惯性行为，即学生口语交际能力的形成离不开实践活动。课堂是口语交际能力培养的重要阵地，但课堂内的实践总是有限的。我们还需要在课堂以外，积极为学生搭建平台，提供口语交际的场所，创设一系列口语交际的情境，寻求以更多元的方式来促进学生口语交际能力的提高。

口语交际能力可谓是培养于课堂，生成于课外，应用于生活。在最初的项目规划中，我们主要以“慧说吧”数字化平台为训练载体。如果只是为了训练学生规范化的口头表达能力，数字化平台确实是最便捷、高效的工具，但口语交际是随时随地都在发生的，生活中的任何一个情境都可以触发一段口语交际的内容，学生不仅要学会规范地表达，还要有倾听和应对的能力，能够因时制宜、因地制宜，具有文明和谐地进行人际交流的素养。如此一来，口语交际的渠道也要相应地拓宽，让学生的口语交际能力在更广阔的天地里得到切实的锻炼。

现在正值附小新校舍即将落成之际，新校舍的建设完全体现了附小的办学理念和办学目标。在附小新校设计之初，我们便构想要让每一个孩子都能成为校园文化的使者，让每一个孩子都有机会承担一次口语交际的任务。因此，校园的设计充分体现了口语交际所需要的情境性、互动性特点，让每一面墙会说话，让每一个角落富有生命力，让孩子们生活、学习在校园里，始终充满交际的渴望。可以说，在校园的角角落落都遍布了口语交际实践的场所，都可以成为编写口语交际系列校本课程的“活教材”。

四、改靠谁：在教师队伍赋权增能中丰富角色体验

这一年对附小人来说是充实的，从课题核心成员到基层教师，都广泛参与到这一市级课题中来，教师们都非常认可课程领导力的概念，也逐渐明晰了课程领导力与自身的关系，并有意识地参与到课程的设计、开发与实施的过程中来。由此，逐步走上了一条提升教师课程领导力的成长之路。

改革要靠教师。教师的参与是课程改革取得成功的关键，教师是课程的开发者和建设者。因此，在此项目的推进过程中，我们不断地致力于赋权增能，实现课程权力的下放，把教师推到课程研究者和设计者的位置上来，为教师提供一定的自由空间，结合其各自的专长，校本化地开发一系列课程，校长成为价值与图景的建构者，资源与条件的提供者，文化与环境的创设者、方法与技能的指导者等。我们坚信，教师课程领导力的提升，教师角色从单一走向多元，对促进校本课程的开发，丰富学校整体课程体系建设具有重要的意义，学生则会成为教师课程领导力提升的最终受益者。

五、继续改:在内容平台科学开发中深化项目效益

当然,一年的时间对于初涉领导力项目的我们来说是非常短暂的,在这近一年间,我们有思考有行动,有感悟有收获。同样,也有问题与困惑。

1. 进一步提升课程体系架构的科学性

我们目前对口语交际课程的开发集中在低年段语文学科中。如何让课程形成序列,如何将资源和想法相整合,使其成为一整套系统的特色校本课程,是我们目前仍在思考的问题。

2. 进一步完成善数字化平台的功能性

项目申报之初,我们结合学校的特色和当下信息技术的运用特点,提出了数字化平台构建的设想。但如何让设想落地,实现平台兼具训练、实践和评价的功能,切实起到提升学生口语交际能力的作用,还需进一步规划。

面对附小发展的新契机,我们产生了更多的构想:目前我们的口语交际课程还主要靠语文学科来进行推进,而口语交际却是普遍存在,即时发生的,口语交际能力的培养在其他学科中同样大有可为,口语交际课程在将来应该是覆盖全学科、惠及全体学生的一项特色校本化系列课程。从而,能够趋大势,成大事。(本文交流于"课程领导力行动研究"第二轮试点校年度工作汇报)

第三节 "智慧年轮"创新评价体系

随着上海"二期课改"的不断深入,我校在日常教育过程中发现,现有评价存在一定缺陷,不能适切、全面、生动地体现学生成长的丰富多元,不能真正满足学生成长的需求。例如:评价要求被拔高,方式偏重于总结评价,不符合儿童的年龄特征、心理特点,激励效果不明显;评价内容偏重于学业,导致教师、家长更多关注学生学业考核,对学习习惯、行为规范、人际交往等不够重视;评价较少顾及个别差异,无法体现学生个性化成长足迹

和校本化育人特色，学生参与兴趣不高。

基于问题，我们广泛听取意见，有效整合，思考并建立与课程改革、学生素质发展相适应的评价方法、手段和策略，以形成新的评价观念及行动。我校从2010年9月起尝试开发和探索一套校本化的小学生成长评价体系。2015年"'智慧年轮'校本化小学生成长评价体系的开发和实践研究"课题获得上海市教学科研成果二等奖。下面就以此课题的研究谈谈课程的评价。

一、实施变革促进观念转化

1. 有效落实上海"二期课改"发展性评价理念

该课题是对上海"二期课改"发展性评价理念的有效落实。评价的目的在于提供学校、家庭关于学生发展的信息，作为促进学校和学生个体可持续发展的指导依据，彰显以人为本的思想理念。评价目的的改变引发了评价方式、方法、内容等的改变。评价主体互动、评价内容多元、评价过程动态成为了学校推进"二期课改"评价工作的关键特征。

就评价主体而言，作为该课题载体的《"智慧年轮"小学生评价手册》，在使用过程中建立了教师、家长、学生多元互动的评价主体，改变了以往在学生评价中教师的绝对权威地位。家长参与学生评价，还依托学校现有的家长工作坊——这一相对成熟的平台来展开，为家长参与学生评价提供良好的基础和保障。同时，《"智慧年轮"小学生评价手册》中评价内容的设计，不仅关注学生知识与技能的达成程度、学生良好生活习惯的养成情况，还重视学生人际交往等方面的发展程度。该评价手册不再是学期末给学生的一个笼统的总结性评价，而是基于家校互动合作评价，献给学生的一份精美的礼物，促使孩子充满自信、个性十足、更全面地智慧发展。

2. 有效梳理与整合已有评价体系

我校的评价种类多样，有《小学生成长手册》、课堂上的口头评价、平时的小练习、阶段性的学科考查、期末免考制度；还有语文周、数学周、英语周等各学科周"小达人"的评选；礼仪之星、"附小"之星的评选等。这些评价涵盖了学业水平考核、行为规范、行为习惯、个人才艺等多方面。面对学校已有的评价形式与方法，老师们产生了这样的思考：

首先，当前学校评价种类多样，但就比例来看，学科评价所占的比重更大，评价内容偏向于学科知识的掌握。其次，评价种类多样，各种评价资料的整合还较为欠缺，尤其是鲜有有效的手段以保存所有学生在各个年段的评价信息。再次，虽然也有教师及时记录在课堂上对学生的即时评价，各科任老师有自己个性化的奖励措施，但总结性评价的力度仍胜于过程性评价，家长关注的视角也往往集中在最终的评价结果上。最后，在当前学校的评价中，评价主体多由教师担当，学生仅仅扮演被评价者的角色，而家长则是接受评价结果。

该课题旨在梳理、整合学校已有评价资源的同时，探索如何有效落实"二期课改"中关于评价的精神与要求。就评价内容而言，"智慧年轮"校本化成长评价体系的开发，整合了学科知识、学生学习习惯、生活习惯、行为规范、个人才艺等多方面的评价内容，这既是对原有内容的科学梳理，也是基于现实情况和发展需要的补充和完善，从而更好地体现课改要求。

3. 满足家校更科学化评价学生成长的需要

众所周知，评价涉及价值判断，且具有较强的引导性。在以往的评价中，我们将许多精力花在评价学生的学业表现上，对孩子的定位也更多的是从智育的角度来思考。这些评价对家长正确育儿的引导较为单一，这也是导致家长仅仅注重学生学业考核，对学习习惯、行为规范、人际交往等方面不够重视的原因。然而，从学生个体的成长和发展角度来思考，学习习惯等的养成对于学生成长的重要性是不容忽视的，部分家长已经充分意识到这方面的问题，对更为科学的评价有强烈的呼声。而附小也一直在思考着如何在评价中更好地体现学校的培养目标——学会求知、学会生活、学会做人。"智慧年轮"校本化小学生成长评价体系的开发和实践，无论是从评价的内容上，还是从评价的形式上都是对学校和家庭科学化评价呼声的积极回应。

二、系统设计构建完整体系

1. 明确方向，提高认识水平

我们聘请专家，召开家委会、学生座谈会，开展问卷调查，集聚教师、学生、家长、专家多方智慧，多次深入讨论“学生的健康成长需要怎样的评价”。专家们认为，不能仅仅关注评价结果，而应注重过程性的评价；家长们认为，孩子需要多多阅读，应该设立专门的针对阅读的评价；老师们认为，少先队的争章活动和日常开展的德育活动，也应及时给予评价；学生们希望能够有更广阔的舞台，展示自己的特长……在深入酝酿的过程中，我们提高了认识，达成了共识，明确了目标——确立个性化的学生观，真正关注每个生命的发展，激励每个孩子健康地生活，快乐地学习，智慧地成长。

2. 实践反思，整合课程活动

我们重视家校合作，引导家长参与学校的多元化评价，建立了学生电子化成长档案。课内课外相结合，激励家长配合校方共同捕捉学生成长过程中的点滴，关注孩子的发展，以照片、视频、文字感言等形式记录精彩瞬间，留下美好的成长足迹。“自我肖像”记录个人小档案，“阳光健身”“岗位能手”“精彩课堂”“多彩活动”留下校园生活美好剪影，“我的课外生活”展示课外的多彩发展。看了孩子的成长档案后，一位家长曾这样感慨：“通过和孩子一起制作成长档案，加强了亲子间的交流和互动。制作的过程是重温孩子点点滴滴成长的过程，更是家长和孩子共同寻找成长过程中出现的问题，与制定改进计划的过程。通过照片以及文字资料的收集和整理，孩子感受到了来自父母的浓浓关爱，父母也能欣喜地分享孩子成长的快乐。完成成长手册的过程是一个收获的过程，更是一个回顾过去和展望未来的过程！能帮助孩子正确地认识自己、欣赏自己；认识他人、赞美他人，也让父母更清晰地意识到自己的责任，要陪伴孩子共同成长！打开这份家校合制的档案，感受的是快乐，收获的是幸福！”

为了服务于学生的个性化发展，每周一下午附小设置了“快乐活动日”，成为了附小校园生活中一道亮丽的风景线。动感校园、智慧学堂，敬业的附小教师们根据个人特长，开设了丰富多彩的课程；文化社团、快乐套餐，学生根据个人兴趣爱好点单。这又让我们生发了让评价与兴趣类课程建设、特色校本德育课程与主题品牌活动有机整合的思考，我们期待创新的评价具有鲜明的校本特色，融德育、智育等多维度的教育元素为一体，能全面、客观、合理地评价每一个学生，让多元化评价体系真正为学生的个性化成长服务。

在为"评价手册"命名的海选活动中，"智慧年轮"这个名称得到了大家的一致认可。我们从树的年轮得到启示，把每一个刚入学的学生看成是有待成长的智慧种子，他们的成长过程就是一棵棵小树一年又一年茁壮成长的过程，这一名称也与校本"智慧树"课程相生相应。

3. 群策群力，构建评价体系

学校成立了《"智慧年轮"小学生成长评价手册》创编工作项目组。领导小组负责协调、统领、规划创编工作的人力安排、时间统筹、经费保障等工作。以年级组为单位，根据树的成长规律，全校教师被分成名为"智慧豆、智慧苗、智慧叶、智慧花、智慧果"的五个项目组，依据《小学生成长手册》、少先队雏鹰争章、校本德育教材，结合德育要求、校本特点、学生成长规律，确立评价手册各年级争章内容，细化指标、评价形式、执行部门等。经过领导小组的整合梳理，确定每个项目组的评价板块，突出重点，以点带面，循序渐进，力求贴近学生，体现趣味性。如"学会求知，学会生活，学会做人"是附小的育人目标。每个学期、年段，为了实现这些目标而制定的评价要求都发生着变化，既体现横向发展，又有纵向延伸。我们对达成目标的难易程度做了充分而又细致的考虑，使其具有层次性(表 2-3)。

表 2-3　《"智慧年轮"小学生成长评价手册》各年段评价板块

		学会做人		学会生活		学会求知	
智慧豆	第一学期	礼貌章	苗苗章	护眼章	早操章	守纪章	读写章
	第二学期	友爱章	文明章	清洁章	队列章	作业章	阅读章

续表

		学会做人		学会生活		学会求知	
智慧苗	第一学期	岗位章	礼仪章	整理章	“水果”章	自学章	倾听章
	第二学期	孝敬章	星星火炬章	劳动章	活动章	惜时章	阅读章
智慧叶	第一学期	执勤章	尊敬章	自理章	武术章	动脑章	自查章
	第二学期	用餐章	茶人章	劳动章	队形章	交流章	阅读章
智慧花	第一学期	遵纪章	手拉手章	护齿章	自救章	观察章	笔记章
	第二学期	领巾章	雏鹰章	爱眼章	口令章	合作章	阅读章
智慧果	第一学期	感恩章	志愿者章	家务章	自锻章	积累章	表达章
	第二学期	爱校章	诚信章	护卫章	体育达人章	梳理章	阅读章

明确了每个项目的评价板块后，项目组又细化了每个板块的评价指标与操作方案。家长、专家与项目组成员一起，从关注针对性、适切性、条理性、可操作性出发，展开热烈的讨论。例如，阅读章中“充满阅读热情”这一评价要求就是随着年级的递增而提高：一年级要求每天阅读 15 分钟，每月至少 2 次去阅览室借阅，每学期阅读量不少于 3 本；三年级要求每天阅读时间不少于 30 分钟，每月至少 3 次去阅览室借阅，每学期阅读量不少于 5 本。到了五年级就要求每天阅读时间不少于 45 分钟，每月至少 4 次去阅览室借阅，每学期阅读量不少于 6 本。在同一年级段，又有三星、四星、五星不同级别的指标要求，满足不同层次孩子的发展需求。

同时，我们更关注每一项评价指标在学生身上的实施情况，由专门部门安排人员进行跟踪检测、指导。

以二年级的阅读章为例，具体评价指标为：充满阅读热情——每天阅读时间不少于 20 分钟，每月至少 3 次去阅览室借阅，每学期阅读量不少于 4 本；掌握阅读方法——主动浏览学校的“悦读阅美”网站 2 次，发布“网上书友会”信息 1 次，能主动积累好词好句，至少完成 4 张读书摘记卡；养成阅读习惯——掌握正确的读书姿势，爱护图书，同学间能相互借阅图书。

在具体的操作过程中，学校有专人检测。例如：每天阅读一定时间的课外书，这个指标由家长评价，在“备忘录”上留言；每学期去阅览室借阅的次数和阅读量，由分管图书馆的专职教师进行电子化统计，学期结束交给语文老师；写读后感、发布“网上书友会”信息，由同伴和语文老师评价；选择作家进行探究作业，要求学生完成一份探究报告，制作 PPT，向全班同学交流，并开展班内评比。

4. 全员参与，启动评价项目

评价手册的实施需要得到学生的认可、家长的支持。首先，由大队部、德育室、年级组联手营造氛围，开展《“智慧年轮”小学生成长评价手册》的启动仪式，宣传动员，让全校师生都知晓。同时，组织师生学习争章细则，明确具体要求，认识到评价手册的监督者、参与者、评价者是辅导员、科任老师、家长和学生。再由各职能部门上争章先导课，让孩子对评价的目的、内容、方式、方法等有清晰、正确的认识，激发兴趣与热情。各班充分发挥中、小队作用，成立考章委员会，根据当前的争章内容，有针对性地开展各项活动。此外，以校乐乐电台、红领巾广播、校班会、升旗仪式、家长学校、家校互动网等为载体，广泛宣传实施《“智慧年轮”小学生成长评价手册》的目的，让评价手册深入人心。

其次，我们把评价手册的具体实施要求同学校工作、班级管理整合在一起，落实于日常教育活动中，在争章活动中产生班级之星、附小之星，让每个孩子体验进步，感受成长的快乐。例如，“茶人章”的争章过程为：

走进“茶之趣”——学唱茶儿歌，学画茶具，学做茶包，学跳茶舞，学讲茶故事等。可通过德育心苑网“小茶人之窗”展示作品，或登上“小茶人讲坛”，通过表演、授课等形式亮相。

学习“茶之礼”——参与礼仪知识大比拼、乐乐茶馆志愿者活动等渠道为大家服务，根据“茶客”的满意度反馈，评选星级服务志愿者。

体味“茶之韵”——为长辈送上一杯孝敬茶，以示感恩。

获得“茶人章”的孩子还可以参加“茶韵飘香”小茶人亲子考察活动，游龙井茶故乡，观茶叶博物馆，品采茶、制茶、鉴茶的乐趣，感受茶文化之悠久，茶礼仪之魅力。

小小一枚"茶人章"，融学知、习礼、怡情、承教、励志等为一体，寓教于乐。学生自信地参与，快乐地体验成功的快乐。

5. 实践反思，不断完善改进

《"智慧年轮"小学生成长评价手册》实施一段时间后，我们会针对实施情况进行问卷调查，召开学生座谈会和家长工作坊例会，不断完善评价手册。

例如，在一次例会中，教师们指出：由于评价对象多元，形式丰富，要注重平时的过程记录，操作较为烦琐；实施中，为了鼓励孩子，教师的评价往往带有一定的感情色彩，不同学生间的差距在客观性评价上不明显，基本都是满星；评价手册色彩鲜艳，印刷精美，但一个年级一张评价表容易遗失。家长建议：留下每学年中印象最深的一张照片，增加"我的收获"一栏，让学生记录除了规定争章项目外，自己的其他收获。学生提出：在附小的五年中要有8～10件必须体验的事……听取了大家的宝贵意见后，《"智慧年轮"小学生成长评价手册》又一次改版，设计更合理，方法更便捷，成效更彰显。

三、关注个性凸显评价特色

从哲学角度看待评价，它应该是一种在评价主客体之间进行的四维动态空间活动，体现主动、积极、动态的特点。对学生成长的过程进行有效评价，应该也是一个由一根主轴贯穿的四维思考下的活动。这根轴贯穿学生的整个小学成长期，着眼在对评价的多元、个性、层次、及时的思考上。

1. 关注多元评价，注重全面性

附小建立的这套评价体系积极关注对学生的多元评价。

评价环境多元：包括学校、家庭和社会；

评价人员多元：有班主任、学科教师，有学生、家长、伙伴，还有积极参与校园活动的志愿者们；

评价形式多元：或贴"金果"和"银果"，或贴照片和奖状，或写感言谈心得；

评价内容多元：全方位地观察学生，与各种校内外的教育教学活动紧密结合，学生各方面的表现都纳入到评价的范围；

评价主体多元：基于"多元评价"的思考，评价让学生参与，既可以对他人评价，也可以自我评价；评价让家长参与，家长不再是评价结果的接受者，而成为评价过程中的策划者、监督者、参与者。

多样化的评价形式，既关注了过程性与发展性评价，又尊重了个性差异。

评价孩子的成长，其实是对他个体生命发展的重视；而个体生命发展是多方位的、全面的，所以我们的评价也应是全面、多元的。打开精美的《"智慧年轮"小学生成长评价手册》，吸引眼球的不仅是一张张美丽的彩页，也是那全面多样、充满校本特色的评价内容。这本成长手册就像是一部广角照相机，立体、鲜活、全方位、多角度地记录下了附小每位学生，在德智体美劳各个方面成长的足迹与收获；并且根据学生年段的变化，不断地加以调整，跟上学生发展的节奏与步伐。

手册中还特别为学生开辟了"圆梦天地"——附小八个"百分百"。"圆梦天地"不仅记录圆梦的历程，更记录下那段难忘的时光。留下圆梦感言，贴上圆梦照片，激励每一位学子从小做一个心怀梦想、热爱梦想、践行梦想的人。可以说，这是评价体系中的一个首创，生动地体现了附小的育人目标。

2. 关注儿童特点，提倡个性

《"智慧年轮"小学生成长评价手册》是一本十分精美的彩绘手册，符合儿童的审美需求，体现儿童性，深受学生们喜爱。它汇聚了附小全体老师的智慧，特别是凝聚了美术老师的心血。为了使手册具有强大的吸引力，并充满儿童气息，美术老师们前前后后商讨了无数次，不断地思考、修改和调整，终于在几易其稿后刊印成册。活泼的基调、缤纷的颜色、可爱的图案、多彩的栏目、生动的语言、精美的设计、巧妙的组合、全新的包装，让人爱不释手。整个手册兼具多种功能：影集、日记本、学生守则、荣誉册……每一页，每一个栏目，都抓住了学生们的眼球，吸引着他们积极参与。成长手册是学生们快乐生活、智慧成长中一份最珍贵的礼物。

“智慧年轮”评价体系还充分关注学生的个性发展，实施了生动的特色评价，以评价激励学生，让他们更加自信，提升综合素养，收获成功的愉悦。例如，教师给予语文学习能力强，学习成绩优秀的学生免做、免考的机会；给予广泛阅读书籍、积极参与阅读活动的学生“阅读之星”的荣誉称号；给予特长学生亮相展示的机会，让他们参与“小青蛙”讲故事比赛、演讲、课本剧表演等；给予写作大王发表作品的机会，编写了《金色童年——二师附小学生优秀作文集》和《五彩露》等刊物。

再如，成长手册还包括丰富多彩的评价栏目，充分关注每一个学生的个性差异。他们可以在手册上尽情地挥洒笔墨，尽情地彰显特色，尽情地展现才华，把一年中自己获得的点滴进步都留在手册上。如“我的收获”板块中有一个“我的才艺”栏目，栏目的提示语这样写道：“一年中，你在体育、绘画、书法、音乐等方面学到了哪些本领？”在“我的荣誉”栏目中有这样的提示：“一年中，你在学习、交往、行规等方面取得了哪些成绩呢？”“我的朋友”栏目中的导语是：“一年中，你结交了哪些好朋友？和他们一起开展了哪些有意义的活动？你们之间发生了哪些有趣的故事？”孩子们可以说一说，或请爸爸妈妈写一写，也可以用照片的形式来展现。

3. 关注主体内省，凸现层次性

多元智能理论指出：内省也是人类的一种智能。内省智能是指触及一个人的情感生活，作为理解自己和他人的一种手段。适度的培养、发展小学生内省智能，将有助于学生形成客观判断事物价值、剖析自我的能力。我们强调在评价中落实学生的自主性，正是出自上述的考虑。

学期快要接近尾声的时候，也是各班最热闹的时候，因为学生们正在班主任的指导下，利用班会课的时间，开展着四人一小组的自评和互评活动。他们在组长的带领下，逐字逐句地重温着成长手册上各类奖章的争章要求。他们一边朗读，一边回顾，一边评价。自评、互评、组评，充分体现了学生的主体地位，体现了评价的自主性。学生们非常喜欢这种开放式、互动式的评价方法，他们在组内时而各抒己见，时而举手表决，时而张贴“金果"和"银果"。这种自我监督、自我管理、自我评价的方式充满了效能，让每个孩子体验到进步的喜悦、成长的快乐，激励着学生向更高的目标前行。

4. 关注即时评价，强化激励性

所谓"即时评价"，即适时地对学生的短时段表现做出准确的记录与评价。"智慧年轮"评价体系包括"每日一评""每周一评""每月一评"，以及"时时评价"，关注的是学生每一天的变化、每一次的参与、每一次的亮相、每一次的进步、每一次的积累……学生把每一年中自己最喜欢的作业、作品等个性化的成长资料，以画画、剪剪、贴贴等方式予以美化、装订，写上心里话，保存于学校为其订制的"成长手记"即成长档案袋中。此外，电子化成长档案的制作由学生、家长和教师共同参与。大家拿起手机，随时随地拍下照片，录下视频；拿起笔墨，随时随地写下观察记录。这样，孩子们在课堂内外独有的精彩瞬间都被留存下来，不仅留下了美好的成长回忆，还为评价学生的成长情况提供了全面、丰富的资料。

鼓励是一种正面教育手段，适度、及时、有针对性的鼓励能有助于学生形成自信心，树立积极乐观的人生态度。由于遗传、家庭教育等多种因素的影响，学生间存在着明显的差异。有的学生能积极参与并完成校内的各项任务与活动，有些学生则不然，他们难以达到学校争章体系中的要求，但是他们也在努力地争取。在附小，只要学生积极参与学校活动即可获得各类奖票，兑换"金果"。智慧小树在由"豆"到"果"的成长历程中，在八个"百分百"的圆梦行动中，每个孩子争得的"金果"在"乐乐果园积点卡"中积少成多，不仅可以在"乐乐超市"中兑换奖品，而且积满一定数额可获得附小最高荣誉——智慧奖杯。这一鼓励措施使每个孩子都能体验参与活动的快乐，摘到丰收的果子，并为之不断地努力。

四、创新思考设置"立体网络"

站在"上海市中小学生学业质量绿色指标"这一教育改革大背景下，《"智慧年轮"小学生成长评价手册》的创编与实施，凝聚各方智慧，整合学校特色，体现教育关键词：个性、适切、多元。

1. “智慧树”课程的新亮点

《“智慧年轮”小学生成长评价手册》的创编与实施，关注的是学生童年的丰富与精彩，指向的是让学生们通过生动、完整、多元的学习经历，积累终身受用的知识和方法，为未来的发展做好全方位的准备。它是学校办学理念的丰富与延伸，是学校校本课程的拓展与完善。

结合学校智慧树课程的开展，实施《“智慧年轮”小学生成长评价手册》，可谓课程拓展的新亮点。我们融德育、智育等为一体，全面、客观、合理地评价每一个学生，产生“附小系列之星”：阅读星、音乐星、运动星……极大地开发每个学生的潜能，让其在课程参与中感受自己的价值，增强教育教学的实效性！学生健康、快乐、智慧成长有了成长手册的保驾护航，更添活力。

2. 家校互动的新渠道

“智慧年轮校本化成长评价体系”采用的评价手段体现多元化、多层面相结合的特点。校评分为自评、互评、小组评议，并设置“家评”，明确了行规实施细则，能够比较全面地加强对孩子行为规范的监控和管理，开辟家校互动新渠道，有效地指导了家庭教育，将家校合作落到实处。

我们还充分利用家长学校、家访、家长接待的机会，加强家校联系，了解学生在家的行为表现，请家长给自己的孩子打分。通过考评，让学生对照考核内容，明辨是非，看到自己的优点、成绩和进步，知道自己的缺点、问题和差距，从而有针对性地改变不良行为习惯，逐步养成良好的文明行为习惯。

家长对学校所要求的行规内容、要求有了充分的了解和认知，并采取有效的手段对孩子进行督促，最终达到行规内化的目的，这对孩子的成长极为有利。比如：现在的孩子劳动意识普遍比较薄弱，家长对孩子参与家务劳动也不够重视，认为孩子只要学习好即可，这是家庭教育中的一块空白。“岗位章”的设置就恰到好处地填补了这块空白，增强了孩子的岗位意识和社会责任感，锻炼了劳动能力，同时也提高了家长对教育子女参与劳动的认同度。

每一次评价如同家庭聚会，大家各抒己见。家长真诚地对照项目评价孩子，孩子也可以畅谈自己在成长过程中的感受。每一次评价都能加强家长和孩子的感情融和，这样的评价深受孩子和家长们的喜欢。

3. 师生情感沟通的新纽带

曾有调查显示，当教师被问及“你爱自己的学生吗?”100%教师不假思索地回答:“当然。”可是，当学生被问及:“你们的老师爱你们吗?”结果真是出乎意料！不少学生表示未明显感受，或说不清。细究原因，我们发现应试教育这把尺子重重地敲在了老师们的心上！孩子们需要情，向往爱，我们呼唤素质教育，希望每一位教师关注孩子真正做到“学会求知，学会生活，学会做人”。在《“智慧年轮”小学生成长评价手册》的指引下，教师的观念在更新，育人的爱心在跳动，努力让学生成为评价的主体，主动参与评价过程，充分发挥评价功能，激发孩子们自主养成良好习惯。

在实施的过程中，孩子开始关注老师的每一个细节，开始学着思考应该怎样帮助老师，学会用心体会老师润物细无声的关爱，学会理解老师的用心良苦。而老师也在感受孩子们爱的同时，更多地蹲下来看孩子，用平和的心态尊重其生长发展规律，静心呵护，笑等花开。在实践的过程中，双方的心里都暖暖的、暖暖的，彼此充满了感动。《“智慧年轮”小学生成长评价手册》成为师生感情沟通的新纽带。

总之，我校的课程评价随着时代的要求也在不断地完善、更新中，对学生学习的评价着眼全面、个性，对教师教学的评价立足人本、发展，对课程效果的评价注重过程、效益。附小的学生是幸福的，经过五年的小学生活即将毕业时，每个学生会得到满满的成长礼物:一本《成长手记》、一本《成长评价手册》、一套网络平台评价资料，期望让全方位评价陪伴每个孩子快乐成长。

附小智慧树课程的建设，还需要有健全而有效的保障机制。我们专门成立课程建设领导小组、专家指导团、实施小组及评价小组，建立、健全以科研为引领、以教研为主力、以监控为保障的，提升学校课程建设的专业支持体系，为课程建设保驾护航。例如，充分挖掘、利用智慧树课程资源，提高资源利用率。一方面加强对人力资源的管理,激励教师及校外人力资源(家长志愿者、社区义工等)共同开发、建设智慧树课程;另一方面加强对物质资源的管理(周边高校、共建单位等),使其物尽其用;再如,定期开展优秀校本课程评选,积极建设区级层面的优质校本课程资源,主动申报,争取在更广域的范围内发挥辐射、引领作用。

【家长心语】

《"智慧年轮"小学生成长评价手册》伴孩子快乐成长

2009年9月,我的女儿和众多孩子一样,怀揣着好奇和希望,走进了附小的校园。孩子就像一粒被精心呵护的种子在学校里茁壮成长,豆、苗、叶、花、果,评价手册留下她每一年的成长足迹,记录她度过一个快乐、幸福而有意义的童年时光,陪伴她茁壮成长为一棵智慧的小树,在每个年轮上都结满了智慧的果实。作为一名小学生家长,这里主要谈一谈在评价手册的帮助下,孩子在学习、生活方面的成长进步和自己的一些感想。

第一个感想是"没想到"。我原本以为学校编制的评价手册只是一本普通的学生记录册,只是单纯地记录学生的成绩和老师的评语,只是简单地关注学生三大类学习的学业成绩,另外还有几块豆腐干大的地方被称为"家长评价""家长留言"的形式主义。可让我没想到,学校成长评价手册更注重对孩子习惯、兴趣和能力的培养。学校开展了感恩、志愿者、健身、家务、爱校、诚信等一系列丰富又意义深远的活动,每一项活动都能及时给予评价,不但富有创意,而且使孩子成为了"乐学、会学、学好"的智慧学生。学校设计的一系列评级栏目,能够充分反映出家长和孩子的沟通情况,例如:家长每隔多久和孩子促膝谈心一次;每月带孩子外出游玩的次数;全家共同阅读的书、报、杂志;孩子在家里是否做家务,是否孝敬长辈等等。这些既便于老师了解孩子所受的家庭教育,也可以对家长起到一定的督促作用。一旦家庭教育与学校教育形成合力,必能取得事半功倍的效果。

第二个感想是“很欣慰”。通过智慧年轮的阅读评价，每天坚持读一篇文章、定期读一本书、记录阅读书目等活动，使孩子养成了良好的阅读习惯，成为了一个喜爱阅读、热情阅读的孩子。通过“诚信章”“爱校章”“家务章”的评价，孩子能积极主动与家人谈及学校活动和同学进步表现，养成自己整理学习用具和生活用品、独立打扫自己房间的良好习惯。

第三个感想是“很科学”。评价手册通过群策群力构建的评价体系，给我的感觉是很科学。附小的评价体系有校评、家评、自评、小队互评、设计问卷等一系列形式。每一次评价都很有意义，是一种赏识、激励的过程，同时也是一个自我反思的良好过程，让我们的孩子感受到评价的魅力，经过孩子自己的感悟、理解、创造、构建，促进他更好成长。评价活动的内容很充实、立体，较全面地反映出一个孩子在学校、社区等方方面面的表现及收获。

小学教育是一个人一生中最早接受的正规教育，好的小学教育可以为孩子的健康茁壮成长打好扎实的基础。《“智慧年轮”小学生成长评价手册》的设计、实施，不仅是一种传承，更是一种创新和发现的探索活动。通过评价手册的使用，孩子是快乐进步的，我们做家长的心情也是愉快的，由此产生的人格形象对孩子一生的影响更是不可估量。很庆幸孩子能在这样的学校接受这样的教育，感谢我们的老师、感谢我们的学校！（许淘沙家长）

【教师心语】

学会了规范，学会了爱

——“智慧叶”评价运作之“尊敬章”尝试

“智慧叶”评价体系是我校专门根据中年级学生的特点度身定制的。由于10岁左右的孩子，意识已经在心理活动中占据主导地位，他们有了对问题的观点和看法，有了独立的思想，能用意识来支配自己的行为。在这一期间，我们不仅要规范他们的行为，更要从思想上、情感上去引领他们。

在三年级的第一学期里,学校设定了“尊敬章”“执勤章”“武术章”“自理章”等四枚章。从礼貌、规范、健身、自律等方面对学生起到一个引领、指导、训练、强化的作用。在这些条目中有许多亮点,这里主要谈谈“尊敬章”。

“尊敬章”对学生的要求不仅仅体现在见到老师问个好,还要求学生掌握规范进出办公室的礼仪,并能为老师做一件力所能及的事情。尊重应当是发自内心的,也应当是有所表现的。轻轻地叩门,礼貌地问候,不紧不慢地行走,有条理地讲述,直至及时地道别,悄悄地掩门离去,这其中除了有礼貌,讲规范,更有对老师的尊重,对老师的关心体谅和对老师的爱。爱也需要去指导,去催化。对老师的爱不能只停留在“老师好!”,还要表现在为老师分忧,给老师当助手,给老师一份爱的温暖。这是他们必须学会的。

每一枚章里不仅有校评的细则,更有家评细则。在尊敬章里,要求学生每日离家、回家时,要主动与长辈打招呼。80后的一代父母,有些由于自身的原因,在这方面对孩子的要求,似乎不是非常重视。而祖辈在这方面要求严格的也是少之又少。结果体现在打招呼这一问题上,往往是剃头挑子一头热。如今,学校将此举作为条例制定了下来,使得家长和学生共同认识到它的重要性与迫切性。一声招呼,一声问候,是礼貌,是尊重,更是情感的互动与交流。像“我走了”“您走好”“我回来了”“您回来了”等等在出门和回家时候的问候非常重要。有不少家庭当家人外出的时候,都会在大门口送行,但如果大家工作都很忙不能亲自送别,至少要互相大声问候一声。出入家门时的问候,蕴涵着“请小心出行”“请安全回来”的关切,是家人之间表达感情的一个重要机会。回家后,说一声“我回来了”,也能确认是否有人在家;有事回家晚了,若看到父母为此不高兴,就可以压低声音说“我回来了”,这样,通过声音就能向家长传递出你略带歉意的心情。

争章评价采取学生自评、互评和教师评、家长评的方式,全体参与,全员关注,家校联动,多方位、多角度、客观地反映出学生成长的每一个足迹。

我认为,德育的核心即为一个“爱”字,学会感受爱,学会付出爱;唯有动于心才能化于行。“智慧叶”评价表给家校合作共同教育孩子提供了一个极好的平台。(张旭巍)

刘羽轩同学签名售书，实现自己的梦想

第三章

智慧课堂：成就每一个

课堂是学生生命成长的舞台。“智慧课堂”追求的是愉悦、自主、高效，促进每一个学生全面而个性地发展，让他们成为自己学习旅途中的英雄。

愉悦、自主、高效的课堂，是我们不懈的追求

课堂,是学校全面实施素质教育的主载体,是学生生命成长的主舞台。实施智慧教育,培养智慧型学生,其主阵地是课堂。近年来,随着社会的需求、教育的发展,附小秉承“让每一个孩子健康、快乐、智慧地成长”的办学理念,开展了“构建智慧课堂,成就每一个”的实践研究(以下简称“智慧课堂”)。在智慧课堂上,教师与学生建立起一种平等对话、交往的关系,课堂教学是一个充满生机与活力,允许学生“突发奇想”“异想天开”的过程,是智慧生成的沃土,是师生共同发展的精神家园。

第一节　“成就每一个”的教学理念

学校办学的主阵地是课堂教学,课堂教学需要具体的理念支撑。附小基于广大教师的教学经验与智慧,熔铸了与课堂实践紧密联系的内涵和理念,为课堂教学的转型提供了明晰的方向。

一、促进每个学生全面而个性发展

学校自 1958 年建校以来,始终坚守课堂教学,一代代附小教师薪火传承,聚焦课改,立足课堂,倾注真情与智慧,培育了一批批附小优秀学子。

多年的课改实践与研究,让附小在 2008 年 50 周年校庆之际,将课改的思想理念和实践方法逐渐融汇为“智慧教学”,进一步提出“聚焦课改,慧注课堂,成就每一个师生”的课堂文化,编撰了《智慧教学——学校“三本、三课”教学实践研究》一书,荣获区科研成果评比一等奖。近年来,我们顺应时代的发展,进一步探索“智慧课堂”的实践路径,实施以改变教师教学行为为前提,以优化课堂教学形态为重点,以提升学生学习品质为归宿的智慧型课堂教学,多元化、全方位地激励教师智慧地教,学生智慧地学,促进每个学生全面而个性地发展。

1. 顺应时代育人的呼唤

在传统的工业化教育模式背景下,学生的活力在日复一日的机械学习中被销蚀、磨灭，教师走着一条重知识传授，轻实践能力培养的老路，使课堂面目仍然千篇一律，面对各种新挑战无所适从。现代教育理念期待充满生机和活力的课堂，让师生的生命个性和灵性得到展现。可见，让智慧回归教育，让智慧唤醒课堂，是时代的呼唤，也是新时期教育教学改革的重大使命。

2. 对接区域教育发展之路

杨浦区是上海市基础教育创新试验区。在新三年的行动计划中，杨浦区提出：以“聚焦课堂教学，优化教与学的方式”培育“创智课堂”，即通过师生关系的重建，教与学方式的变革、课堂文化的营造、学生潜能的开发，建设激活学生的潜力和思维活力的课堂：改变教学方式，改进教学过程，改善教学氛围，改善师生关系；引导学生以自主、合作、探究的方式进行学习；拓展学生的学习空间、改进学生的学习过程，使学生知识迁移的能力，预测、观察和解释能力，推理能力，批判性思维和创造性思维能力等得到充分发展。附小是该项目的实验学校，打造“智慧课堂”是“创智课堂”的生动实践。

3. 立足个性教育的要求

教育的目的是培养人，有人性，有灵性，有个性的人。教育不是重在补短，而是需要扬长。唯有个性化、多样化，才有可能养成智慧，从而实现人性的自由发展。附小自 1994 年起就开始了“小班化教育”的课题研究。小班化教育旨在尊重每个学生的个性，挖掘每个学生的潜能，让每个学生在原有的基础上实现最大的发展。于是，“智慧教育”的办学思想便在附小的小班化个性教育研究中应运而生，重在强调能有效管理自己的学习和生活，认识和发现自我价值，有效应对复杂多变的环境，发展成为有明确人生方向、有生活品质的人。

二、培养智慧之生和智慧之师

由于学生的大部分时间都是在课堂上度过，因此附小构建的“智慧课堂”指的是遵循学生身心发展规律和教育教学规律，强调智慧型的课堂教学。它采用多种有效的方式和手段,激发师生的智慧潜能,从而实现三维目标达成和课堂教学效益最大化,切实减轻小学生过重的学业负担和心理负担。

附小在“让每一个学生健康、快乐、智慧地成长”办学理念的指导下,将智慧课堂的核心目标定位于打造智慧之课,培养智慧之生和智慧之师。

1. 智慧之课:精、实、活

“精”即目标“精”,讲授“精”,练习“精”。“实”即预设“实”,环节“实”,辅导“实”。“活”即主体“活”,主导“活”,资源“活”。课堂要“精致”“真实”和“灵活”,内容设计、教法和学法设计以及资源的应用与教学环节的衔接等方面,都要切实体现关注每个学生的学习需求,促进每个学生的智慧成长。我们向教师提出“公开如平时,平时如公开”的口号,要求教师上课过好“五关”,即科学规范关、合理分时关、活跃气氛关、创设“四声”关、精讲精练关。如创设“四声”关,要求课堂上充满欢笑声、赞美声、惊讶声、争论声,让孩子敢说敢做,善思会笑,真正体现主体的“活”。

2. 智慧之生:乐学、会学、学好

“乐学”指向的是情感与态度领域,主要落实在“四乐”,即学生在课堂上乐思、乐问、乐言、乐行。“会学”指向的是习惯、能力与方法领域,主要落实在“四会”,即学生会阅读,会思考,会表达,会实践。“乐学”“会学”是因,“学好”则是果,学会求知、生活、做人。附小期盼每一个学子都能成长为习惯好、基础实、能力强的好学生。

3. 智慧之师:乐教、会教、教好

教育的生命力在于教师的成长和发展。三尺讲台,教师讲什么,教什么,传授学生什么知识,培养他们怎样的能力,给予他们怎样的思想熏陶和价值观,都会影响学生的生命质量。教师乐教:热爱教育,有积极心态;会教:有专业能力,有教学方法;教好:以学生的学好为标准。附小期盼教师从“智”为人师,到“慧”促能师,实现由“传统型教师”向“智慧型教师”转变,由“单一型教师”向“复合型教师”转变,培养一批骨干、特色教师。

三、追求愉悦、自主、高效课堂

智慧课堂教学要求教师突破传统的工业化、机械式教学模式，不将班级学生作为同质性的知识接收器，而要将学生作为在主动探究学习中生发人生智慧的个性化主体。附小提出智慧课堂教学的基本特征，即愉悦、自主、高效，以此作为评价课堂教学的新标准。

1. 课堂愉悦，学生乐学

"知之者不如好之者，好之者不如乐之者。"构建智慧课堂，乐学是关键。乐学是推动学生自主学习的一种最实际、最有效的内部动力。课堂愉悦了，学生自然乐学，从而让学生不断获得成功体验和深刻感悟，对未来充满积极的渴望。

(1) 营造良好的师生关系

智慧是植根于爱的，"亲其师，信其道"。良好的师生关系是学生乐学的基础。教师要为学生创设民主平等、宽松和谐的学习环境，尊重他们的个性与差异，关爱他们的成败与哀乐，欣赏学生的独特感受和多元见解。师生关系的亲密、融洽，会促使学生的思绪得以飞扬，灵感得以激发，智慧得以生长。

(2) 创设合作的课堂气氛

我校是小班化教育实验校，小班给了课堂更多合作交流、互动探讨的平台。我们把学生根据兴趣、特长、性别等分成若干合作体，让学生带着问题、任务合作学习，充分发挥主体作用，提高合作能力。

(3) 设计智慧的教学语言

教学语言是教师从事教学活动的重要工具。我们精心地设计流畅准确、饱含真情、启智导学的开课语、提问语、过渡语、讲析语、点拨语、评价语和结束语，润泽学生的心田，扣动学生的心弦，长久地保持着学生乐学的态度和情感。

(4) 创设生动的教学情境

"启其蒙而引起趣。"生动的教学情境可以激发和保持学生良好的学习情绪。我们基于课标和学情,按需创设实物演示情境、图画再现情境、音乐渲染情境、表演体会情境、语言描绘情境、生活展示情境。这些情境将学生的认知活动和情感活动紧密结合,学生兴致勃勃地参与其中,享受着学习的乐趣。

2. 课堂自主,学生会学

“课堂因互动而精彩,学生因自主而发展。”构建自主的课堂是让每一个学生智慧成长的必由之路。自主课堂上,师为主导,以学定教,点拨学生的疑惑点、矛盾点、关键点、难解点;生为主体,主动学习,课前充分自学,课中充分探究、讨论、体验、合作、练习与分享。

(1) 师为主导,以学定教,顺学而导

课前,我们深入解析课本知识的重点、难点,关注每个学生的特点和差异,兼顾优等生、中等生、薄弱生的接受能力;课上,我们因材施教,创设生动的教学情境,设计多样化的教学方式,让每个学生根据已有的知识经验,开动脑筋,主动参与学习活动。一环紧扣一环的教学环节及对可能出现的“意外”预先想好的对策,对学生的学习及时进行反馈都将直接触发学生智慧地学。然而,课堂教学是千变万化的,再好的预设,也不能预见课堂上可能出现的所有情况。我们要求教师有随机应变的能力,更要求教师在随机应变中尊重学生的主体性,根据教学进程中出现的新情况,及时调整课前的预设,给学生腾出空间,为生成提供条件,鼓励生成。

(2) 生为主体,自主学习,亲历过程

“课堂是学生的,学生即学习的主人。”我们基于课标和学情,践行陶行知先生提出的“六大解放”,按需给学生提供各种自主学习的经历,如:自主思考、自主质疑、自主探究、自主实践、自主评价以及小组合作的机会,积极培养学生自主学习的意识。我们要求教师每一节课力争有20分钟或更多的时间设计有效练习,给学生动脑、动口、动手……给足学生时间,引导孩子自学。

(3) 个性发展,情感教育,有机整合

自主性学习涉及人的情、知、意三个方面的心理过程,培养学生自主性学习能力还要和学生的个性发展、情感教育结合起来。教学过程中要教导学生用自我激励的方法,来培养自己的自信心,教师要学会肯定学生、赞扬学生,通过各种教学手段让学生体会到成功的快乐。每一个学生都有长处和短处,在教学中,教师要帮助学生不断地对自己加以反思,如学习方法是否得当,思维途径是否合理,练习有没有达到要求等,充分认识自己,承认差异的基础上,扬长避短,发掘潜能,超越自己,使自己真正成为学习的主人。自主学习能否顺利进行,很大程度上取决于学生的自我监视,自我管理、自我教育、自我塑造的程度,因此我们要唤醒学生自主学习的意识,增强学习的自觉性和能动性,让他们拥有较好的自立行为,对自己的学习过程能有效地进行监视、调控、管理。

【课堂案例】

在小学体育课中让学生学会"自主性学练"

新课程明确强调要贯彻"以人为本,全面、主动发展"的教学理念,激发学生运动兴趣,重视学生主体地位,关注学生个体差异,以增进学生身心健康为目的,注重学生的全面发展,在教学中锻炼学生的实践能力。

为了培养学生学会"自主性学练",我们尝试三部曲:扶一扶,教师应多给予学生帮助,耐心地指导他们(特别是体育薄弱生),帮助学生从领会学习向主动学习过渡;引一引,教师在让学生自主学练的时候进行个别指导,并在课堂中更多地引导学生发现问题,解决问题;放一放,让出一部分时间给学生,不是"放羊式"地自由玩耍,而应体现"活"(教得活、学得活、玩得活),让学生对每节课都产生新鲜感,产生留恋之情。

总之,在体育课堂中,要充分体现学生学习的自主性:规律让学生自主发现,方法让学生自主寻找,思路让学生自主探究,问题让学生自主解决。教师要通过各种手段与途径,拓宽信息通道提高反馈效率,以区别对待,避免"一刀切"和"齐步走",把发展学生自主学练能力与培养学生个性相融

合,相互促进,共同提高。(蒋文烨)

3. 课堂高效,学生学好

"高效"是构建智慧课堂的本质。高效的课堂应该是在有限的时间里,让每一个学生最大限度地动脑、动手、动口,最大限度、最大效益地完成教学任务,培养"习惯好、基础实、能力强"的学生。为此,教师积极发挥个人与集体的力量,在认真分析、研究课标、教材、教法和学情的同时,进一步更新教学理念,用智慧之举打造高效课堂。高效,即教师能准确把握教学目标和教学节奏,能激发学生的学习兴趣和思维活力,培养学生的观察力、想象力、问题意识和求异思维,促使学生"转识成智",能最大限度地发挥课堂教学的功能和作用,善于根据学情变化,及时调整教学环节、教学方法,因势利导,使教学效率高,教学效果好。

(1) 推行教学举措来增效

如语文学科推行"一单一问式"教学法:为准确掌握学情,我们设计课前预习单,充分了解每位学生的学情和疑惑点,随后生成一个涵盖整堂课教学的"牵一发而动全身"的主问题,吸引学生共同参与,主动探究,合作解疑,广泛交流。数学学科推行"一单一练式"教学法:每堂课前设计一张目标达成练习单,由浅入深,由易到难,层层递进,采用自我尝试、质疑交流、小组合作等形式充分提高学生数学思维能力和解决问题的能力。这些举措激活了课堂,精简了教学内容,活化了教学过程,凸显了学生的主体地位,体现了课堂教学的高效,让每一个学生学有所得,学有所获,学有所长。

(2) 根据重点难点来增效

教师要精心安排授课内容,做到把握要点,化解难点;强化基础,适时重敲;温故知新,深入拓展。达到这个水准的前提是:教师必须"吃透两头"。只有这样,教师的"教"与学生的"学"才能始终保持"和谐共振",从而大幅度提高学生的学习效率。教师在讲授教材内容时,还应有一定的感情色彩和"节拍",声音抑扬顿挫、神色庄重典雅,使声神融会,相得益彰,做到随境而迁、为义而变、因人而异。如:讲到重点时,加强语气声调,满腔韵致激情;讲到难点时,缓和语气声调,言辞委婉清晰;阐述成功经验时,语气宜庄重、生动、铿锵有力；解剖失败教训时，语气应严肃、沉稳、诚然有理。这种声情并茂、师生共鸣、教学相长的氛围场景，无疑会将知识的甘泉自然和谐地注入学生的心里。

(3) 关注预设生成来增效

新课程背景下，课堂教学的每一分钟都在孕育着创造力，时时刻刻都在彰显着多彩的生成的魅力。而这精彩的生成，有的在预设之中，有的在意料之外。这就要求教师要从关注预设的教案，走向关注课堂上学生、学情和生成。

放慢脚步，与学生同行：儿童最富于想象和幻想，课堂上经常出现偏离我们预设的生成，我们要求老师要静下心来，蹲下身子，放慢脚步，倾听孩子提出的问题，不强行把学生的思维拖回预设的轨道。

调动感官，捕捉灵动的思维：课堂上，我们要求教师尽可能调动全身感官，睁大眼睛看哪只手举起又放下，哪张脸写着兴奋与渴求……竖起耳朵听哪个声音充满矛盾与困惑，哪句话闪动个性与智慧……灵动的思维，主要包括两个方面，一是学生对知识的疑问，二是对知识独到的理解和感受。寓有形的预设于无形的、动态的教学中，真正融入互动的课堂，不断捕捉、判断、重组各类信息，并做一个动态生成的推进者，使课堂因学生的灵动而体现生命、智慧的灵动。

【课堂案例】

巧设练点，踊跃表达

语文课是学习语言文字的课堂，我们在教学过程中，依托文本，以文本语言为基础，从学生学习的实际与需要出发，巧妙创设多样的语言实践点，例如文本的“空白点”“拓展点”“疑惑点”……利用这样的训练点，能增强学生感悟语言的能力，产生良好的情感体验，激发他们表达的欲望，迸发创造性思维的火花，在语言活动中完成内部语言与外部语言的转化，最终习得语言,提高语文素养。

抓空白点,激思练语。打开课本,许多作品的作者总会有意、无意地留下一些没写明的,供读者思考、联想的意蕴空间,我们把这称为“空白点”。在文章的空白处,教师有意识地创设话题,能激发学生的想象与思维,建起一座与文本沟通的桥梁,并在表达中逐步增强运用语言的能力。

抓结合点,读写相联。无论打开哪册语文教材,都有不少文章的题材相似,结构相似或主旨相似,这些课文往往又与书后安排的写作内容紧紧相联。教师可以进行读写相联的语言实践活动。

抓拓展点,内外结合。为提高学生的表达素养,巧抓文本拓展点,适度地从文中引向文外,从文外回到文中,这种内外结合的做法也是训练语言的好方法,它能培养学生感受、积淀、习得语言的意识,提高运用语言的能力。

抓习题点,实做实练。编写教材时,编者常常把重要的语言训练点安排在书后的练习中,让教师在课堂上以此为练点,让学生充分实践,习得语言。

抓疑惑点,启思活智。直接出示课题,让学生围绕作者的“疑惑”进行质疑,引导学生抓住关键字词,把作者的不解划出来,又以“作者不解的是什么”这样的句式把作者一连串的不懂一一说出来。

抓重难点,深入浅出。在阅读教学中,围绕课文的重难点进行针对性强的语言训练,能引导学生的语言向纵深处发展。

每个学生都拥有乐于表达心声的潜意识,教师若能紧扣文本,找准语言最佳实践点,巧妙引导,学生定会踊跃迈入语言文学的殿堂。(钟婕)

化零为整,渗透转化

“三角形面积”这节课的内容是在平行四边形面积计算的基础上进行教学的,主要是引导学生通过学习平行四边形的面积公式推导去理解和掌握三角形面积公式。根据课程新理念,“让学生自主来学习,老师做适当的相应指导”。我在教学中注重根据教学内容设计有效提问，并让学生自己动手操作验证，从操作中自己发现问题，解决问题。

上课伊始，我先帮助学生回忆学习平行四边形面积时所运用的转化教学思想，为他们在接下来的动手操作中打好基础。在操作时，让他们以小组为单位对三角形进行拼一拼、剪一剪，注重学生间的合作与交流。同时，在操作中向学生渗透旋转、平移的方法，让学生体验和感知三角形面积公式的推导过程。在学生总结自己的发现时，我又从设计的练习找突破口，重点突出“两个三角形完全共同”以及“为什么除以 2”，设计了相关的判断题，以此来加深学生的理解。

在计算时，我强调并统一了做题的格式，以免学生做题时不知道格式怎么写。小组讨论、汇报推导三角形面积的这个过程，是学生根据自己的思维习惯，在个体独立思考的基础上相互讨论、集体探究，运用剪和拼的方法从正、逆两种思维来感知三角形和相应长方形的关系，从而得出普遍规律。

最后，我让学生求红领巾的面积和完成动脑筋的练习，这些解决问题的本领再次让学生认识到数学无处不在，真正体会数学的应用性和数学的魅力。（朱文颖）

第二节　智慧教学的“五环节”“五监控”

附小从智慧管理、智慧教研、智慧师训和智慧科研等方面营造智慧教学的校园文化，为智慧课堂的创建提供肥沃土壤。

一、规范管理的“教学五环节”

“愉悦、自主、高效”是附小追求的智慧课堂准则。为此，附小夯实流程管理“五环节”，对教学“五环节”常抓不懈，对每一环节落实都提供明确的指导意见和实施步骤。

1. 备课过程,求实创新

我们要求教师“新”备课,“新”在重读、深读课程标准,准确把握学科定位、理念、目标、内容、要求、建议等。“新”在依据标准,结合教材内容和学生实际,细化内容,制定阶段教学目标及课时教学目标。“新”在设计有助于教学目标实现的教学活动及教学方法,引导学生主动参与教学过程。我们倡导让“看着学生兴奋的眼神”“想着学生喜欢的活动”“说着学生乐听的语言”“思着学生心中最大的疑问”等成为备课新视角。着力、创新地实施了“自主备课”“备课组协同备课”“骨干指导备课”等多种形式相结合的备课管理制,又积极开展了“随文备课”“备生本活动方案”等备课改革活动,努力让每个孩子的身影在备课本中跳动。

2. 课堂教学,稳步推进

我们提出“公开如平时,平时如公开”的口号,落实“智慧课堂智慧行”的要求——把生活引入课堂,把观点引入课堂,把体验引入课堂,把方法引入课堂,把探究引入课堂,把自由引入课堂,把激励引入课堂,把质疑引入课堂……力求课课有实效。为此,我们确立“智慧课堂六对策”。

对策1:课堂上学生的发言面要广、参与度要高,为学生自主体验提供可能。

对策2:课堂上学生活动的时间不少于20分钟,为学生自主体验提供时间保证。

对策3:课堂上要根据教学内容尽可能地布置一定量的体验式作业。

对策4:课堂上要让学生经历思维的过程。

对策5:课堂上要让学生经历情感体验的过程。

对策6:课堂上要让学生体验获得知识、提高认识的过程。

提出“上课三不讲”:学生已经会的不讲,学生自己能够学会的不讲,讲了学生也不会的不讲。

我们加强“智慧课堂,关注平时”的研究与交流,全面开放课堂,合作走进课堂,引领教师改善教学行为,优化教学手段,提升专业能力,使教师们对智慧课堂的内涵理解更深,方法更活,效果更实,从而提高课堂教学的有效性。例如，我们开展了“课堂广角镜”教学微格片段合作研究活动，组织全校教师观看同一教学内容在不同班级开展教学的视频片段。围绕不同的教学效果，教师们抓住细节，围绕生成，深入分析成因，共同探讨以生为本的教学策略。执教者打开了封闭的课堂，在集体智慧的激发下，对自己的教学设计、课堂行为有了正确、深入的认识；同时，其他老师走进同伴的课堂，在听课、评课、研课中学会观察、思考、探讨，提高了认识，并且在自己的课堂实践中改善课堂行为。

3. 练习设计，务实鲜活

学生精练是提高课堂教学效益的重要途径。课堂及课后练习的设计要从课程标准的要求、教学目标以及学情出发，强调作业类型多样化，尤其关注长、短作业的结合，实践型作业的设计；我们尝试练习“个性化”布置与指导，从学生的实际出发，加大分层设计的力度，提高“教”与“学”双边活动的效益。语文、英语学科在四年级重点实验分层阅读，数学学科在随堂练中设计集情景化、生活化、趣味化、综合化为一体的分级闯关练习，真正为每一位学生的适切发展提供个性化服务。切实做到“练习四要求”：精——控制总量，精编慎选；度——由易到难，由简到繁；实——不同学生，分类选择；导——因势利导，举一反三。

4. 辅导环节，因材施教

辅导是课堂教学的补充、拓展和延伸，学校秉承多样化、差异化、个性化的原则，在心理辅导、学业辅导、技能辅导、特长辅导等多个领域，实现补缺提优。特别对行为问题生、学习困难生等开展有针对性地一对一辅导，及时跟踪，指导矫正。因异开方，因材施辅，让每一个孩子都能健康、快乐、智慧地成长。

5. 评价活动，科学灵活

落实规范化、多样化、发展化的评价机制。调整、优化《“智慧年轮”小学生评价手册》的评价项目，完善过程性评价方法，力求简单、易行、效率高；进一步优化学生成长档案袋的实施，形成较为成熟的、受学生欢迎的、简便易行的小学阶段成长档案集。其中“小思徽章”奖励是用来评价学生的新举措。我们根据学生年段特点,设计适切的奖章,例如一年级第一学期可以设立"作业章""读写章""守纪章"等,教师随时随地都可以为学生点赞、积分,激发学生兴趣,培养学生良好习惯。

【经验交流】

巧抓语文教学五环节,智慧践行"两纲"教育

二师附小作为上海市二期课改基地校、区"两纲"教育试点校,始终坚持以学科教学为突破口,巧抓教学五环节,智慧践行"两纲"教育,下面就以语文学科为例谈谈我校的想法和做法。

一、备课——解读教材,读懂学生,打好"两纲"教育之基

当"两纲"教育的春风吹入校园时,学校组织语文教师认真学习精神,领会内涵,达成共识:备课时不仅要读懂字、词、句,而且要读懂文中蕴含的精、气、神,还要读懂每一位学生的需求,为"两纲"教育进课堂打好扎实的基础。

1. 有效解读教材,使"两纲"教育科学、合理

明晰教学目标,梳理教学内容。教研组要求教师明晰教学目标,努力做到"三知晓",即知晓全册教材、知晓每一单元、知晓每篇课文的"情感、态度与价值观"目标。在此基础上,组织教师甄选小学语文十册教材中凸显"两纲"教育的课文,作为落实"两纲"的重点篇目,为设计明确、步骤清晰、重点突出的教学活动打好伏笔。

专家指导点拨,团队合作研修。我们聘请市区专家和校学科骨干组成教学研究"智囊团",定时、定点、定专题,与教师开展深入的理论学习、教材分析、学法研究,营造专家引、教师学、你说我谈、你评我思的浓厚学习氛围。同时,我们积极组织教师进行备课组的合作研修活动,内容丰富,形式多样。

2. 读懂学生需求,使"两纲"教育人本、贴切

《上海市中小学语文课程标准》明确指出:语文课程要充分考虑到学生已有的知识、能力基础,关心学生的内心需求。因此,我们要求教师备课时从三个需求入手。

学生的兴趣需求。通过问卷调查、课堂观察、学生座谈等途径,教师深入了解学生的兴趣需求,从多角度出发认真备课,例如"积极创设生动、活泼的学习情境""设计具有思考价值,激起思维碰撞的问题"等,激发学生学习兴趣。

学生的能力需求。教师充分关注学生的能力需求,注重个体差异,开展"因材施教"式的备课。特别强调设计有层次的问题、练习,依据不同类型学生的接受能力提出不同的学习要求,使他们在各自的能力基础上得到适合、愉悦的发展。

学生的体验需求。教师努力关注学生学习过程、学习成功、学习价值的体验,将体验的触角伸向心理、情感、生活等各领域,积极发挥学生的主动性、主体性和创造性,让学生在体验中习文、明理、升情。

二、上课——优化策略,富于情智,描绘"两纲"教育之彩

在实施"两纲"教育进课堂的过程中,我们紧紧围绕语文学科关注工具性与人文性统一的特点,开展课题研究,优化教学策略,以师情激生情,既让学生牢固地掌握学科知识,又引领学生润物细无声地接受"两纲"教育。

1. 优化教学策略,凸显学科特点

教学中,我们发现有些教师为了落实"两纲"教育,过分突出人文性,而忽视了语文基础知识、基本技能的训练,缺乏了"语文的味道",降低了语文课堂教学的效率。为了正确、充分体现学科特点,切实提高"两纲"教育的有效性,教研组自2010年9月起,开展了"关注语言文字训练,加强'两纲'教育实践"的课题研究,总结、提炼了语文学科渗透"两纲"教育的20个教学策略,实实在在地教会每一位教师用科学、适切、生动的策略落实"两纲"教育,做到教学得法,使"工具性"和"人文性"和谐统一。例如:

"读中品悟,自然表达"策略,应用于阅读教学始终,落实于课前、课中、课后三个学段。尤其是在课堂上,教师以读为本,巧妙地从熟读成诵、细读理解以及品读悟情三方面入手,引导学生在有目的、有要求,层层深入的朗读中理解重点词语、关键语句,激发情感,品悟蕴含在文章中的深刻道理,使"两纲"教育落到实处。

"挖掘精妙,生动表达"策略,关注挖掘、推敲语言精妙处,指导学生学习语言、感悟情感、读懂道理。

2. 富有教育激情,点燃学习热情

于漪老师说过:"激情是语文教师必备的素质。"附小每位语文教师充满教育激情,带领孩子们如临其境地走进主人公的内心世界,踏进文本描绘的美好情境,在孩子纯洁的心灵深处点亮"两纲"之情。

热爱学生,立足课堂之本。我们的教师把课堂中关爱、关心、关注每一个孩子看成是为师的基本责任,真真切切地把自己的真情实感传递给学生,点燃学生心中的求知欲望,重视与学生交流,在意学生的感受,让学生每天怀着期待、快乐的心情等待老师走上讲台。

一专多能,奠定激情基础。语文是综合性很强的学科,我们要求教师努力使自己成为学习的"杂家",既深入学习与本学科有关的理论实践知识,又要广泛学,上至天文,下至地理,样样都懂些,为课堂上准确讲授教材,充分满足学生的多元需求,引领孩子真切感悟文本内涵奠定扎实基础。

美化语言,架起情感桥梁。我们要求教师的语言应该是优美的,能根据课堂教学的具体情况变化,产生巨大磁力,牢牢地吸引学生:当学生面露难色时,要用富有鼓励性的语言,激起学生解决问题的勇气和胆量;当学生苦苦思索仍不得要领时,就用富有启发性的语言;教诗歌就用诗一般的语言,教记叙文,又能娓娓道来……

3. 充满教学智慧,巧对课堂生成

学生是一个个鲜活的生命,他们常常会表现出令教师诧异的"意外"行为,或是不同意教师的观点,或是对主人公有独特的评价,又或是对学习的内容无法理解……课堂上,我们要求教师要做的绝不仅仅是不折不扣地实行备课计划,更要充满教学智慧,善于体察和把握学生的思想脉搏,寻求

“两纲”教育与学生心智水平的最佳结合点，从容、灵活地应对课堂中的“意外”。

例如：一位教师在教学《狐假虎威》一课时，出现了这样的“意外”：一个学生向老师提出，他认为狐狸很聪明，值得学习。也许狐狸在人们的印象中生性狡诈、奸猾，可孩子们没有这样的思维定式，他们只是凭着自己的感觉去读。此时，教师并没有慌手脚，而是抛开原先的教学预设，尊重学生的体验，肯定学生的想法，智慧地应对课堂中的“意外”，让“两纲”教育在一个个“生成”的涟漪中绽放出灵动的生命之光。

除了在备课、上课环节中无痕渗透“两纲”教育，教师在编选作业、练习时，能根据教学目标，精心设计“两纲”教育与语言训练紧密结合的习题，提升练习的育人功能；在辅导中，明确提出“人本辅导”的理念，关注学生的快乐发展，把触角伸向心理辅导、差异辅导及家长辅导三个层面，力求激发学生的兴趣；在评价环节，合理设计落实“两纲”教育的个性化指标，实践多元评价，体现规范性、多样性、发展性。

附小语文教研组紧紧扣住教学五环节，务实、创新地开展“两纲”教育实践，教师们在成长，学生们在发展，“两纲”教育之泉润物细无声地流淌进师生的心田……（本文在2012年12月市“两纲”教育推进会上作交流，收录于《育人为本，以德为先》一书）

二、保障教学的“质量五监控”

在质量管理中，我们践行“五监控”机制，即教师自控、备课组互控、课程教学部调控、校长室监控、社会及家庭协控，每一个监控环节都有具体的要求。

1. 教师自控

结合课堂教学的效果，教师进行深入分析、反思，反思策略、过程、问题、成效，形成随笔。围绕“课堂教学评价表”各评价指标主动听课，认真摘记，深入思考，合理评价。期末，汇总过程性反思案例，梳理整合相关资源，提炼有效经验，撰写案例、论文。

2. 备课组互控

我们强调师师互动的集体协作监控,定期安排互动监控、学习活动,内容包括备课、作业批改、评价等,引导教师相互启发,优势互补,共同进步。

3. 课程教学部调控

我们强调教学骨干的把脉、诊断、指导作用。课程教学部集中区、校级骨干、教研组长等力量,形成监控团,既关注即时评价,对教师教学的优势、亮点加以肯定、宣传,对问题、不足提出改进建议,跟踪指导,直至杜绝、修正;又注重创新评价,引进“一站式”管理新理念、新举措,提高工作效益。例如,实施“捆绑式”监控策略,听教师的研究课、随堂课,课后不仅评课,还全面检查教师的备课、作业批改、教学反思情况,看到长处,及时肯定,提炼经验,加以宣传;发现问题,及时沟通,个别指导,让问题消灭在萌芽状态。又如,“飞行式”监控是对教师的教和学生的学,不定期进行监控的方式,做好质量分析,针对问题开展深入研究,提出相应对策等。

4. 校长室监控

校级领导坚持每学期每人听课 40 节左右,通过听课检查质量;坚持参加各教研组活动,沟通、把脉、指导;坚持参与教导处的常规检查,了解学校教学现状,提出改进方向。

5. 社会及家庭协控

每年 6 月,附小会向家长发送“智慧教师”评选单,由家长、学生一起为各学科教师的教学质量打分,写下感言与建议,并由此评选出公认的“智慧教师”。

“双五控”管理让附小形成了一个良性循环的智慧管理系统,确保了智慧课堂的稳步打造与高效实施。

三、课堂创新的“多维度项目”

为进一步打造愉悦、自主、高效的课堂,使每个学生得到全面、适切、智慧的发展,附小还重点推进了一系列与此相关的创新项目,从不同维度支持、创建智慧课堂。

1. 绘本阅读，保卫“想、创”

童年期是开启、发展人的想象力和创造力的最佳时期。鉴于此，2012年6月，我校利用成为上海市教委“零起点”总项目下的子项目学校的契机，提出了幼小衔接期开展绘本阅读的实践研究。我们借助绘本，通过各种形式的阅读，激发学生的阅读兴趣，让刚步入小学的孩子能够渐渐喜欢阅读，养成阅读的好习惯，掌握正确的阅读方法，能感悟文本的内容，能大胆、合理地展开探究和想象，用完整、通顺的语句表达自己的想法。

我们基于课标，智慧地选择教材，让学生趣读、乐学，为孩子选取了十个绘本故事，有《大卫，上学去》《母鸡萝丝去散步》《好饿的毛毛虫》等；精心地设计活动，让学生在悦读中发挥想象力和创造力，如：《好饿的毛毛虫》主要讲了毛毛虫变成蝴蝶的过程，教师设计了三个主要问题——问题一：看看书名和封面，猜猜这是一只怎样的毛毛虫？这是猜测式问题，学生会对读本和人物产生神秘感，激起一读为快、主动探究的阅读兴趣；问题二：毛毛虫每天吃了些什么？这是引导性问题，学生会积极地带着问题，认真倾听，走进故事，自主思考；问题三：如果你是那只好饿的毛毛虫，最终变成了漂亮的蝴蝶。此时，你会想些什么呀？这是体验式问题，学生学习的兴奋点再一次被点燃，他们会迫不及待地把自己当成蝴蝶，大胆想象，积极表达，在体验情节、感受人物情绪的过程中，主动、准确地悟出道理，升华情感。我们有效地开展“会读”评价，设计了《爱绘本，爱阅读——绘本阅读评价手册》，对学生的学习状况给予正确、合理、激励、引导性的评价，让学生喜欢阅读，保护和发展想象力和创造力。

通过课堂观察、座谈会、问卷调查等途径，我们看到学生们已经爱上阅读：98 %的孩子表示喜欢阅读绘本，几乎每天在家都会读 15～30 分钟的课外读物；96%的孩子认为自己有想象力和创造力。我们也发现孩子们会读了：他们在老师的引导下逐步掌握一些阅读方法，例如：封面阅读法、图片观察法、想象猜测法，听听读读法等等。更可喜的是，我们发现孩子们能学以致用，自觉地、主动地将这些阅读方法运用在语文课上、课外阅读之中。不少孩子还张开了想象的翅膀，用彩笔创编、描绘出自己的绘本故事。

这有效地促进了孩子们语言素养的形成与发展。一年级的教师纷纷感言:与“零起点”的孩子一起徜徉在绘本所描绘的美好世界里,在悦读中呵护、激发孩子的想象力和创造力,是一件顶顶幸福的事。一位语文执教老师也动情地交流道:

在绘本阅读的研究之路上,我们用心、用情、用智地谱写着一首热爱阅读、热爱儿童、热爱生命的心灵之歌,从而提升学生的综合素养。

乐读绘本,激发阅读兴趣。我们在班级里创建了“绘本漂流站”,每个孩子拥有2至3本绘本,孩子们先在小组内交换阅读,过一段时间再组织各组间“漂流”绘本。每周一节“绘本阅读指导课”或“绘本阅读研讨课”,阅读主题和指导方法“因书而异”,在讨论中孩子们碰撞智慧,交流情感,增进友谊,更趣味盎然了。好的绘本值得一遍又一遍地阅读、体味,因此教师有意识地指导学生把绘本阅读的感悟融入日常生活中,与生活体验紧密结合起来。

会读绘本,提高阅读能力。教师在课堂上教会学生会听故事,会听问题,会听交流;我们借助绘本教会学生准确地读,自信地读,有感情地读。教师依托绘本,创设生动情境,引导孩子学会说话,并能创造性地说话;教师以绘本阅读为抓手,通过听、读、思、说等途径,引导学生在读懂绘本的基础上,积累写作素材,拓宽写作思路,掌握写作技巧,逐步让学生学会写话。

读好绘本,学习为人处事。绘本阅读不是上语文课,更非上品社课,但是绘本本身含有的、与生俱来的感染力却在唤醒我们的孩子想象力的同时,让学生领悟到许多做人的道理:绘本故事中有许多体现互相合作、共享成果、在集体中成长等材料,是引导学生从小建立团队意识的好教材。

2. 编制微课,翻转课堂

微课学习满足了学生对知识点的个性化学习,学生可以自主控制学习节奏,自主管理学习进度,既可查缺补漏,又能强化巩固知识,有效地实现知识传授和知识内化的过程,大大地提高了课堂教学的效益。2013年9月,我校成为华师大C20慕课联盟成员校,积极开展“慕课与翻转课堂”项目实践研究。我们在数学教研组重点推进微课教学,为学生的学习和发展提供丰富多彩的教育环境和有力的学习工具，满足学生对不同知识点的个性化学习、按需选择学习，提高他们的综合学习能力。数学教研组从微视频的教育性和教学性出发，深入挖掘素材，制作具有较高质量的微视频，并根据微视频的内容及学生预习的情况调整教学设计，现已制作了多个微视频。

在日常教学中，利用数学教学视频，我们将知识点讲授放到了课前，提倡“先学后教”，因此有效的课前预习让学生在上课前，就已经通过自己主动地学习，掌握新授的知识，完成教师编制的任务单；在课堂上学生质疑，采用师生互动、生生互动的方式，共同探究，充分解疑，然后当堂练习，巩固知识，实现“知识传播在课外，知识内化在课内”的教学理念。如此，每个学生都能获得成功的喜悦和积极的情感体验。教师们还尝试将练习内容中的疑难点用微视频的形式呈现给学生，帮助孩子们及时订正错误，强化理解。

学生是千差万别的，他们的接受能力和擅长领域也是各不相同的。数学组制作的微课以生为本，每节微课的时长控制在 5 至 10 分钟，目标明确，内容短小，画面清晰，采用儿童化的语言，简明扼要地集中说明一个重难点知识。家长们感言：“孩子看微课，好比是把老师请回了家，他会静下心来自己学习，不再依赖我们了。”如今，我们已经将微课的开发与实践应用到了多个学科，多类课程，满足各种学生个性化学习的需求，充分培养了每一个学生的自学能力，让微课真正起到成就每一个学生的成长与个性发展的作用。

3. 畅游云端，各得其所

美术课，音乐课，科技课……都是学生们喜爱的科目课。可是，不变的学习环境，有限的学习资源，单一的学习方式，阻碍了学生探索知识的兴趣和能力，影响了学生获取知识的数量与质量。怎样才能突破这种局限呢？智慧的附小教师开启了“云端探秘”之旅。2012 年 5 月，附小成功申报“中国 IT 教育领域开展的数字化课堂教学实践项目”，成为上海市首批“基于 Aishool 平台下的课堂教学改革的实践与研究”项目，以及“创新实验室”项目的实验校。自项目启动以来，我们成立了研究团队，和校外公司的技术团队一起，研究开发优化教学效能的“云”课例。如：写作向来是语文教学的一大难题,怎么培养学生的写作兴趣和能力?如何让学生明白“写什么”“怎么写”?在区语文教研员的引领下,我们开展了以“阅读联动作文,技术提升效率”为主题的,借助信息技术和 iPad 进行写作指导,及时、便捷地学习、交流,提高了习作效率,让学生感受到写作的乐趣与魅力。

拓展型课程中,老师们精心挑选探究主题和“科学与技术”学科中有待开发的学习内容,开发了“云端探秘——科技类拓展型课程”,着力研究如何合理运用云技术手段,来优化课堂教学效能,改变师生教与学的方式。如《探访昆虫世界》课上的一幕:

“同学们,蜗牛、蝴蝶、蜈蚣,究竟哪个是昆虫呢?大家用电子投票来做出自己的选择吧!”教师借助云技术,通过 iPad 点击,使学生的投票统计变得一目了然。统计显示,学生对“什么是昆虫”有着较大的分歧。于是,教师引领学生带着问题找寻方法,借助平板电脑,通过课外阅读、网站推荐、网络搜索等方式自主学习。学生们兴趣盎然地走进了广阔的昆虫世界,津津有味地开始着昆虫探秘之旅。

五年来,我们研发的“云”课例共计三十多节,立足语文、数学、英语、科学与技术四个学科。每学期开发、建设若干教学内容,在市、区层面开设公开教学,积极参加全国信息化课堂教学比赛,形成相关论文、案例,并在市、区级刊物中发表,取得佳绩。借助云技术,学生获取了海量的学习资源,灵活畅快地搜集、推送、展示自己的学习进展、想法与成果;学生之间互相学习,互相点评,还按照各自的需求进行个性化练习,或巩固,或拓展,或提升;借助云技术,教师全方位了解了每个学生的学习状态与进程,轻松快捷地获得各种学习成效的数据,及时调整教学的步伐与节奏,开展各种个性化、针对性的当堂指导。

第三节 多彩纷呈的课堂文化

附小坚持“聚焦课改,打造智慧课堂”的课堂教学研究,在各类学科设计中始终关注学生的学习过程，践行以学论教、精讲精练、减负增效，以课堂催生师生智慧，培养智慧师生，建设新的课堂文化。

一、多种教学研究样态

我们倡导多种形式的课堂教学研究。“同课异构”“同课同构”，“一课多磨，一课多上”，从“和而不同”到“同而不和”，针对问题，出新招、实策，把“精、实、活”三字要求在课堂中落到实处。

我们推行多种类型的课堂教学方式。一是推门家常课，领导、学科组内进行常态下的听课；二是主题研究课，针对教研主题的抛砖引玉，互动研究；三是引领示范课，校内骨干、学科带头人的专业引领，突显教学的精益求精；四是区域交流课，区域间的异地教学，锤炼生成应变能力；五是开放汇报课，学校对外的专项展示活动，以及面向家长的课堂开放观摩日活动。通过推行“五课”，我们把“公开（课）如平时，平时如公开”的口号，转化为教师更有力的行动；夯实家常课，磨出精品课，挑战研究课，将课前精心设计、课中关注生成、课后反思跟进融于教师的常态教学之中，给教师们提供自砺修身，夯实功底的机会。

我们开展多种方式的教研活动。充分发挥每一个人的智慧，创设平等、合作、和谐的氛围，从主题入手，关注细节，关注过程，关注个性。

“教研组”教研。附小以教研组、备课组为单位，采用组长负责制积极开展教研活动，做到定时、定点、定人、定主题，通过多种形式的活动形成良好的教研氛围，研出实效。教研主题的确定要求先进、实在、丰富，贴近教师需求。例如：语文教研组围绕“如何细读教材，读懂文本”主题开展活动。从“读读、议议、练练、讲讲”四个环节出发，先由一个备课组合作，给大家读读关于这一主题的优秀论文，带领教师在读中思考、感悟。在读的基础上，教师自由发言，畅谈对学习资料感受；练练，就是指在互动交流的基础上，出示一篇文章，或以备课组为单位，或自由组合合作研读；最后到了“讲讲”的环节，每组派一名代表主讲，其他教师补充，再由主持本次学习活动的备课组代表及骨干教师作总结点评。通过这样的活动，教师们真正分享智慧的甘露,感受语文教学的魅力。

“智囊团”教研。附小推出“智囊团”教研的新体制,由校长担任团长,学科专家为顾问,区学科带头人、中学高级教师组成团队,有针对性地加强即时的过程性指导,执行“赏识、尊重、服务、提升”的理念,走入课堂听课,深入组内互研,了解教学状况,引导教师智慧实践。

“参与杯”教研。每学期,我们都举行“参与杯”课堂教学研究系列活动,迄今已举办了41届。在活动中,教师们针对一个教学专题、一个教学片段、一个学习问题进行研究、探讨,开展研究课、循环课、同课异构等课堂教学实践,活动中人人参与,个个学习。如第38届“参与杯”教研,我们围绕《小学低年段基于课程标准评价指南》开展了“五部曲”式的系列学习活动。第一部曲:每位教师就自己本学科的指南进行认真自学,做好一定的批注。第二部曲:分管教学校长从理念、框架、建议与案例等方面向全体教师作整体解读,分析现今学习评价存在的主要问题,指出当前学习评价的价值追求。第三部曲:以教研组为单位,结合学科特点开展大讨论。第四部曲:各学科积极参与实践,从单项练习设计,多样化作业设计,多元评价设计,双向细目表设计等方面入手,将学习与实践相结合。第五部曲:各学科围绕《小学低年段基于课程标准评价指南》,开展组内课堂研讨活动,制定自己学科的评价方案。“参与杯”教研是伴随附小人教学成长的良师益友,教师们学习着、思索着、实践着,不断发展。

“网络共享”教研。随着集体备课、学习资源建设等教研项目的数字化、常态化,教案、课件、练习等都成为了共享集体智慧的福利。我们力求实现“线上＋线下”的空间升级,“互动＋联动”的交流升级,“留痕＋热度”的评价升级。学校适时推行“协同备课、互动共赢”的教研模式,承担单元教案精备任务的教师,在平台上发布教案、课件、拓展学习资源后,在备课组活动中说课,组内成员倾听、思考,即时提出并在平台上在线批注自己的见解、建议。活动后,主备人“一键整合”大家的批注,归纳、整理、修改、定稿、执教、反思。最后,将汲取集体智慧的教案、课后随想再次发布,供教师们学习、应用。

多种形式的教研活动，让教师们在实践、讨论、反思中不断前行，归纳出许多课堂的教学智慧。

巧用“六大课堂智慧”

教师需要有充分的课前准备，丰富的知识储备，灵活应变的教学机智，适时引导启发的教学艺术等这些必要的“课堂智慧”，才能创建一个游刃有余的“智慧课堂”。

一是巧在“欲言又止”——留白，让学生有主动探求的机会。“留白”后学生的“喷发”，是他们智慧的闪光，知识的积淀，真情的流露。

二是贵在“一知半解”——存疑，让学生带着问号进课堂，带着更多的问题走出课堂，这样就能让学生保持好奇心和探索的欲望。

三是不妨“将错就错”——设误，让学生在自我尝试中学习，在错误中摸索，这样获得的知识比老师简单“告诉”的更有效。

四是乐于“袖手旁观”——点拨，相信学生学习的潜力和天赋，抓住激发学生兴趣、情感、想象的点击点，适当进行“点拨”，从而创造让学生积极参与学习全过程，充分发挥智慧的良机。

五是引导“火花碰撞”——争辩，这会使智慧的火花碰撞、交汇，思想驰骋四海，翱翔蓝天。学生的灵性、个性飞扬，争辩的过程是分析问题、解决问题能力提高的过程。

六是敢于“走向生活”——回归，知识本身没有意义，知识的意义体现在知识的应用之中。我国教育家陶行知认为，“教育要通过生活才能发出力量而成为真正的教育”。因此，智慧的课堂需要向生活世界回归，在知识与生活的融合中，既增长学生的智慧，同时也培养他们的情感、态度、价值观。

二、玩转“课前两分钟”

我们充分利用每节课前两分钟预备铃的时间，积极推行“快乐两分钟，我来秀一秀”活动。学生轮流走上讲台，向大家展示自己的见闻和才艺。如：语文课前说说名家名篇；品社课的两分钟小故事演讲，两分钟新闻汇报等；数学课的两分钟口算、两分钟推理分析等；英语课的两分钟情境对话、两分钟童谣诵读等；美术课前秀秀小制作；科技课前变变小魔术……学生们积极准备，展示精彩，激发潜能，锻炼胆量，充分感受多元学习的快乐。

【教学案例】

快乐两分钟，玩转数学王

作为班主任和数学老师的我，早在上学期就从我们数学组开发的“机灵号起航了”课程中寻找素材，并辅导学生进行了一番试点。我班孩子初步学会了扮演“两分钟”小老师的角色，他们对“快乐两分钟”的开展，比我这个老师更感兴趣。所以，这个学期，我在内容选择上开展了新一轮尝试。

“快乐两分钟”对于数学课堂是一种创新，首先它的内容一定要与数学有关，要对数学学科的学习起到推进、拓展、升华的作用。所以本学期，结合学生本学期教材内容和学校数学周活动内容，我设定了主题各异的“快乐两分钟”内容：

1. 运算定律大循环

复习学过的所有运算定律和性质，以及巧算的方法。

2. 小数点精算师

用抽卡片的方式，训练学生小数加减法和小数点移动。

3. 小小华罗庚打擂台

请班里的奥数能手每周出一道适合本年级学生做的奥数题，孩子们都可以上台应答，争做擂主。

4. 数独大王讲座

结合学校数学周，请班中玩数独比较出色的同学介绍数独的起源、发展、诀窍，并组织学校电视台小记者拍摄。

5. 数学笑话大串烧

结合“机灵号起航了”数学拓展课程的内容，请学生开展数学笑话探究活动，并开展“数学笑话大王”的评比。

6. 小迷糊大曝光

复习课的阶段，让学生纷纷列举错题，分析错因，既揭示了典型错误，还提供了复习的素材，一举多得。

以上这些板块，有的是配合教学进度开展，有的是围绕学校数学周的活动展开，还有的是专为数学方面有特长、有兴趣的同学开设。由于个别板块的内容比较特殊，我们安排的方式也有所不同。如：“小小华罗庚大擂台”是一周一题进行的，我们把它和“数学笑话大串烧”组合在一起，以缓解学生准备素材时间过短的问题。每天，数学课前的两分钟，成了孩子们最期待的环节。他们可以充分利用这两分钟的时间，自我主宰，自我发挥，自我展示。那缤纷的主题，丰富的内容，真正使两分钟成了“快乐的两分钟”。

“快乐两分钟”数学微课堂自开发与推行以来，深受学生们的欢迎。究其原因，主要是做到了“与‘时’俱进”，即与课时内容相结合，与学校活动相结合，与时代变化相结合，更与孩子的学习生活相结合。（张倩）

三、妙用课堂评价语言

德国教育家第斯多惠说：“教学艺术的本质不在于传授，而在于激励、唤醒和鼓舞。”课堂教学是情感、经验的交流、合作和碰撞的过程。在课堂教学中，教师的个性化、灵活、多样的评价语言，是激发学生个体潜能发挥的重要因素。教师在课堂上的即时评价对学生来说，是一种赏识、激励和人文关怀。因此，教师要及时把握和利用课堂动态生成因素，对学生发表的不同意见顺势引导，营造愉悦、宽松的学习气氛，给学生创造出一个认识自我、建立自信的良好空间，更好地激发学生对所学内容的浓厚兴趣。

如何运用课堂教学评价语言传递人文关怀？

一是关注课堂常规，使学生的认知过程更和谐。课堂上，教师要关注课堂常规，即关注学生的倾听、表达、尊重、专注等学习习惯的养成。在传授知识,提高学习有效性的同时,培养学生良好的学习习惯。智慧的课堂评价为良好的学习习惯的养成,优质高效的认知过程保驾护航。日积月累,好的学习习惯在智慧的课堂评价中悄然而成。例如:“你的表达特别清楚,让大家一听就懂!”

二是关注学习过程,使课堂的人际关系更和谐。课堂应该是实现人文关怀的最佳场所。在良好的课堂氛围中,智慧的评价关注观察、思考、提问、合作、坚持等学习的过程,能使课堂保持民主、平等、愉快和积极的气氛,能点拨学生的思维,萌发智慧的火花。课堂中和谐的师生关系能为学生构建一个安全的心理空间,保持学生的心理平衡。学生只有在内心上感到安全和自由了,才能轻松地进行课堂思考,敢于在学习过程中说出自己的独特见解和感悟。例如:“你很像一个小老师,不仅管好了自己,还把自己的小组也管理得很好!”“这是你们合作成功的果实,老师为这份成果而欢喜!更为你们积极参与的精神而叫好!”

三是关注启发引导,使课堂生成更和谐。真实的课堂教学过程,必然有生成。精彩的课堂评价语能与学生的心灵对接,有利于融洽和谐课堂氛围的创造,更有利于学生正确价值观、人生观以及良好学习习惯的养成。在课堂生成即时评价中,教师要重视充分显现学生的思维过程,鼓励质疑问难;及时收集反馈信息,调整教学过程;遵循学生的认知规律,顺着学生的思路组织教学过程,选择教学方法;重视学生自学能力,重视学法指导,调动学生在课堂上的紧张感和愉悦感,调节学习情绪,做一个善于把握课堂生成情境的人,传递人文关怀的人。例如:“你真聪明,用以前学过的知识解决了今天的难题!”

四是关注提醒劝诫,使师生角色更和谐。课堂教学的过程不可能一帆风顺,一些小插曲、小变奏会在不经意间从课堂的某个角落冒出来。这时,就需要教师充分关注学生的个性差异,发挥评价的激励作用,正向引导,呵护学生的自尊心和自信心。这时,也需要教师用真诚地劝诫,点燃学生的学习热情,融洽师生情感。例如:“你是聪明、可爱的孩子,把上课做小动作的毛病改掉,好吗?老师相信你!”

表 3-1　　　　智慧课堂评价表

评价类别	评价项目	评价要点（A 等）	评价等第			
			A	B	C	D
学生行为	学生乐学	＊情绪饱满，兴趣浓厚，主动参与				
		＊敢于质疑，勇于探究，乐于表达，积极体验				
	学生会学	＊运用适切的学习方法，正确、有效地掌握知识，提高能力				
		＊善于思考、质疑、表达，能综合地运用所学的知识和方法				
		＊善于合作，师生间，生生间能平等交流，积极讨论，互相协作，气氛融洽				
		＊不同层次的学生都能在原有基础上获得知识、情感与能力等方面的进步和发展				
		＊具有良好的学习习惯				
教师行为	教学目标	＊能依据课程标准正确、合理地制定教学目标，有机整合三维目标。教学目标的达成具有全面性和一致性				
	教学过程	＊合理组织教学环节，有条理，有层次；合理分配教学时间，为学生提供充分的自主学习的时间				
		＊合理借助丰富的学习资源，具有针对性、开放性				
		＊关注学习方法的指导，具有准确性、针对性，培养学生的学习能力				
		＊精心设计问题，具有启发性、逻辑性；精心设计练习，关注差异，注重过程性指导				
	教师素养	＊能平等、民主、尊重、关爱学生；语言准确、清晰、生动，富有启发性、激励性；板书工整、合理、美观				
综合评价						
A（　　） B（　　） C（　　） D（　　）						

智慧评价,有爱,有法,但无定法,洋溢人文关怀。智慧的课堂评价,分享师生共同的情感体验,感受生命课堂不可预约的精彩。与此同时,我们实施教学流程管理,确立智慧课堂评价标准,使其最大限度地体现学生的主体性,体现课堂的创生性,体现师生的创造性,“成就每一个”,让智慧之泉流淌校园。

【管理案例】

提升快乐指数　打造智慧课堂

学生在校7小时,一天三分之二左右的时间在课堂。为此,我们响亮地提出“提升快乐指数,打造智慧课堂”的口号,落实“减负增效”。

提升课堂快乐指数,指向的是教师关注课堂上学生学习兴趣的激发,浓厚情感的培育,良好习惯的培养;体现的是学生开心地走进课堂,智慧地学习知识,快乐地走出课堂,愉悦地收获知识。基于这样的认识,我们创新地开展了以“智慧课堂我做主”为主题的课堂教学评比活动。具体做法如下:

一、日评会——智慧五分钟,日日我做主

提升快乐指数,打造有效课堂,关键在常态,即提高每节家常课的有效性。　周一至周五每天放学前的五分钟,是孩子们最快乐的时光,也是他们最有发言权的时刻。班主任老师组织学生开展“智慧课堂我做主”评比会,每个学生综合一天的学习情况,将“智慧笑脸”贴到自己认为“快乐、智慧的课”内。

每周五中午,教导处归总各班评价表,一是汇总每班每课快乐指数,指数前3位的课被评为本周某班“智慧课堂”;二是通过口头采访、“快乐心语卡”留言、跟踪拍摄课堂教学片断等多种形式,深入了解学生在课堂上快乐或不快乐的原因,引导教师反思、分析自己的课堂受学生喜欢或不喜欢的原因。

二、月评会——智慧50分，笑谈你我他

教导处在认真汇总、科学分析的基础上，每月月末的教工学习会上开展“智慧50分”月评会。虽然只有短短50分钟，但内容丰富多彩，交流充满智慧。

智慧序曲：欢乐的序曲声中，当月“智慧教师”闪亮登场，发表简短感言。

智慧话筒：“智慧话筒”环节拉开了序幕，在看看、听听、想想中，教师们的认识进一步深化，思维进而碰撞。

镜头回放：

“录像采访”解析式

生1：王老师上课很幽默，很风趣的，他在课堂上会给我们开一个小玩笑，说一句好笑的话，一下子让我们轻松了许多，真是快乐无比。

师：站在课堂里，我告诉自己要充满人格魅力，把孩子当朋友，把课堂当小家，以我的幽默、大度、智慧来吸引孩子，生成快乐。

主持人：看来，人格魅力指数高的老师，他的课堂快乐指数也会一路攀升，和谐的师生关系是智慧课堂的润滑剂。

“教学片断”赏析式

（先播放二年级语文《神秘的恐龙》课堂教学片断，课后即兴采访学生、教师。）

生1：张老师见多识广，知道的事儿可多了。上课时，我连气都不敢喘，恐怕听漏掉一点。

生2：我们张老师最行了，她知道许多关于恐龙的知识，太牛了！

师：每每到了课堂，我总有捉襟见肘之感，感叹啊：“学得少，太少！”我努力让读书成为生活的一部分，广读、深读、悦读悦乐。今天我尝到了读书的甜头，明天我还将一读再读，读出积淀，读出文化，成为博古通今、博学广闻的好老师。

主持人：唯有自身业务精湛、文化积淀深厚的老师才能智慧地驾驭课堂，让学生感受到学习是如此的快乐。

“智慧心语”留言式

生:我觉得上倪老师的“科学与技术”课是最开心的,倪老师带我们挖蚯蚓、养小蝌蚪、种小树苗……太棒了!

师:让孩子们走进自然,生动地感知、体会,这样,他才能把眼睛里的东西转化成内心和思维语言的东西,才能充满智慧。

主持人:课堂上学生的智慧缘于一个“动”字,小手、小嘴、小脑、小脚……都动起来了,那我们的孩子怎么会不快乐呢?

“学生、教师、主持人”,三位一体,快乐的音符在智慧话语、鲜活总结中奏响,“减负增效”的研究在和谐交流、互动共享中深化。

智慧宝镜:教导处把当月“智慧指数”较低的课上出现的问题形成案例,归类晒出。教师们以开放、学习、提升的心态面对问题,取出“智慧宝镜”照照自己,照照他人,畅谈认识,寻找对策,提出方案,互动求进。智慧的源泉在照亮“宝镜”中、在真诚学习与解决问题里流淌。

智慧宣言:“智慧宣言”正式开讲了。教师踊跃参与,用简要精辟的语言阐述提升课堂智慧指数的行动策略。你讲备课,我讲资源利用,他讲练习设计……智慧之花处处盛开。

三、期评会——智慧“五颗星”,课堂亮晶晶

期末,学校汇总每月每班评比情况,充分听取学生、家长、教研组长、教师意见和建议,评选出五位教师,当选学期课堂“智慧之星”。在全校师生大会上,颁发荣誉证书,并与期末教师奖励、评优挂钩,从精神、物质两方面加以肯定和鼓励。评优教师总结经验,撰写论文,在学校召开的主题研讨会上发言交流,分享经验,树立榜样。

“提高快乐指数,打造智慧课堂”,这一创新的实践,使附小课堂的智慧指

数节节攀升,更让每一位教师深深地体会到:在各自的学科教学中始终关注的是学生的学习过程,践行“以学论教”,以课堂催生师生智慧,培养智慧师生,建设新的课堂文化。(朱密华)

【经验交流】

创智云课堂，慧助新发展

附小长期以来积极推进课程改革与实践，乐于探索教育教学的新问题新思考，尤其是近几年以项目为引领，充分应用现代信息技术，转变课堂教与学方式，努力用智慧走一条具有附小特色的信息化课堂发展之路。

在各级领导的关心、指导下，目前，学校共承担了"国际合作数字化环境下科学课的教与学探索实验"等4个教育信息化项目的研究。我们清晰地认识到，人的发展与改变是开展项目研究的实质根本，技术是为教育教学服务，是教育教学需要技术，而不是将技术强加给教育教学实践；所以"着眼于教师的专业自觉，着力于学生的主动成长"成为项目研究的发展理念，各项目间互为整合，互为推动，将适应、适度、适切作为基准来展开。下面以我校参与区域试点的"创智云课堂"项目为例，谈谈我们的实践与思考。

一、智行于规范管理

学校成立项目建设研究团队，采用"专家引领——团队合作——个体行动"三结合的实施形式，聘请市、区相关学科专家担任"智囊团"顾问，从规划设计、专项培训到内容安排、课堂实践全程指导，让项目研究、教师发展得到了强有力的理论、实践支撑。

学校以语文、数学、英语和科学与技术作为试点学科，遵循"五个一"的工作思路，即：

组织一系列培训——更新观念、锤炼基本功、提升专业化能力，成为培训的重要内容，创造深入学习、互相交流、深层了解、智慧碰撞的教师学习平台；

形成一份方案书——根据项目计划，结合学科特点，深入学习，形成一份科学、合理，具有校本特点的项目实践方案，指导后续研究；

选择一个实验班——在相应年级设置实验班,对该班学生的学习过程、发展变化做即时、客观、全面的观察与分析,为项目研究提供科学的数据及实例分析;

组成一支研究队——充分调动四个学科教研组及每位教师的研究能动性,通过自主报名,组内讨论,组成集热情、智慧于一体的研究团队;

构建一个资源库——每门学科研究团队建设一个资源库,分门别类、及时保存过程性研究资料,为项目总结、调整改进等提供文字、数据资源。

科学组织、规范管理,为项目的可持续发展奠定了良好的基础。

二、智行于个性实践

为使项目实践取得高效,我们把思路定位在"一科一主题"上,即四个学科根据课程标准要求,学科知识特点,学生实际学情,云技术应用领域等分别确立一个研究主题,一学科一个主要研究点,重拳出击,重点突破,个性实践,从而确保研究的实、深、精。

语文——巧用云技术,模仿课文例段,写好起步作文。

数学——几何探秘,引导学生在观察、操作、猜测、思考、修正的过程中逐步丰富空间观念,高层次数学思维能力得到一定程度的发展。

英语——单元化主题式拓展阅读。在一个单元的学习结束后,教师着眼于学生个体在智力、能力等方面的差异,围绕本单元学习主题和内容,设计相关的拓展阅读活动,让每一个学生得到最大限度的发展。

科学与技术——学科知识数字应用,碎片化整理。统筹教材内容,拣选适用于数字化应用的素材,提高学习效率。

例如:三年级是习作的起步阶段,不少学生感到无内容写、不会写,看到写作有惧怕感。如何改变现状,让学生爱写作,主动写,写得好?教师们基于课程标准,紧紧围绕教材内容,挖掘、梳理、整合适合学生仿写的语段,制作丰富的信息化教学资源,设计丰富、多元、有意义的习作活动,让小小云课堂成为孩子们自主学习、快乐发展的习作乐园。以"模仿课文例段,把内容写具体"这一课为例,在复习引入环节,学生自主赏读教师事先搜集、归类的课文材料,尝试总结写法,形成正确认识;自主学习让孩子们真切地感受到“我能写”。在确定写作素材、明确写作内容环节，教师提供丰富的文字、图片、视频及网站资源，学生在广阔、新奇、有趣的写作时空中尽情、自由地穿梭，寻找自己想写的，多角度观察写作的对象，写作的欲望萌发了，思维的闸门打开了，写作的思路拓宽了，自主学习让孩子们深刻地体会到“我会写”。在交流评价环节，学生既可以及时阅读他人的习作，相互点评、修改，又可以便捷地知晓教师对自己作品的成绩评定及改进建议，认识自己，明确优势，知道不足，积极改进；自主学习让孩子实在地感悟到“写得好”。我们欣喜地发现孩子们的“恐写症”慢慢地消失了，一篇篇充满真情、童趣、新意的习作从他们笔下诞生，云技术赋予了习作以新体验，新收获，新创造！

“一科一主题”式的个性化实践，使教师明确了目标，清晰了思路，抓住了重点，给现有课堂注入了主动、愉悦、轻松、高效的清泉，迸发了学生的创新活力和学力，实实在在地促进了每一个孩子乐学、会学、学好！

近两年的项目实践，促进了师生的发展。通过问卷调查，我们欣喜地看到有97%的学生喜爱云课堂；经过课堂观察，我们发现学生参与度高，思维活跃，好求新求异，学习成效高。在上海市中小学生学业质量绿色指标检测中，学生在学习自信心、学习方式、高层次思维能力发展等项目上的指数均高于同类学校或区域平均水平。我们也高兴地看到教师实现了“三个逐渐转向”式的成长，即教师的理念逐渐从尊重文本的逻辑转向尊重孩子的认知规律及经验，教学设计逐渐从确定性转向确定性与不确定性的整合，课堂教学逐渐从控制转向交互，这样的转向带来的是课堂的开放，思维方式的变化，教学效率的提高，专业能力的提升。据统计，教师在各级各类层面作公开交流达36节次，充分发挥了交流、辐射作用。4位教师分别荣获全国信息化课堂教学大赛三个一等奖、一个二等奖。湖南卫视、《杨浦教育时报》等媒体对学校该项目建设成果进行了专题报道。

在这一项目建设如火如荼开展的同时，学校其他三个项目的实践也有条不紊地进行着，尤其是微课程和翻转课堂实践项目的建设，更是起步快，力度大。我们成为了华东师范大学C20慕课联盟校，一批骨干教师勇于尝试,一个个具有较高质量的微视频从教师手中诞生。例如,数学组教师梳理教材,整理知识点,选择需要并适合的内容,分工协作制作微视频,然后上传至学校专网供学生们预习。学生们通过自主预习对新授知识有了初步的认识,学习过程充满个性化,他们可以按照自己的学习节奏、方式,把握学习的进程。如果忘记了之前学习的内容,他们还可以重温视频,第二天带着学习的自信来到课堂,与伙伴们分享学习收获,向教师提出学习疑惑,课堂变成教师与学生、学生与学生之间互动的场所;课堂给学生带来更多的学习自由和自主,也对教师的教学提出了挑战。新学期数学组教师们在小试牛刀,初尝甘果的基础上,准备以一至五年级几何知识为梳理点,系列化、结构化设计制作微视频,进一步提升资源的实用价值,激发学生求知欲。

三、智行于思考总结

大数据时代的信息化课堂教学是一个充满激情、挑战和智慧的课题,附小紧扣时代脉搏,抓住机遇,用心思考,智慧实践,取得了一定的成效。但信息的发展瞬息万变,课堂的创新刻不容缓,学生的成长只争朝夕,为校为师责任重大,我们必须不断思考。

1. 进一步加强培训,锤炼师能,提升素养。我们要不断丰富培训内容的时代性,方法的人文性,途径的多样性,扩展教师最优化的视野,增强最优化的能力,促进教师专业素养新提升,引导教师进一步转变教学职能,从讲课者转变为设计者、组织者、帮助者与指导者,真正体现学生才是课堂主人的课程理念。

2. 进一步总结经验,优化实践,整体推进。目前各项目虽都已起步实践,但进度、力度、效度是各有差异的,我们要进一步梳理总结,深入反思,提炼经验,制定改进措施,注重实践策略及整体推进,努力让更多的科目、课堂迸发创新活力,让每一个学生受益、成长,实现学校新发展。

加强教育信息化,实现教育高效能,附小人将在区教育局、区信息中心和各位同仁的指导和帮助下不断研究实践,真正促进教与学方式的变革,从而适应未来,赢得未来!(本文交流于2014年度区暑期党政办班大会)

向导师、同行学习，汲取经验

第四章 智慧教师：发展每一个

教师是学生成长的引路人。学校培养的智慧教师可亲、可信、可敬、可学，热爱每一个学生，了解每一个学生，智慧地教育每一个学生。

承诺仪式，牢记附小教师誓言

附小有着一群“可亲、可信、可敬、可学”的教师，他们要求上进，工作认真，但随着社会的发展，教师的工作越来越不易，建设教师专业发展之路对于学校来说，就显得尤为重要。我们用制度的完善和教师们一起画下教育的梦想；我们用文化的浸润与教师们一起追梦；我们用实践培训和教师们一起圆梦；我们用个性培养点燃教师满腔的热情和澎湃的激情，一起践行我们的职业理想，用我们的梦想去引导学生创造更多的梦想成真。我们希望，附小的每一位教师都在教育教学中享受成长的价值感和幸福感。

第一节　在完善制度中明确责任

“没有规矩，不成方圆。”然而，无论是什么制度，不能只是冷冰冰的条例，不能只是一张写满条条框框的白纸黑字，而应该是融入了情，渗透了爱的规范与指导。学校的制度更应让教师感知为师责任，引领教师成长，提升教师幸福感、价值感。

我们高度重视校内制度建设，编写了《治校之规，办学之章》一书，制定了《教师专业发展管理制度》《教师业务进修管理及考核要求》《骨干教师工作职责和管理条例》《带教工作管理制度》等新规定、新要求，使制度的内容与时俱进，更好地促进教师成长符合教育发展的需求。在制度中彰显学校的办学理念，一次次融入教师们的眼中、口中和心中，如春风化雨，润物无声。

一、制度建设，与时俱进

教师是一个个具有鲜活生命、独立人格和不断发展的人。每个人都有正能量，也有负能量，学校的制度建设，就是为了培育一方沃土，给教师指出正确的方向，列出不可触碰的红线，不可逾越的底线，让教师不断彰显自我的正能量。

我们编写了《附小教师十智行》。《十智行》用朗朗上口的诗句，从师德师风、教学常规、师生关系、家校沟通、文明礼仪等方面阐述了附小教师应有的风范；编写了《附小一日工作流程》，以一天的时间为轴，列出了每一时间段，教师应该做什么，不能做什么，具体而详实，操作性很强。每一位新加入附小的教师，手拿《一日工作流程》，就能明确要求，以最快的速度浸入学校的教育教学之中。

随着时代的发展，新情况、新问题超出了《十智行》的内容，学校制度需要更新和完善。于是，我们梳理新情况、新问题，归纳提炼了附小的要求，《师德师风十准则》应运而生。《十准则》把"学生利益高于一切"放在了第一条，那是告诉教师，无论再累再忙再辛苦，不能忘了初心，我们的累，我们的忙，我们的苦，是为了什么？是为了学生。

就拿"快乐民俗游，六一创智行"系列活动来说，筹备活动前，学校上下征求意见，思考：我们为什么要开展这一活动？为了让每一个学生童年留下幸福、难忘的回忆，为了展示学校智慧树课程建设的成果，我们必须要开展。全校上下达成共识后，教师们有了目标，工作有了动力。正是有了为人师者的责任，从筹备、排练到活动进行，教师们忙碌着，辛苦着……活动在高歌声中结束。同样，每一次活动后的总结、反思也是非常重要的。学校将教师撰写的"六一"感言撷取精华后，发布在校园网上，一句句感人质朴的话语，一段段情真意切的文字，分享着大家的智慧和幸福。

有的教师这样说：我自豪，我是小学教师。虽然有人说小学教师的贬义之一——爱攀比。但我想：在这次筹备工作中，我们附小的教师，把"爱攀比"发挥到了极致，并毫不愧色地说：我们已把"爱攀比"变成了"爱上进"。每位教师使出浑身解数，把教室、学生和自己打扮得尽善尽美。我们用自己的奉献，彻底颠覆了"小学教师爱攀比"的认识。我们此次超能量的呈现，是因为我们小学教师身上，都有一股强烈的责任感。它能给予我们超强的力量，使一切皆有可能。我自豪，我是小学教师。

也有老师这样写道：累！怎一个累字能概括！忙碌的五月，流行在附小的一句问候语：悠着点！可是嘴上管嘴上说，手上管手上做，虽然已经很累，但还是一个劲地忙着，因为心里都明白，大家都一样，每个人身上扛一点，才能继续往前走！彼此间话语少了，微笑多了，因为心里都渴望着鼓励和支持。

更有老师这样感慨：作为一名教师实在是一种福。可以过上好久好久的“六一”儿童节，可以看到好多好多遍孩子们开心的笑颜。看那张张笑脸粉脸嘟嘟，那一双双眼眸闪亮，天底下最美的瞬间就在那刻，最大的犒劳就是看到那一瞬的快乐，体会到久久的欣慰。本次“六一”儿童节实在盛大与成功，这么多盛大与成功里面，我是其中的一分子，体会到的是骄傲，而在整个期间实实在在体会到的很多焦虑和压力，最终化作了五彩的烟火。

教师们感受着附小大家庭的温暖，感叹着辛苦付出后带来的甘甜，更展望着附小美好的未来。

《十准则》把“响应是个人价值的体现”也纳入了其中，这是在告诉教师，身为团队中的一员，学校好，团队好，教师个人才好，教师要为同伴喝彩，为自己加油。现在学校方方面面的工作很多，没有团队成员的共同参与，没有大家的共同付出，根本无法完成，更无法谈出色完成了。教师的身体素质、生活环境也日益复杂，有时想偷懒、想逃避很正常，但他必须摆正自己在团队中的位置，学会适时出力、加油、喝彩；有了大家的响应，教师的个人价值才会体现，教师们成长了，学校也得到了发展。

与此同时，我们建立了一系列的培训、选拔、监控、激励机制，如全员研训机制、分层培训机制、教学流程管理“五控”机制、优秀组室评比机制、青年教师教育教学技能评比机制、教学反思制等。我们把这些制度作为常态下的工作序列，也把这些制度内化为教师的工作任务，从而形成良性的工作机制，为智慧团队的打造夯实了根基。

总而言之，附小所有制度的出台，立足于校情、立足于师情，就不会成为“无源之水，无本之木”，才能走入教师的心田，引领教师的成长，才能制定规范，超越规范。

【家园守则】

师德师风十准则

第一条　学生利益高于一切

只要是有利于学生健康、快乐、智慧成长的事情，再苦再累再难，我们也要去做。

第二条　团队至高无上

学校是全体教师的生存平台。认同学校的办学理念、校园文化，心怀敬畏之心、大局意识。

第三条　响应是个人价值的最佳体现

个人价值的体现建立在团队对你的需要程度上！第一时间做出积极响应，这是附小人应有的格局。

第四条　主动就是效率

主动的人是最聪明的人，是团队中最好的伙伴。在困难的时候能够帮助我们的，是主动而不是运气。

第五条　规范是一种精神

先有规再有范。自觉、自律地融入规范，执行规范，规范就成了习惯，铸就了精神。

第六条　培训是最好的福利

培训要有正能量的会风，准时签到，认真记录，积极互动，不断积淀，反思实践，智慧成长。

第七条　沟通能消除一切障碍

有事先沟通，解决问题前先解决情绪，找准沟通的场所和时机，沟通中求大同存小异。

第八条　微笑快乐每一天

人生自古顺逆交替，用微笑来面对人和事。听得进批评，稳得了情绪，传播正能量。

第九条　赏心悦目靠大家

打扫的过程，就是处理、选择、扬弃的过程。清空、整理、美化周围的环境。

第十条　言行得体重形象

穿得体衣，做得体事，说得体话，附小的教师必须由内而外彰显附小的品味和高度。

二、职工大会，以师为本

教职工大会是教师参与教育教学管理，当家做主的重要途径，同时又是增强学校凝聚力和战斗力的载体。自从2006年附小恢复校名以来，我们经常这样问自己：我们的教师需要知道什么？了解什么？职工大会的最终目的又是为了什么？我们广泛倾听，走近教师，了解附小教师的心声：教师需要自我发展的机遇，期望在附小这个大“舞台”上，学有所用，施展才华，体现自我价值；生活中需要得到身心的关怀，工作中需要有主人翁的地位，能够被温暖、被重视、被关注。

学校工作的前提是读懂教师。于是，我们围绕学校中心工作，根据教育教学改革的要求，精心策划教代会的主题：“附小，让生活更美好”“从规范走向智慧”等等，也根据教师队伍发展面临的瓶颈，拟定职工大会的主题：“智为人师，慧行成长”“文化引领学校未来”“课程因你而精彩”“打造学习共同体，乐做智慧附小人”……

看到“课程因你而精彩”这个主题，一定能知道新一轮的课程改革的浪潮汹涌而来，需要全体教师的参与与投入；看到“打造学习共同体，乐做智慧附小人”这一主题，就会想到教师的发展、学校的发展靠某个人是不行的，“一枝独秀不是春”，需要整个团队的共同努力，共同成长，“万紫千红春满园”，让教师成为学校的主人，成为学校发展的主体。

为了让职工大会开得有质量，激发教师们的智慧，学校开展了最佳提案奖的评选活动，从提案的格式、内容、主题三个方面列出了具体的评选要求，激发了代表和全体教师参政议政的积极性。我们实施了提案申请制度，提案经过申请，审核，合并后，才能正式成为提案，并纳入绩效考核之中。

为了让职工大会开得有深度，我们创新了讨论形式，增加了学科组的讨论，这样一来，年级组、学科组双组讨论机制，让讨论更充分、更有针对性。教师们在年级组讨论、学科组交流中畅所欲言，一起讨论了学校《绩效工资实施方案》《绩效工资考核方案》《学校五年发展规划》《办学之规，治校之章》补充条例、《智慧树课程实施方案》等相关内容，为学校的管理、教师和学生的发展出谋划策。提案的质量不断提高，教师们对自己的发展、学校的未来等想得更深，做得更实。

为了让职工大会开得有成效，我们确立"公开、公平、公正"的管理策略，"合法、合理、合情"的管理方式，延长了闭幕式的时间，让教师们有时间酝酿完善提案，更让我们有时间对于提案进行汇总讨论，群策群力对这次的提案给予答复与落实，从而建立温暖、悦纳的校园环境，营造和谐、民主的校园文化，促进师生、学校的共同发展，提升教师的幸福感、价值感和归属感。

职工大会引发了一场头脑风暴，职工大会焕发出活力，展现其魅力。职工大会一方面渗透学校的办学理念，传递学校领导的真心真情，普洒人文关怀的雨露，另一方面让教师们感受到学校领导对自己的重视和温暖，激发了教师工作的热情，点燃了教师参与任务的兴趣，换来了教师全身心的投入，使得学校上下一心并精细化应对各项工作，追求工作效益的最大化。

【新闻稿】

明标准、智行动、乐成长

——附小三届六次教代会开幕记

2015年1月31日上午，附小全体教师围绕"明标准、智行动、乐成长"

召开了第三届第六次教代会开幕式。教代会主题明确,深入人心。

本次教代会首先由工会主席张老师向全体教师汇报了三届五次教代会提案达成的情况。

然后,蒯校长向全体老师作了一个"明标准、智行动、乐成长"的报告。报告分三部分:

一、明标准。教师要明确选择了教师就选择了奉献,选择了高尚,要明确教师职业自己师德、师风、师能的要求;身为杨浦教师,要明确区域对教师的要求,要善于学习,善于反思,不断提升专业素养;身为附小教师,要明确附小对教师要求,牢记附小教师的誓言——关爱每一位学生是我们的天职,成就每一位学生是我们的荣耀。

二、智行动。首先要思考我是谁?我在哪里?我要到哪里去?我应该怎样做?在思考中找到自己的位置,确立发展的发现;其次,研究课堂,研究学生,了解家长。在与家长沟通中用心、用情、用智慧。

三、乐成长。无论成为哪个发展阶段的教师都必须成长,在教育教学岗位上辛勤耕耘的同时快乐成长,分享合作,与团队共成长,在成长中享受价值感、幸福感。

接着,杨校长作了"智行教学 慧注评价"的专题报告,从目标引领、规范实施、提升师能、智慧管理、项目创新、且行且思六大方面,对学校目前的课堂教学、课程建设做了总结汇报,并就备课、练习、辅导做了重点解读,赋予了新时期下,基于课程标准,立足校情、师情、生情的具体举措,为新学期的教学指明了方向。

下午,全体教师就本次教代会的主题进行分年级组讨论。讨论会上,老师们畅所欲言,纷纷发表自己的体会与收获,怎样做一名"明标准、智行动、乐成长"的教师将是附小人 2015 年的奋斗目标。老师们,让我们共同努力吧!

三、个人规划,成长引领

再好的制度、再完美的制度,如果没有落实,就是最糟糕的制度。附小五年发展规划讨论确定后，并不是把规划高高挂在墙上，而是落实在每一年度的工作中。2011 年新年初始，为了推动学校新一轮的发展，附小拟定了年度八大实事工程。为了让这八大实事更贴近教师，全场教师分年级组就八大实事的适切性、操作性展开了讨论，大家对贯彻落实学校的八大实事提出了合理的建议和想法。学期过半，学期结束时，各部门都对这八大实事的进程和开展情况做了述职，教师们成了学校民主管理真正的主人，大家深深明白：学校发展好，就是自己发展好；自己发展好，学生发展好，才是学校发展好！

学校的制度再好，教师个人没有规划，不能自我管理，教师发展之路也无法前行。适逢学校制订了“十二五”发展规划，因此，我们提出每位教师要根据学校的目标规划，制订个人发展规划。为了能让规划制定得更切实可行，我们在形式上采取了：讲座指导——典型交流（邀请了三个层面、不同学科的教师代表交流：区学科带头人、校级骨干、发展初期教师）——全员制订——评比再交流修改。在内容上，我们听取了教师的建议，保留了个人规划的总目标，增设了“个人发展愿景”，调整了“分阶段目标”，使规划更有方向感、操作性。

随着“十三五”的到来，市区校“十三五”发展规划的出台，教师个人发展规划的制订也势在必行，还是按照原先的规划模板制订规划吗？在全体教师展开讨论、个人全面总结的基础上，我们根据教育部颁发的《小学教师专业标准》，根据当前教育改革形势和要求，重新拟定了教师个人规划的模板，增加了综合素养、专业能力、课程建设、个人四大特色，要求教师从职业理解与认识、对小学生的态度与行为、教育教学的态度与行为、个人修养与行为、专业知识和能力、课程开发、课程实施等方面规划个人的发展，并在年末在达成标志一栏中进行总结反馈。

在新一轮的教师个人规划中，我们还增加了个人特色一栏，也就是要求教师从专业技术、班级管理、职务职责、兴趣爱好等方面规划好具体工作，这一内容既包含了教师在学校要履行的各项任务要求，又包含了教师自身的特色和亮点，帮助教师自我规划，自我管理。

【个人规划模版】

附小教师个人发展五年规划

<table>
<tr><td>姓名</td><td></td><td>学科</td><td></td><td>目前发展阶段</td><td></td><td>职务</td><td></td></tr>
<tr><td>现状分析</td><td colspan="7">个人优势：
存在问题：</td></tr>
<tr><td>总体目标</td><td colspan="7"></td></tr>
<tr><td>教育格言</td><td colspan="7"></td></tr>
<tr><td colspan="8">阶段达成目标与措施（第一年）</td></tr>
<tr><td>主要内容</td><td colspan="2">达成目标</td><td colspan="2">具体措施
（具操作性）</td><td colspan="3">达成标志
（在本年度结束
以具体数据或成果呈现）</td></tr>
<tr><td>综合素养（职业理解与认识，对小学生的态度与行为、教育教学的态度与行为、个人修养与行为等）</td><td colspan="2"></td><td colspan="2"></td><td colspan="3">（附相关考评数据、获奖荣誉等）</td></tr>
<tr><td>专业能力（本体知识、命题、实验、育德、心理辅导、信息技术等知识和能力）</td><td colspan="2"></td><td colspan="2"></td><td colspan="3">（附：公开教学证明或教案、教学反思、获奖荣誉等）</td></tr>
<tr><td>课程建设（课程开发、课程实施等）</td><td colspan="2"></td><td colspan="2"></td><td colspan="3">（附：课程方案、案例反思或获奖荣誉等）</td></tr>
<tr><td>教育科研（课题研究、项目参与、论文撰写等）</td><td colspan="2"></td><td colspan="2"></td><td colspan="3">（附：开题报告、中期总结或论文总结等）</td></tr>
<tr><td>个人特色（专业技术、班级管理、职务职责、兴趣爱好等）</td><td colspan="2"></td><td colspan="2"></td><td colspan="3">（附：带教成绩、公开讲座证明、活动方案、荣誉证明等）</td></tr>
</table>

第二节　在文化浸润中提升境界

从学校层面讲，“文化”是这所学校几十年来形成的习惯和氛围。一直以来，附小的校园文化，就是学习的文化，在学习过程中形成共同的愿景，在学习中自主管理，在学习中实现个人与工作的真正融合，教师们享受学习带来的快乐与幸福，使教师面对机遇与挑战的时候能够迎难而上，使教师们自主管理，自我净化，不断成长。

一、引水入田，开拓视野

“海纳百川，成就其宽广。”成就教师宽广的胸怀和眼界，我们定时定期邀请市区专家来校，举办系列讲座，教师们从师德师风、人文素养、教育领域、信息技术等多方面学习，汲取养料的同时，认同学校的办学理念，并形成共同的愿景。

1. 人文素养，滋养身心

全国首届教育楷模于漪老师为附小教师作了以“为了每一孩子的健康成长”为主题的专题报告，附小人回到附小再次聆听于漪校长的谆谆教诲，心潮澎湃。“品语言之美，读人生百味”给诵读打开了另外一扇窗，用声音画画，原来书可以这样读，读出韵味、催出眼泪。“从传统文化中汲取精神的养料”让我们看到了传统文化中的智慧，提升了对人生的认识。“良好家风育后代”的专题讲座对学校进一步开展以“识家训，寻家谱、讲家风故事”为主旋律的暑假德育探究活动起到了指导作用……多元的专题讲座，拓宽教师的视野，陶冶教师的道德情操，引领教师的人文历练，从而滋养教师身心。

2. 专业素养，更新理念

时代在不断前进，教师的专业素养需要不断更新，不断提升。“基于课程标准的教学”站在了教改的最前沿，让全体教师对给予课程标准这一概念进行了进一步思考，促进教师进一步转变观念，优化课堂。“回归本原，提升品质——对教学转型的思考"引发了一场头脑风暴,如何转型,怎么转型,教师们审视自己的课堂,思考着,实践着。"基于课程标准的教学"和"基于课程标准的评价"由点到面,深度解读了当前形势下的课程标准;举例分析了学生情况和教材;指明学习评价的核心要点。参加了"未来学校变革培训"的系列教育培训,让大家看到了教育的信息化,教育的未来。每个人都这样憧憬着这样的教育未来。一个个提升专业素养的讲座,把握好时代的脉搏,帮助教师们更新教育教学理念,树立符合新课标的教育观念,完善知识结构,在教育的广阔天空绽放出新时期的光彩。

3. 修身养性,开拓眼界

十年来,走进附小的专家很多很多,让教师感受教育的精彩,不仅如此,我们还让教师走下讲台,走出学校,组织教师参观了上海许多的文化场馆和各类学校。教师们在参观活动中放松了身心,增长了见识,提升了境界:3D首尔艺术馆,立体魔幻摄影,让生活充满了情趣;走进梅塞德斯奔驰中心,开展插花培训,提升教师的审美能力、动手能力,只有热爱了生活的教师,富有生活情趣的教师,才能去爱学生,才能培育充满爱的学生。特别是在学校面临拆迁重建工作之际,组织参观了不少有特色有亮点的学校,附小的老师在参观的过程中,用自己智慧的双眼去发现,用相机记录了一个个能为附小建设出谋划策的金点子,思考着附小的未来,满怀着憧憬与期待。

一个个鲜活的例子,一次次生动的体验,教师们思考着在当今的社会下应该如何成为一个智慧的教师,把努力工作的愿望化为能够做一名学生喜爱、家长信任、同行肯定的教师的愿景,让学生在我们的智慧教育下能够健康、快乐、智慧地成长!

二、品荐经典,润泽心田

文化浸润仅仅靠外在的影响,其效果是小之又小的,只有靠内在的驱动,才能起到事半功倍的效果。如何内在驱动,那就是读书。让读书成为教师的一种习惯,一种责任,一种情怀,一种追求。在读书中明理见心知性,在学习中明辨是非、通达世事,在读书与学习中,锤炼锲而不舍奋发进取的精神，克服职业倦怠。

我们重视创建“书香校园”的氛围，创设“餐厅文化”，版面栏目有：“好书推荐”、“阅读感言”、“心灵鸡汤”、“月月寿星”。每年的假期都会由支部开出书单，给教师们提供必读和选读书目，推荐“影响教师的100本书”给全体教师，以教研组为单位结合教改课题进行购书，在假期开展阅读，在新学期中结合践行研究，让阅读润泽教师的心灵，让教研促动科研，提升教师专业发展水平。

阅读于丹的《论语》，我们领悟人生的哲理；阅读《窗边的小豆豆》，我们感受润物细无声的教育境界；阅读《心灵鸡汤》，我们洗涤心灵的浮躁和不安；品味书香，我们的情感在碰撞，我们的语言在交融，我们的心灵走得更近了。阅读于漪老师的《岁月如歌》，我们被她那高尚的人格魅力、学术魅力、职业魅力所感染，我们也结合自己的教育教学工作，结合阅读《岁月如歌》的所思所感，写了、谈了自己的体会，自己的反思，自己的领悟……

与此同行，主题性阅读活动精彩纷呈。我们以学习于漪老师活动为序幕，启动了一系列“书香满校园”的读书学习活动。教工学习中，我们一起聆听于漪老师读书学习的鲜活事例，我们心中激荡着对于漪老师高山仰止之情，同时又感受到于漪老师那份脚踏实地的求索精神。在一次次铺垫、酝酿之后，教师们也积极行动起来，读书、学习，写下自己的读书感言、心得体会，“书香达人满校园”读书论坛活动应运而生。论坛上，书香达人们介绍着最时尚的新书，诉说着自己读书的故事，分享着自己读书的心得……难怪，参加会议的“影子校长”们一个个看得聚精会神，津津有味，难怪他们会说，附小的女教师为什么漂亮，男教师为什么潇洒，原来是因为读书，正如古人说的那样，“腹有诗书气自华”。走近于漪，深入学习，营造书香，为教师们增添了生活的智慧，工作的幸福。多年来，在以“让于漪成为我们共同的形象”的目标引领下，我们积极贯彻落实《中小学教师职业道德规范》，开展教育教学案例征集活动，举行“小故事大魅力”的交流活动，开展“优秀是教出来”的学习活动，举办“育人的魅力在于教育的艺术”“关注学生幸福指数，提升教师自身魅力”等论坛，开展“书香达人满校园”读书论坛活动，举行了附小“智慧教师”评选活动……

互联网时代，学习是无边界随时随地的，我们利用学校数字化平台，进行《上海市中小学学业质量绿色指标》《杨兆顺先进事迹》等文件精神的学习；利用网络平台，开展读书活动，骨干教师推荐好书，全校教师和大家一起分享自己的阅读感言……教师们不定时地自主浏览、回复互动，正见、正语、正精进，将附小的正气发扬光大。我们还积极发挥区学科带头人、区骨干、校骨干的榜样作用，让这些教师在学校网站的“教师荐读”栏目中推荐、简介所阅好书，让教师们跟帖，发表百字感言。教师荐读百字感言，网上交流互动，在阅读、感悟、交流中，心更静、更清，做一个“明”师的理念深入教师心田。

丰富品读荐读活动形式，为青年教师搭设成长的平台，开展“团员展示活动”，团员老师们展示朗诵、个性特长等多方面才艺，赋予附小新的活力与朝气；开展“爱与智慧同行”青年教师演讲比赛，亲身体验，专家的点评，年轻教师学到了如何提高演讲能力的方法，让年轻教师在成长的道路上学得更多，学得更好。这次活动也让中老年教师受益匪浅。“你是选择知足常乐还是不知足常乐”教师辩论赛，“时光永驻，美好流淌 ”微视频比赛；以及召开“从‘我是歌手’到‘我是教师’”交流会等，引领广大教职工争做具有理想信念、有道德情操、有扎实知识、有仁爱之心的好教师。

全方位的品读荐读活动，教师团队成为了互相理解、互相学习、整体互动思考、协调合作的群体，产生了巨大的、持久的创造力，不断突破教师成长、学校成长的极限，从而保持持续发展的态势。

【学习案例】

一场别开生面的学习讨论
——学“十八大”传正能量，60、70、80大讨论

4月12日下午，附小多功能厅里热闹非凡，原来是附小的老师们和来自江苏镇江、上海崇明、江西的校长们一同开展“学‘十八大’传正能量，60、

70、80大讨论”活动。

为了让“十八大”的学习更加生动、有效，党支部几次召开支委会进行此项活动的设计。果不其然，今天，老师们一走进多功能厅就乐了，原来这次活动的小组是按照年龄段来划分的，每个桌子上都竖着一张席卡，提醒老师们就座，外省市的校长们也纷纷“对号入座”。

“最近，全国上下都在深入学‘十八大’精神，那么作为教育工作者，我们最关心的当然是‘十八大’当中对于教育的阐述，如果将‘十七大’和‘十八大’两份报告中有关教育的阐述进行细细地研读，就会很清楚地发现这其中有很多新名词，新变化。”随着党支部书记的开场白，活动拉开了帷幕：全体教师认真学习、比较了“十七大”与“十八大”两份报告中对教育的阐述，逐条领会其中的内涵！大家深感中央对教育问题的重视和决心。之后校长又将参加“督政”会议的感受与老师们分享，大家再次真切地感受到这几年杨浦区政府对教育的投入之多，杨浦区教育局对师资队伍建设的力度之大。

当“他能不能被评为‘优秀青年教师’”和“特别的‘追悼会’”两个案例一经抛出，全场沸腾了，每个小组派出了最得力的“干将”阐述“我方”观点，最有趣的是，每个小组在唇枪舌剑之前，还集体设计了小组的名字：“烈火青春”一看就知是80小组的，“不老的心”则是60组的集体宣告……会场似乎被点燃了，大家各抒己见，智慧的火花不断绽放，引得外省市的校长们也热情地加入到“战团”之中。最后，三位青年教师走上台来，引吭高歌一曲改编歌词的《隐形的翅膀》，将大讨论活动再次推向了高潮！

会后，几位外省市的校长们频频赞叹，有的说：“没想到‘十八大’的学习活动如此生动有趣。”有的说：“这样的学习活动可谓别开生面，让老师们感触良多。”还有的说：“附小的老师真智慧，人才济济啊！”

组织这样的学习活动，党支部的预期目标就是希望老师们通过细读“十八大”精神，领悟内涵精髓，继而反思、内化，进一步树立行业正形象，传播行风正能量。看来，活动达成了预期的目标！

三、演绎故事,感动心灵

在一次次的文化浸润中,附小上下都达成了共识,那就是——教育不能仅仅有爱,还要有智慧。可智慧又在哪里呢? 随着时代的发展,微信平台的兴起,我们也建立了微信群,微故事、微镜头随时发布,分享教育教学工作的点点滴滴,分享为人处世的故事警句,分享节日的祝福与快乐……就在2014年春季一场暴雨中,老师们借助微信群及时发布温馨感人的场面,工会更是把教师们发布的素材,制作了微电影《雨中情》,受到了校内外教师家长同仁们的啧啧称赞。

从微故事、微镜头中,灵感出现了,我们发现无论是儿童,还是成人,都喜欢听故事。每个故事中都孕育着一份情,蕴含着一个哲理。于是,学校开起了"故事会",教师们宣讲着自己的故事,感染、教育、引导身边的人,启思益智、引领风尚。

年终岁末,是一年一度考核评优的时间,而这三年来,每一次的年终评优,成了教师们展示自我的舞台。自2012年开始,学校由骨干教师领衔先制作数字故事,和大家一起分享一年来走过的路,一年又一年,制作数字故事的队伍逐渐壮大。

2014年的年底考核,开展了"致2014辛苦的、成长的、幸福的自己"数字故事展示活动。教师们看到了平时看不到的镜头、听到了平时听不到的肺腑之言,展示活动进一步凝聚了人心,弘扬了正气。每位教师根据一年中自己教育教学中难忘的事件和岁月中自己的成长和收获做成数字故事,找准年度成长亮点制作精彩生动的数字故事,《骑行之路》《一米阳光》《特别的爱给特别的你》……情感真挚、语言朴素、故事生动,其中不乏在理论层次推陈出新的亮点,给人以启迪和鼓舞,让人深深感动,充分表达了附小的教师对教育事业的美好追求。

2015年年底,在学习了《易经64卦中64个惊人的智慧》后,教师们结合智慧点,撰写了教育教学中亲身经历的智慧故事,用心用情,有理有据,用真情面对挑战,用智慧迎接胜利。

年终考核成为了每一位教师自我回顾的良机，成为了每一位教师展示自我、分享幸福的舞台。一个又一个鲜活的故事，讲述着这一年来我们没有看到的故事，讲述着教师们的心声；一个又一个生动的故事，分享着这一年来的甜酸苦辣，分享着自己的成长与幸福……

2016年，看着新校舍拔地而起，日新月异，回归的日子一天天临近了，我们该为新校舍送上一份什么样的礼物来纪念这一重大的时刻呢？我不由思来想去，想到的还是讲故事。附小从2006年恢复校名以来走过的路，发生的故事，这是附小最珍贵的历史，作为附小人有责任、有义务记录下这一路的点点滴滴，用一个个故事写下这十年来的重大事件、重大转折，写下附小人经历的艰辛、付出的汗水、取得的辉煌……让附小的传统得以延续，让附小的精神得以发扬。于是，学校中层带头，写下了《我是2万》《一条特殊的流水线》……一篇篇饱含深情的故事，在教工学习中诵读，共同走过的听着故事，引起了共鸣；新进加入的听着故事，受到了感染……于是，全校上下掀起了写故事的浪潮，从十年大事记中，回忆着，书写着，把学校的办学理念、学校的发展与自己的教学理念、自身的发展紧紧联结在了一起。

小故事成为办学理念教育的“活教材”，成为身心愉悦的“金钥匙”，成为学校和谐的“润滑剂”。

第三节　在实践培训中磨砺自我

走进“十二五”，培训的项目越来越多，从市级培训到区级培训，从网络培训到面授培训，教师们为了获得学分，到处奔波，夜以继日。可这样的培训真的有效吗？这样的培训，教师真的喜欢吗？

我时常问自己：我们培训的目的是什么？我们希望通过培训，培养怎样的教师？答案是显而易见的，我们希望我们的培训是有效的，是教师们喜欢的，更重要的是，通过实践培训，能培养一支能合作、善学习、乐创新的教师团队。于是，我们设计的所有培训内容都是需要教师团队合作完成的，我们设计的培训项目的主讲人都是教师，让教师走上培训讲台，成为培训的主体，让教师自己培训自己，自己教育自己，感受职业的价值感与幸福感。

一、专题论坛，促进自悟

我们充分发挥学校各部门作用，组织好培训论坛活动。教育科研部与学生发展部联合邀请了心理教育培训专家郭铁军为全校教师作了关于“让自己更快乐——阳光心态的自我塑造”的专题讲座；课程教学部的“在开放中学习，在交流中成长”，综合保障部的“创平安校园，享幸福生活”、教师管理部的“品读经典、滋养人生——〈与书中人对话〉绘本读书会”，信息交流部的“平板电脑进课堂”的辩论会，六大部门的实务培训，精彩纷呈。

1. 三人行，定人定时定主题

“亮口彩、练口才、出人才”——“铿锵三人行，精彩十分钟”的话题分享活动，使个体的智慧促生集体的智慧。为了锻炼教师们的口才，增强教师间的凝聚力，本论坛活动在以人为本的原则上，遵循了自由组合、自由命题、形式自定的方式，发挥教师们积极性和创造力。在开展“铿锵三人行”的日子里，看着教师们忙着找话题、写稿子；挤出时间做 PPT，凑在一起彩排、修改，我有种说不出的感动，也有不舍，也有心疼，也有心软。但此时想到的是，我们为教师搭设了这样一个展示自己的舞台，为教师创设了这样一个团结协作的机会，教师们在走上这个舞台的过程中肯定会付出很多，很辛苦，然而换来的幸福与快乐远远要超过那份辛苦。看到教师们在通力合作下的精彩亮相，得到了伙伴们的认可和掌声之时，脸上所流露出的那份喜悦，那份成功；看到博客上教师的互动留言，字字如珠玑，句句似暖茶，将这份辛苦换来的幸福化成一股清香在心头飘荡，我也倍感幸福。

2. 德育论坛，把握时代的脉搏

“我们心中有座金字塔”的师德论坛中“育德之星”们精彩生动的发言，幽默风趣的小品表演带来启迪，令人回味。我们开展“关注学生幸福指数，提升教师自身魅力”系列活动，组织了家长、学生关于“我心中的魅力教师”座谈会，将学生、家长的心得体会、妙言妙语拍摄下来，组织教师观看学习，教师们从学生、家长的肯定中得到鼓舞，从学生、家长的殷切希望中反思自我。附小还组织教师认真学习、贯彻《教育部中小学教师职业道德规范》等有关精神，积极开展向上海教育功臣、师德标兵、抗震救灾模范教师等先进人物学习的活动，举行“坚守心中的阵地——学习英模教师事迹”论坛；还作为版主学校，参与以“无选择的爱，有智慧的教”为主题的杨浦区网上师德大讨论活动……我们举行了“育人的魅力源于艺术——谈特殊学生的教育”，在游戏中，倾诉特殊学生带来的困扰，交流针对特殊学生的良药妙方；组织附小老教师开设“附小的光荣史”的专题讲座，组织教师参观校史陈列室——“智慧苑”……

3. 教学研讨，立足课程教学改革

暑期校本研修活动，各教研组开展了“课堂因你而精彩”的教学论坛活动，大家就“以学定教”这个话题，结合自己教育教学的实践情景剖析交流，老师们讲得认真，听得仔细，相信大家对于“以学定教”或多或少都增加了认识。“以学定教”是落实“以学生的发展为本”这一新课改的基本理念；以学定教，切实突出学生的主体地位；“以学定教”将是下学年所有教师、所有教研组的重要研究方向，将彰显校本研修的有效成果。

【论坛案例】

相约春天 拥抱和谐

——附小“智慧三人行”三月专场

阳春三月，春回大地，万物复苏，附小“智慧三人行”拉开了序幕。三月份“智慧三人行”的主题是“相约春天，拥抱和谐”。老师们三人一组，分工合作，精心准备，在教工学习时登台亮相。

“为心奉上一盏春茶”拉开了春天的序幕，三位年轻的艺术教师以“化龙顶”为主料，金盏花为辅料，泡名为“龙顶化春”的调和茶，融阳光、青草、鲜花为一体，一幅春景尽现眼前。说茶、泡茶、品尝……“人生如茶、茶如人生”,捧一杯清茶,在时光的流连中,守得一份从容与淡然。

三位心理咨询师带有春天气息的组合,为大家奉上“为心灵撒播缕缕春光”,与大家一起心灵漫步。有趣形象的心理测试、心理游戏、心理故事,轻松愉悦的氛围中解读了“什么是心态”“心态影响什么”“教师应该具有什么样的心态”,娓娓动听的语言,引领大家用阳光般的心态,带领孩子们快乐成长。

三位富有阳刚之气的男教师主持的《在那樱花盛开的地方》将三月的“智慧三人行”推向了高潮。附小旧校园绽放的樱花,是附小人不变的情结。从“樱花”的花语说起,到浪漫舒缓的诗歌朗读,到富有吸引力的赏樱之地、品樱之所,为充满春意的午后带来了暖暖温馨和幸福。

春天是美好的。“智慧三人行”为春天增加了一份靓丽的色彩,为附小增添了一份暖暖的和谐。

二、庆典活动,凝聚人心

在营造良好的工作、学习、生活环境和健康向上的校园文化氛围的过程中,我们依托年级组,开展各类活动,积聚人心,让教职工在活动中受到潜移默化的影响,思想感情得到熏陶,精神生活得到充实,道德境界得到升华,从而促进教职工精神生活的和谐,让附小的办学理念在培训实践活动中得以践行。

1. 师德建设是永恒的主旋律

教师节是教师们自己的节日,利用教师节这一契机,把教师们聚在一起组织别开生面的庆祝活动,以诗朗诵、歌曲联唱、团队心理游戏等形式,将工作伙伴的点滴事迹、感人细节一一展现。在节庆中教师们进一步领悟了师爱的内涵,坚定了为师的信念,激发了争先创优的动力。

2014 年的教师节庆祝活动中,以“尚德立教添智慧,爱铸师魂促成长”为主题。其中一曲手语舞《怒放的生命》,彰显了青年教师的活力,教师团队的和谐魅力,拉开了整个活动的序幕。2015 年“学两代楷模,做智慧教师”系列活动中,教师们亲手写贺卡,送贺卡,把教师的关爱送到了学生心田,让每一位学生感受学校这个大家庭的温暖。2016 年“不忘初心为师路，同心携手绘新园”的教师节系列活动，弘扬高尚师风，坚守三尺讲台，助推学校发展。

2. 校园题材是不变的话题

结合当前流行的时尚，一出由36周岁附小教师代表自编自导自演的穿越小品《步步精心》，把附小的现在和未来紧紧联系在一起，工作中的甜酸苦辣、喜怒哀乐走进了教师们的心灵，欢笑声中我们思考，我们珍惜，我们热爱……

2016年的教师节庆祝活动分为“忆往昔，心璀璨，心升腾，心起航”四个篇章，全校教师按年龄层次分为了“青春永驻”“中流砥柱”“承前启后”“梦想启航”四个群体。一曲《我和你》的悠扬乐曲，拉开了序幕，“青春永驻”教师们回眸附小的历程，编写了包含激情的诗歌《幸福我和你》，讲述了附小教师合作共赢，与学校共成长的故事。“中流砥柱”教师们更是创意连连，结合学校的智慧树课程的发展史，创编了情景剧《智慧树下》，朗诵、快板、歌舞等丰富多彩的形式，在萌芽、成长、梦想三个板块演绎了附小智慧树课程的特色与亮点。附小“好声音”王老师一曲《好大一棵树》，更是将整个情景剧推向了高潮。“中流砥柱”的他们工作着、美丽着，奉献着，快乐着……精彩的表演，品味的是那份不变的初心。“承前启后”老师们在百忙中编写脚本，拍摄DV，讲述了他们战胜一个个难题，揭开一个个困惑，用爱播撒着每一份希望。“梦想启航”是学校的新生代、生力军，活力四射，充满朝气，他们自编自导自演的课本剧《Dance into the future》，用真情诠释着教学为了每一个孩子……简陋的场地，演绎着精彩的故事，活动全过程充满着满满的感动。文艺汇演中，我们特地请了“智慧娃”们给在附小工作二十年以上的教师颁发了“忠心耿耿”奖，给在附小工作满十年的教师们颁发了“实心实意”奖。

2009年的迎新活动中，《语言文字工作检查团又来了》《盘点2009》等丰富多彩的表演形式，回顾了附小一年来走过的历程，感动着你我之间的付出与心血……2011年年底，《唐伯虎点秋香》古人穿越到了新时代，幽默地演绎着教育教学的热点，欢笑声中给人以启迪；《豆豆龙学堂》的说龙、画龙、舞龙，上下互动，团队协作，掀起了迎新会的高潮……

3. 自编自演是最温馨的时刻

2010年年底，三年级组的《西游记新传》，集所有时尚的语言于一身，融最新的音乐在一起，让人耳目一新，捧腹大笑。男扮女装的小品表演《小白1》《小白2》《小白3》，成了每一年的压轴戏，彰显着80后新生代的活力与朝气。2016年，我们开展了以"悦读阅美展风采，新年新貌亮精彩"为主题的迎新活动，分享阅读的快乐，展现阅读的美。改编的工间操表演带着韵律美、姿态美，拉开了绘本表演迎新会的序幕。一年级组的所有教师们都穿上用垃圾袋、一次性桌布等废旧材料制成的环保服饰，穿越到了风云变幻的《蔬菜王国》，生动演绎着"纯真善良终究会胜利"这永恒不变的主题。二年级组教师们的"我的名字克里桑丝美美菊花"则集家长与教师们的创意，为我们带来了一场生动的舞台剧，师爱融入在微不足道的名字称呼中，师爱润泽孩子幼小的心灵。四年级组的"绿野仙踪"服饰精美有创意，教师们都精心准备了各式各样的道具，不得不佩服大家的创意。五年级组的"白雪公主"将经典童话故事搬上舞台，加之自己的改编，使所有教师都看得津津有味。三年级组对于"三只小猪"的再演绎集网络流行语，时尚最新动态于一体，夸张、滑稽、幽默的表演令所有老师捧腹大笑，受到了所有教师的欢迎。

一年年的迎新会，一次次的感动，荡漾着一层层幸福，融"小家"顾"大家"，在热热闹闹、欢声笑语中共创一个"小家大家"灿烂、积极、辉煌的美好愿景。

【活动案例】

让我们一起穿越吧

——附小元旦迎新活动案例

一、案例背景

每年在辞旧迎新之际，学校都会通过一档"春晚"来展现附小教师的精神风貌，来企盼"大家"和"小家"来年更美好！

2014年，在迎接党的群众路线教育实践活动的背景下，在扎扎实实履行“八项规定”的前提下，学校思考：如何举办一个既节俭又隆重的迎新活动？群策群力之后，一致决定来一回“穿越”——定格在小学五年级的一节班队会上。

于是，附小五A班诞生了：各学科的任课老师为关工委代表们；特级教师胡蘋则当仁不让地成为五A班的班主任；班长嘛，大家一致推选蒯校长，那么另两位校级干部以及中层干部们就都成了中队委员，五个年级组长就是五A班的小队长。班级初具雏形，“同学们”个个热情高涨，积极建言献策：取队名、选队服，找场地，亮“绝活”……“童年的歌 幸福的梦”迎新主题队会开始紧锣密鼓地筹备起来了。

二、实施过程

当天，整个活动迎新完全按照主题队会的流程举行：德育主任担任出旗手，两位80后教师担任了护旗手。在“智慧豆、智慧芽、智慧苗、智慧花、智慧果”五个小队整队汇报人数、出旗之后，全班“同学”高唱《中国少年先锋队队歌》，拉开了“童年的歌 幸福的梦”附小五A主题队会的帷幕。

主队队会，节目纷呈：智慧豆小队跳起了集体舞《校园的早晨》，优美的舞姿合着欢快的乐曲，让我们回忆起难忘的小学生活；智慧果小队的《木兰辞》铿锵有力，英姿飒爽；智慧苗小队的《童谣串烧》再现了多彩的童年游戏，让人回味无穷；智慧芽小队的《说马考马》，更是结合了最新的校园动态，将新年吉祥物——马的元素融入到了语文、数学、英语、音乐、科学与技术等各个学科，一下子把整个主题班会推向了高潮。

最后，五A班的班主任（特级教师胡蘋）带领“全班同学”庄严呼号，并赠予新年祝福，整个主题队会在欢声笑语中圆满落下帷幕。

三、案例反思

一直以来，附小最值得骄傲的就是教师团队，纵观整个活动，从筹备到设计，从排练到拍摄，每一个细节都折射出附小人的“四大精神”。

1. 进一步践行了附小脚踏实地的求是精神。庆祝活动前，从搜集教师童年的照片，到拟定详实的活动方案；从节目编排、审核，到考虑活动当日的场地布置、摄影录像……全校上下都“动”了起来，“金点子”层出不穷。

一年级组的老师们梳起了童年时的羊角辫，俏丽可爱；二年级组的老师们带上了红色头箍，瞬间穿越到童年……各个小队为了亮出绝活，上网查阅，准备道具，反复排练，不遗余力地落实一个个细节，充分践行了附小脚踏实地的求是精神。

2. 进一步弘扬了附小荣辱与共的爱校精神。主题队会中，让老师们由衷感慨的，不仅仅是自己小队的节目，更多的是感慨附小前辈们的爱校情怀。在主题队会中，我们设计了几个互动环节：请五A班的任课教师（即附小前辈们）为本班的“三好学生”颁奖、参与游戏、新年寄语等，从前辈们的谆谆教诲中，我们充分感受到了荣辱与共的爱校情怀，正是这样的精神一代代传承，使得附小的校名得以熠熠生辉！

3. 进一步彰显了附小合作共赢的团队精神。附小人说得最多的一句话是：“人在一起不是团队，心在一起才是团队。”迎新活动中的每个节目都是以年级组为单位的团队展示。每个年级组在组长的带领下，各显神通，购置演出服，设计表演动作，制作道具……可谓人人参与，人人投入，进一步营造了互敬、互信、互帮、互学的和谐氛围，也进一步彰显了附小合作共赢的团队精神。

4. 进一步激发了附小善思慧行的创新精神。音乐剧《木兰辞》、小品串烧《说马考马》等节目，结合了校园新动态，融入了教学新元素，契合了新年新气象，可谓惊喜连连，创意无限。在整个主题队会中，全体附小人传递了快乐，播撒了温暖，分享了智慧，激发了创新。

总之，学校巧借迎新活动这一校本培训传统节目，集众人之智慧，聚众人之力量，以“童年的歌 幸福的梦”主题队会这一创新形式，引领全体附小人再一次展现了“和”的校园文化，提升了附小教师的精神风貌，更是让附小教师在穿越之中，重温了童年的美好时光，学会了真正的换位思考，增强了为师的责任与使命！

三、争先创优，激发潜能

人的成长需要环境，需要平台，也需要荣誉。这些年，学校帮助教师成功获得了市区园丁奖、市区三八红旗手、市模范教师、市“教苑新星”、区学于漪先进个人、区“巾帼新秀”等各项荣誉称号；协同德育组成功获得了全国巾帼文明岗，语文组获得了市模范职工小家、市巾帼文明岗等荣誉称号。这一切激励团队、教师在收获、鼓励中不断奋进。

学校的发展离不开教师，学校的发展也成就了教师。我们的教师都是要发展，求上进的，但毕竟获得各级荣誉的是团队中的少数，大部分是平平凡凡的普通工作者，而这部分群体同样渴望得到认可，感受到团队公平、公正、公开的竞争机会，所以对于学校的各项评优工作要考虑细致，对于关乎教职工切身利益的事更要细之又细。经过讨论，大家一致认为，好事要办好，要把评优竞争作为成长亮相的平台，放大评优竞争的效能，营造为他人喝彩、为自己加油的氛围，让评优竞争成为推动教师发展的动力。

就拿 2010 年 10 月来说，学校的小学高级教师的评审工作面临着新的难题。学校有四位教师具备了申报小学高级的资格，可是学校只有一个申报名额。怎么办？这可是矛盾产生的隐患，是不和谐的根源。

劳动人事争议调解小组和学校职称考评小组一起商量研究，决定以公平、公正、公开为原则，筹备校内申报小学高级资格的 PK 活动。

首先，我们组建了这个 PK 活动的工作小组，校长室、党支部、工会、教导处等主要部门负责人成为了这个工作小组的成员，拟定了 PK 活动的各项程序。我们召开了学校中层、教研组长、校级骨干的扩大会议，讨论这个 PK 活动的内容，由大家发表意见和看法，把 PK 活动的具体内容定下来，并且达成了共识。

接着，召集了参与 PK 活动的教师，沟通了学校当前的人事现状，相关的政策要求，以及这次 PK 活动的背景、目的及内容。参与 PK 活动的教师经过慎重考虑后，递交了参与 PK 活动的书面申请，并积极表示把这次 PK 作为一个平台，一个全面了解自己的平台，一个提升业务的平台。然后，工作小组给申报教师的材料打分，听随堂课，给她们的师德师风情况、教育教学能力进行了打分，最后，我们选出了一位总分领先的教师参加小学高级教师的申报工作。

为了让工作更加圆满，工作小组找这四位教师一一谈心，分析她们在这次 PK 活动中的优势与不足，帮助她们指明今后工作的方向。PK 胜出的教师带着一份更深的责任投入了教育教学工作之中，落选的教师更是带着满怀希望和干劲投入到教育教学工作之中。这个看似不可避免涉及教师切身利益的矛盾，不仅在细致的工作中烟消云散，而且又为青年教师的发展注入了动力。

就这样，以后的每一年的专技晋升、职称评审、骨干申报等等，都成了教师们发展的平台，亮相的机遇，他们在不断积淀中，相互展示中，扬自己所长的同时，更为同伴的成功鼓掌点赞，把任何一个机遇当作一次转机，把任何一个困难作为一次锻炼和成长。

第四节　在个性培养中彰显特色

在附小，教师们拥有一种荣辱与共的信念，齐心协力发展的精神。然而，不同发展阶段的教师会面临不同的难题与困惑，职初教师工作有干劲，可往往控班的时候缺少气场；成熟教师有丰富的工作经验，但是上有老、下有小，工作精力受到牵制，工作中缺少动力，有懈怠情绪……

面对不同发展阶段的教师，我们始终致力于创造和谐的氛围，力争团结每一个人，同时相信每一个人都能发展，都能很好地发展。对于积极要求上进且有一定基础的教师，我们就采用“逼”的方式，不断鼓励他们前行；对于对自己要求不多的教师，就采取的“宽”的态度，为他们不断寻找更加适合的方法和途径。一切为的是真正让每位教师要进步，要开心，要快乐，用学生的发展、自身的发展成就学校的发展。

一、量体裁衣，分层培养

在促进每位教师成长的过程中，我们成立了附小“智囊团”。“智囊团”下设两个组：专家组与骨干组。专家组主要由特级教师、市级学科领域中的权威专家以及附小名师前辈组成，主要带教各科教研组长、市区骨干教师培养对象，并深入教研组。这样使组内教师在与专家零距离的接触、学习中，不断提升自我和团队的整体素养。骨干组主要由本校“区学科带头人”“区骨干教师”组成，主要负责带教校骨干教师和新上岗教师，履行师德带教协议中的具体要求，接受每学期的带教工作考核。

学校完善教师个体及教研组团队的阶梯式发展目标，倡导教师根据自己的优势与专长选择教学、班主任、科研、辅优补差、特色项目建设等不同途径进行自我设计、错位发展，让每一位教师、每一支团队根据自身的起点和条件制定发展规划，做到人人有发展、个个有成就。为此，学校还与每位老师签订了个人发展责任书。

我们强调每位教师在专业上都要持续发展。我们关注每位教师的发展。学校和专家一起定期为教师专业发展进行把脉，看准教师的亮点，指明教师发展的目标，然后为教师的发展提供条件，为教师不同时期的发展搭建合适平台，让教师在合适的平台上获得最佳的“跳一跳摘果子”的收获喜悦。

我们深知“让每一个岗位都有最合适的人，让每一个人都做适合自己的事”的重要性，建立与发展目标匹配的激励机制，按照“人人参与，个个登台，逐级推进，分层达标”的要求，搭建技能竞赛、素质展示、项目评优、综合考核等平台，提供多种机会让教师以不同层面展示自己的能力和水平。

我们通过“智囊团”的“会诊把脉”，遵循“前辈引领，专家点拨，跟踪带教”的思路，落实在“新手阶段、职初阶段、胜任阶段、熟练阶段、优秀阶段”五个层面，为教师们搭设各种展示才能、开拓视野的平台。见习教师要参与学校头脑 OM 项目的创编、排练和组织；职初教师则要负责学校拓展型课程的完善与建设，丰富拓展型课程，编写课程计划，完善课程实施；胜任阶段的教师是学校的中流砥柱，他们是各学科的备课组长、教研组长，开展日常教研，落实教学的精细化管理；熟练教师和优秀教师是学校的骨干、领头羊，发挥辐射示范引领作用，项目负责，专题讲座是他们发挥才干的舞台。

学校积极主办或承办各级各类主题、研讨活动；积极鼓励教师参与各级各类培训、展示、评比活动；积极支持骨干教师走出学校，走出国门，赴澳大利亚、英国、美国、法国等国家参加培训、访问,力求激活每一个细胞,帮助教师正确分析自我,寻找优势所在,走出新天地。在一次次的学习与锤炼中,附小教师的智慧在积聚,在迸发!在一次次的挑战中,附小团队的精神在凝聚,在发扬!

【专业要求】

附小教师专业成长的发展要求

发展阶段	专业理念与师德	专业知识与专业能力
新手阶段(就职第一年的见习教师)	能正确认识教师职业的价值和要求,认真参加各种学习培训,初步适应教师各项教育教学常规工作,初步形成良好的教育教学行为	认真参与见习教师规范化培训各项任务,按时完成各项培训作业。有初步的研究教材、备课上课、设计作业、辅导评价的教学能力,能独立完成课堂教学任务
职初阶段(2～5 年的职初教师)	在遭遇困惑、矛盾乃至冲突,甚至引发对职业价值的怀疑后,能够迎难而上,进一步认识教师职业的价值和要求,在反思与实践中,完成各项教育教学工作	全面了解教育教学中所需的专业知识和专业能力,积极参与"小荷杯"等各项比赛和培训活动,承担校级及以上研究课两节以上。在实施素质教育、课程教材改革及培养学生能力方面勇于探索和实践,承担学校一定的教育教学研究任务
胜任阶段(6 年以上的成长期教师)	认同小学教师的专业性和独特性,认同学校的办学理念与办学目标,潜心钻研业务,勇于探索创新,不断提高专业素养和教育教学水平	把学科知识、教育理论与教育实践有机结合,突出教书育人实践能力;研究小学生,遵循小学生成长规律,提升教育教学专业化水平;坚持实践、反思、再实践、再反思,不断提高专业能力。积极参加"百花杯"等各类比赛和培训,课堂教学有研究,力求做到"平时如公开,公开如平时",具有组织和指导教育教学研究的能力,承担学校一定的教育教学研究任务,并承担区级及以上研究课一节以上;至少有一次校级专题讲座,教育教学论文在校级及以上刊物或论坛发表或交流

续表

发展阶段	专业理念与师德	专业知识与专业能力
熟练阶段（小学高级教师）	保持积极向上的教育教学工作热情，克服职业倦怠，形成教师自主发展意识，以及专业发展的自觉，即教师在专业上的自我学习、自我反思、自我批判和自我超越，确定自我专业发展的去向，不断积淀教育教学中的实践智慧	在已有的教育教学经验的基础上不断更新教育教学理念，与时俱进，尊重小学生权益，以小学生为主体，提供适合的教育，促进小学生生动活泼学习、健康快乐成长。 积极参加市区各类比赛和培训，承担学校一定的教育教学研究任务，要有研究成果或阶段性成果，或结合自身教育教学实践特点和所从事的工作的经验总结，有论文在区级及以上评比中或刊物上获奖或发表。能很好地组织教师开展教学研究活动；至少是两位教师的导师
优秀阶段（区级以上骨干教师、学科带头人）	师德高尚，专业信念牢固，专业基础扎实，教育教学能力和自我发展能力突出，在教育教学工作中发挥辐射引领作用，推动教师团队的共同成长	优化知识结构，提高文化素养；具有终身学习与持续发展的意识和能力，做终身学习的典范。 带教本校或区域内教育教学能手或教学新秀，主动参与区教研活动，每学期至少上一堂区级公开课，积极为学校教育教学及教研工作提供意见和建议。每年至少为教师作一次校级以上的学术报告或专题讲座；任期内，至少申报一门有特色的校级培训课程。任期内要领衔或承担一项校级及以上教育教学科研任务

二、职初教师，重点引领

职初教师是学校发展的生力军，也是学校课程建设的主力军。为了帮助职初教师迅速实现角色转换，缩短“适应期”，站稳“成长期”，这就要求学校管理层要建立起有助于职初教师业务提升和专业化发展的长效机制，引领职初教师及时内化理念，外化行为，实现职初教师团队的群体发展。

1. 改“被造”塑“自造”

如果职初教师仅把教师职业当作一份工作,就会缺乏前行的动力和目标。因此,我们从确立发展愿景入手,注重对职初教师的价值引领,让他们在明晰自我社会定位的同时明确提出个体发展目标,帮助职初教师做好职业规划,引导职初教师客观认识自我,构建远期目标与近期目标并重的成长计划,并细化计划的实施步骤与途径。特别是为职初建立教师“自我成长档案”。教师把自己经过打磨后最满意的3～5节教学课拍成录像,刻盘作为个人成长特色见证;把自己写的读书笔记、教学案例、课堂故事进行积累,留下发展足迹。

2. 变“常态”为“动态”

职初教师一开始会不熟悉学校的运作规律,备课、上课常规、作业批改等均需从头学起。部分职初教师在担任班主任时,对班级的组织机构设立,选拔和培养小干部,同学纠纷处理,科任教师协调等都需要进行及时规划和跟进指导。在研训过程中针对新出现的问题,动态地调整和补充培训项目,使职初教师能找到快速成长的路径。针对职初教师“新”的特点,我们为他们谱写了“培训五部曲”:传承吸纳(弘扬校根文化)、兼收并蓄(学习校本制度)、博采众长(实务培训)、相辅相成(师徒带教)、初露锋芒(量化考核)。在实践中,除起始“五部曲”外,我们又创新带教方式,由教导处专排课时,做到带教在每一天、每一课;带教在一堂课、一份教案、一本作业、一篇随笔、一张试卷……日日带教的形式使新上岗教师天天有提高,月月有进步,帮助新上岗教师缩短成长期。

3. 以“质性”替“量性”

职初教师的成长是一个螺旋上升的过程。在职初教师犯错的时候,多一些宽容和理解,多一点耐心和引导,以真诚换取职初教师的真心。就拿一次学校组织音乐会来说,有几个职初教师没有请假,无故缺席,把音乐会的票子转给了亲朋好友,在最初询问的时候,还用谎言搪塞。然而,在这样的情况下,我们没有严厉批评,而是循循善诱,在理解他们辛苦劳累的情况下,告诉她们不参加音乐会可以理解,但是要学会沟通,事先沟通,就能消除不必要的矛盾和误会。俗话说,“好鼓不用重锤敲”。学校的理解和宽容让职初教师感到了温暖,一次失败的音乐会却走出了危机,赢来了职初教师更多的前行的动力。

4. 从“汲取”到“喷吐”的转变

读书是教书育人的根本,教学的不竭动力来自于不断地学习,相对于学生而言,教师只是一个自觉先行的学生。尽管职初教师的学历普遍较高,但还是普遍存在不爱读书、不善读书的倦怠现象。对此,我们采用“三步走”渐进模式:一是推荐必读书籍,撰写读书感悟。科研室列出阅读书目,职初教师在规定时间内读完推荐读物。二是阅读专业刊物,汲取课堂养料。参阅学科教育杂志,在参阅的基础上大胆扬弃。三是慧眼自主择书,论坛吐露心声。给职初教师一双择书的慧眼,在披沙拣金中择取好书,在专题论坛中推荐给大家,让职初教师的思想在彼此的碰撞中闪现智慧的火花。

5. 从“常规”向“生成”转轨

附小坚持“随堂听课、组内研讨课、学期展示课”三课汇报制度,教学常规培训与即时生成主题相结合,随时发现问题,随时生成培训主题。如学期初随堂听课发现职初教师普遍存在“常规教学缺少方法、课堂评价缺少创新”这两个共性问题,依此设置了有针对性的培训课程。一是聆听校内声音,把握课堂常规,组织职初教师观摩本校骨干教师的常规课,对照自己的课堂提炼常规训练的方法为己所用;二是观摩名师课堂,关注精彩评价,组织职初教师观摩名师的课堂教学录像,重点关注并摘录名师的精彩评价语,并以评价语为切入点,分享收获与思考。

职初教师的培养是一个值得不断探索的课题,全力以赴引导他们及时转换角色,确立自我发展的愿景,根据职业规划的指引,帮助他们提升驾驭课堂教学的能力,汲取专业能量,厚实自身的专业素养。

【教师心语】

在爱与关怀下成长

两年前的八月，我来到了附小，成为附小的一名实习生，见证了教学楼的推倒与重建。两年后的今天，在所有老师的关爱和指导下，附小也见证了我作为新教师的历程，不断给我机会，让生性内向的我得到了磨炼和成长。

那是一个星期二的下午，杨教院宣布了区见习教师规范化培训展示比赛项目：演讲、说课、教育智慧呈现以及毛笔字。而比赛的时间是在三天后。我眼前一抹黑，时间紧迫，比赛项目又多，这让原本就不善临场发挥的我该如何是好？学校给了我如此宝贵的参赛机会，我该如何好好把握，不辜负学校对我的信任呢？就在这时，附小的老师们为我点亮了这黑暗中的一盏盏明灯。他们不等我开口，就主动帮助我备赛。张老师为我找来许多优秀的演讲稿供我参考，并为我原本平淡无味的演讲稿润色，丰富情感。一向对我关爱有加的师傅王老师也在繁忙的工作之余为我组织说课语言，把关说课的课件。

到了比赛那天，伴随着校长和一年级组各位老师的加油打气，我通过了比赛。但同时，我也看到了自己各方面的不足和努力的方向。

赛后，接踵而至的是两个月的再培训，再比赛。而市级比赛项目内容更多，对新教师的要求更高。有教案撰写、教育案例分析、模拟课堂、随机抽题演讲、教育智慧的呈现以及三笔字。在备战市里的决赛的两个月中，我又一次感受到了学校对我的关爱与无限支持，同时也不禁感叹附小团队的强大力量。

为了让我安心备赛，学校为我重新排课，以此减轻我教学上的压力；我所任教的三个班的班主任也鼎力相助，主动为我分担部分工作；每天放学，英语组的各位老师都留下来陪我准备课件、磨课，帮我修改教案。在她们的帮助下,我的模拟课堂从原本僵硬地说课到之后能够假想出一个真实的课堂。这一切都来自于附小这个智慧团队。此时,我内心的感动如层层波浪,一浪高过一浪。更让我感动的是,附小所有的老师都为我伸出友谊之手,游老师加班加点帮助我制作课件;马老师帮我联系制作板书,让我的模拟课堂更丰富,也让我更有底气去完成这项比赛;陈老师为我培训的教育智慧,也让我深深感受到了教育是一门艺术,需要我不断去实践,去思考。尽管我有很多不足,但来之学校领导的关心鼓励:"放轻松,结果并不重要,重要的是收获成长的过程""加油,我们一定全力支持你!"一句句体贴入微的话语再一次让我放下包袱,毫无思想负担地完成了比赛。

尽管我很平凡,只是新教师中很普通的一个代表,但我愿用自己不断的努力和真心回报附小对我的付出和所有老师对我的关爱。(顾元琪)

三、个性发展,突破高原

对于个别岗位不适合、在现有工作岗位很难做出理想成绩的教师,我会和教师静心讨论、共同商量,一起寻找最佳的发展方式。于是,很多不拘一格的变动发生了:英语教师改教语文,卫生教师担任茶艺指导等。老师们在新的工作岗位上,发挥了自身的优势,工作干得风风火火,神采飞扬。这就是教育管理中的"扬人所长,容人所短",最主要的是"扬其所长",闪耀他的亮点,点燃他努力工作的激情。

对于成长中出现瓶颈的教师,我们帮助他们找到发展新支点,例如:倪老师教了十几年的《科学与技术》,总觉得没有新的突破,因此我们鼓励他进行学科拓展。几番推心置腹的分析后,倪老师茅塞顿开,开发、建设了"头脑 OM"课程。学校全力支持,除了送其赴法国参加"做中学"项目的培训,还将新校舍整整一层楼辟为科技创新天地,并投入了大量经费。外部的有利条件,加之自身的努力,这几年,倪老师的特色发展如鱼得水,不仅成为上海市二期课改教材的编写组成员,而且所带教的学生团队也屡获佳绩。

再如:语文张老师工作勤恳,不计个人得失,喜欢语文教学,更喜欢和孩子们一起阅读，开展阅读课外活动。于是，学校在征求了张老师意见的基础上送她参加市"儿童阅读基地"的培训。培训回来的张老师，把绘本阅读用到了课堂上，带领了有共同爱好的语文老师，进行了绘本阅读教学的课题研究。星星之火，可以燎原。在张老师的努力下，语文教研组找到了新的发展点和生长点，"悦读阅美"课程日趋完善，成为了附小的特色课程。张老师被老师们戏称为"悦读阅美"的鼻祖，找到了自身的价值后，张老师在课程建设上的钻劲更足了。

为给骨干教师搭设平台，我们开展了骨干教师工作坊，设定了"创新意识培养、特殊教育、家校沟通"三个不同的话题。由骨干教师担当主持人，和自主报名、有相同兴趣的老师们围坐在一起，交流互动，传递信息，提升眼界，开拓心界。开展了"优质课走班"活动。在备课组、教研组开展合作研究的基础上，由骨干教师进行走班教学，一课多磨、一课多用，一课多得，既让学生享受到优质的教学资源，又让骨干教师在同课异班的教学中进一步丰富教学经验，更让同年级组其他教师在合作研究和观课中提升专业能力。

为了进一步突显附小教师队伍建设的亮点，我带头引领志同道合的教育伙伴们，开展了长达四年的"基于智慧课堂教学的特色教师培养的个案研究"的课题研究。通过对我校具有特色发展潜质的各学科骨干教师代表的培养，使他们的专业思想和能力逐步成长起来，形成自我的教学风格，运用正确而前沿的教学理念、思路和举措，点亮一堂堂风格迥异，智慧闪烁的课堂，润育学生，感染同伴，提升学校教育整体力量，实现"让每一个附小学子健康、快乐、智慧成长"的美好愿景。

为了让学科特色教师百花齐放，我们层层选拔具有特色发展潜质和自主发展意愿强烈的各学科骨干教师代表，积极组建特色教师个案培养团队，合理制定特色教师培养方案，大力聘请各学科市区知名专家点拨指导，切实开展"强根基、增智慧，重实践、促特色，著专辑、提师能"的培养之路。

8 位老师在切磋与琢磨、研究与实践中，寻根究底，探求真谛，对"智慧课堂"和"个人特色"的认识逐渐清晰，对投身教学实践和改革的信心更加坚定，并勤于笔耕，虔诚地写下了自己的实践印记，结集出版基于附小智慧课堂教学的特色教师《智慧育人探索丛书》。著书立传，对谁而言都不是一件容易的事；对于身处一线，工作忙碌，第一次“下水”的教师而言更是困难重重。为此，我们将这些教师集结在一起，成立了“笔耕220”微信团，开展了一次又一次线上线下的撰书讨论会，请来多位专家和教师开展面对面的书目问诊会，还特邀了于漪老师、多位学科专家为教师们的书籍写序赠言。在此感召下，教师们个个成了日思夜写的笔耕者。虽然书中内容还不成熟，但这毕竟是我们迈出的极其重要的一步。书中，特色教师们携手自己的教学伙伴一起呈现他们思索课堂、行走课堂的心得与成果，有自我成长的幸福，有专业提升的喜悦，还有更多的是对学科教学的挚爱深情，对学校和兄弟校的教学发展和师资队伍的建设会产生不少影响和推动的作用。这套丛书犹如雏凤清声，有了这一声清越的鸣叫，“桐花万里丹山路”的美景一定会出现在眼前。

十年来，附小教师专业发展势头喜人。目前，附小具有本科学历的教师100％，研究生学历4人，中学高级教师9人，市“两名”培养对象4人，市学科中心组成员1人，区专业技术拔尖人才1人，区学科带头人5人，区骨干教师6人，校骨干教师7人，区中心组成员13人，有学校心理教师上岗证6人。可亲、可敬、可信、可学的附小教师得到了学生、家长、社会的一致好评。

有事业心、有梦想、有追求的教师是最幸福。陶行知先生曾说过：“教师的成功是创造出值得自己崇拜的人，先生之最大的快乐，是创造出值得崇拜的学生。”幸福是社会和人追求的目标，是我们教师群体追求的目标，也是学校办学的目标与不懈追求。愿我们的教师能够胸中有梦想，用爱和积极进取的心态去对待我们心中那一份神圣的教育事业，积极乐观地去创造属于自己的幸福人生。

毕业典礼，为小学生活画上圆满句号

第五章

智慧学子：成长每一个

学校把每一个刚入学的学生看成是一颗颗有待成长的智慧种子，用土壤、阳光、雨露润泽学生的生命，使他们乐学、会学、学好，健康、快乐、智慧地成长。

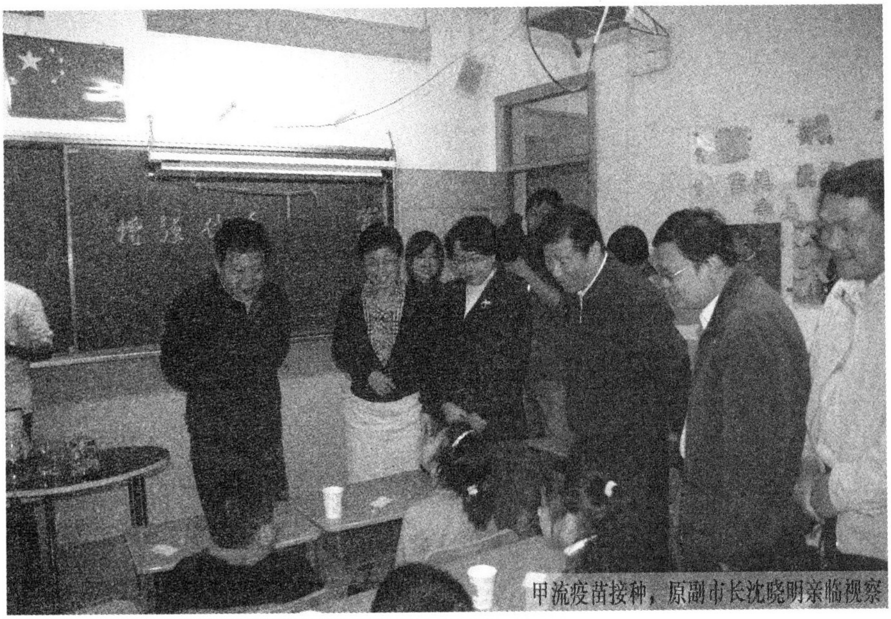
甲流疫苗接种，原副市长沈晓明亲临视察

“一切为了学生,为了学生的一切”,是每所学校应有的追求。在附小,我们把每一个刚入学的学生看成是一粒粒有待成长的智慧种子,在土壤、阳光、雨露的滋润下,种子逐渐发芽成长,从智慧豆、智慧苗、智慧叶、智慧花到智慧果,一棵棵小树渐渐长高,为未来成长为枝繁叶茂的参天大树打下扎实的根基。

为了让每一个孩子健康、快乐、智慧地成长,我们用“智慧之泉”润泽孩子的生命。基于各年段学生的身心发展规律和校本德育特色,依次确立五个年段学生的培养核心依次为:我适应,我喜欢;我参与,我快乐;我自主,我发展;我服务,我幸福;我感恩,我精彩,分别以“行规礼仪、岗位体验、家务建设、志愿服务、圆梦绽放”为各年级培养重点,让每一个学生在合作、体验、参与、服务中学会求知、学会生活、学会做人。

第一节 在愉悦自主中学会求知

现代教育理论认为:师生间的教育教学不仅是知识的交流,还要有情感交流。知识往往是通过情感这条线才能被学生吸收、内化,只注重知识的讲解而忽视情感交流的教学,会显得枯燥无味。尤其对于小学生来说,处于学习的起始阶段,一定要让学生喜欢老师、喜欢学习,所以我们乐于创设各种平台,充分挖掘和调动每个学生的内在潜能,让学生在愉悦和谐的环境里,得到全面而有个性的发展。

一、我的学习我做主

1. 多样化作业我乐做

传统的单一书面作业形式,已远远满足不了现在学生个性发展的需要和各种能力的提高和培养。在大力倡导自主、探究、合作的今天,除了巩固必要的基础知识,我们还应加强学生思维能力、收集处理信息能力、解决问题能力等综合能力的训练。教师要智慧地让作业有效发挥它的作用,基于儿童，发展儿童，让孩子在灵动、鲜活、多样的作业中找到学习的乐趣，感受成功的喜悦。

多样化作业的设计指教师要关注学生的情感、态度与价值观，尊重儿童的天性，顺应儿童的学习规律，多角度、多方位、多形式、多需求地设计作业。它对于学生掌握知识、发展能力、养成良好的品质及学习习惯等方面都会产生积极的影响。我们主张设计形式丰富的多样化作业，每一次作业都是学生成长的生长点。作业内容的设计有调查性作业——丰富学生视角；探索性作业——活跃学生思维；拓展性作业——延伸学科课堂等。各学科通过查一查、画一画、讲一讲、访一访、拍一拍、编一编等形式鼓励学生由课本拓展，从生活中学习，多上网、多上图书馆、多向长辈请教……用善于发现美的眼睛去发现知识、汲取知识、交流知识。作业的布置要给孩子自主的空间，可以让孩子自己设计一条作业，根据自己的喜好、根据自己需要加强练习的内容来设计自己的作业，不限学科、不限内容、不限形式。让孩子学会自我管理，自主学习，真正地成为学习的小主人。

例如，我们布置了这样的作业："生活是学习的大课堂，生活中处处有我们熟悉的身影，请在出门游玩或者其他时候，留心找一找、认一认春天，请爸爸妈妈帮忙把它们拍下来，带到学校和老师、同学一起交流，或者请动动你的小脑筋，想一想，试着用画的方式或你喜欢的方式表示出你看到的事物。到学校里和同学一起看看说说：我和春天有个约会。春天在……"于是，就有了小朋友们上交的以"我和春天有个约会"为题的形式丰富的作业：有精致小卡片、有做成绘本小册子、有手绘小报、有微信彩视……

除此之外，近年来的假期作业也已在悄悄"变脸"。年级组中各学科的老师们一起商谈、研究，集合整个年级组的智慧，最终确定假期作业也要具有时代性、整合性、趣味性、选择性、分层性。多样化的作业，多样化的呈现形式，可以最大化激发学生兴趣，发挥学生所长，让学习更自主、更快乐！很多家长们表示多样化作业的设计大大提升了孩子的学习兴趣，孩子更主动去学、去画、去写、去表达了。

【作业案例】

我的作业,我做主

推荐作业,量身定制

孩子们的学习能力和学习状况都有所不同,有的孩子需要在基础知识上多加练习,有的孩子则需要更多的拓展练习。由此可见,作业的分层化尤为重要。除了整合性的作业外,各科老师根据不同孩子的情况,量身定制推荐寒假作业。以三年级为例。

语文老师推荐作业:

• 希望你练习朗读,读一篇课文,上传录音和大家分享。

• 请你练习写字,把字写得更漂亮,写几句新年寄语,开学后在板报中展出。

• 阅读书籍:《给爸爸的吻》《你睡不着吗?》《月下看猫头鹰》《菊花娃娃》《圣诞毛衣》《爱是一捧浓浓的蜂蜜》等,至少选择其中的2本交流读书心得。

• 以"我的寒假生活"为题拍摄照片。利用拍摄的机会观察生活、与自己对话。拍摄照片开学后上台进行小演讲,和同学分享各自的寒假生活。

• 假期创作一份报纸。版式可仿照各类报纸设计,如有主编、执笔等,并设计感兴趣的板块。

数学老师推荐作业:

• 可以和爸爸妈妈或同学一起进行"24点"游戏。

• 坚持口算练习、参与口算大闯关。

• 编写50道100以内的口算练习让全班同学一起练一练。

• 编写10道关于本学期所学知识的选择题,看谁的题目编的更加有新意。

• 用小正方体搭各种造型，并记录所用正方体的数量。

• 合理使用压岁钱，建立一个压岁钱小账本，做好新年压岁钱的使用计划。

• 设计一次小队活动安排，详细设计好活动时间、乘坐车辆、门票和饮食等费用。

英语老师推荐作业：

• 学2首英语儿歌，读一读、说一说。

• 朗读英语课文，选择1篇在微信群上传录音和大家分享。

• 玩一玩单词接龙：如apple—elephant，看看你能接多长。

• 自制一张英语小报，内容：儿歌、歌曲、小诗等，课内外皆可，主题新年，新学期，旅游等都可以 。

• 尝试小故事的配音，可以上传班群分享！

体育老师推荐作业：

• 每天跳绳2分钟。

• 每天做一遍“水果”操。

• 跳绳班同学：每天跳绳5分钟。花样练习5分钟。

• 足球班同学：每天体能训练20分钟。

“智慧红包”作业，快乐分享

二年级组确定寒假作业采用以新年“智慧红包”的形式发送给孩子。每个孩子会收到一个老师发送的“红包”。我们并不是将作业单放在“红包”中，改变表面形式而已，而是让“红包”中内容丰富多彩，如：

• 老师们写给孩子的新年祝福。

• 有甜蜜的糖果。这份礼物寄托了老师们对孩子浓浓的爱，祝愿孩子们在新的一年中甜甜美美，增进师生间的感情，让每个孩子都感受到老师对自己的关爱。

• 整合趣味作业。各学科作业整合，内容更具实践性、生活化。

2. 登台争做“小老师”

“讲台”在孩子们的心目中是一个多么神圣的地方，它是老师施展才华的阵地,是一个属于老师的舞台。陶行知先生曾经创造并推行过“小先生制”,如果时机合适,师生来个角色变换,让学生走上讲台当“小老师”,过把教师瘾,那么学生定能更积极主动地活跃起来,思维的绚丽花束将会灿烂地开放在他们心上。

“人人都有潜能”。教师要善于为学生创设机会,搭建平台,让他们施展才华,这样才能挖掘学生各方面的潜在能力,把素质教育落在实处。学生坐在座位上学习与走上讲台学习,两处获得的体验是截然不同的。“小老师”对知识的理解不仅要“知其然”,更要“知其所以然”。除此以外,“小老师”要有胆识,还必须具备较好的语言表达能力、应变能力和组织能力等。要想做“小老师”,学生一定会主动地发现问题,思考问题,解决问题,才能真正发自内心地成为学习的主人。

例如,我们以“茶”为本,智慧拓展——借助校本教材《少儿茶艺》,“小茶人讲坛”的营建,把讲台还给学生。“雏鹰小队”用周一午会课或两分钟预备铃时间,以“说茶一习礼”为话题,在教师指导下自主搜集、整理、运用材料,了解各地饮茶的风情民俗,展现了“雏鹰假日小队”团队合作的力量与精神!我们开展了“中华名胜之旅”的个性化课堂,孩子们兴致高昂,纷纷报名参加。比赛时,看得出小朋友们准备很认真充分:有的能流利响亮地脱稿讲出一则长长的故事,有的在爸爸妈妈的指导下为孩子精心准备了一份讲稿,有的带来了可爱的道具配合表演,有的画了几幅连环画……同学们上台演讲时,洋溢着自信的笑容,声音响亮,充满童趣。孩子们在分享快乐的同时,也增进了对祖国大好河山的热爱之情。

通过这样一种形式,打破了教师传统授课理念,给孩子一个讲台,他们会大放光彩!很多小朋友纷纷对老师说:“老师,站在讲台上的感觉真好!我好喜欢做小老师!”把课堂还给学生,让课堂充满生机;把班级还给学生,让班级充满成长气息;把创造还给学生,让教育充满智慧和挑战;把学习的自主权还给学生,让学生插上飞翔的翅膀。

【教师心语】

“小老师”上讲台，多潜能齐开发

语文教材每单元都有一篇打星号的自主阅读课文，这些课文内容浅显易懂，如果放手让学生来做“小老师”走向讲台，不就是实现了陶先生的“小先生制”？作为语文教师，我大胆进行了实践，从二年级下半学期至今已坚持两年，让各层面的学生竞争做“小老师”，每一位学生先后有了做“小老师”的经历，有的甚至有两次、三次。“小老师”们自己备课，做PPT，上讲台。当然，作为老师的我并不是旁观者，而是组织者、指导者、督促者和评判者。学生备课、做好PPT后，我都一一把关，让他们先试讲一遍。最后，他们都成功地走向讲台，在做“小老师”的经历中养成好习惯，树立自信心，合作齐进步，开发了多潜能。

“小老师”上讲台，养成好习惯。小汤同学，头脑聪明，就是习惯差，自主控制能力弱，学习成绩平平。当他接受了这个任务后，忙开了。平时预习马马虎虎，这回当“小老师”了，他潜心阅读教材，给课文标上小节号；圈出生字表中生字的部首，并注明生字教学的重点及难点(如：音、形、义)；在文中划出带有生字的词语，并为难以理解的词语标上注释；圈划关键语句，并根据实际情况标注正确的理解；在标题旁注明本文的主旨；在空白处附上板书；认真完成书后练习，要求同学回答的问题、造的句子，先写一写，造一造。听他妈妈说，他足足用了一个下午读教材，遇到问题上网查找、请教家人，俨然是一个“小老师”，容不得半点马虎。

在备课的过程中，“小老师”们一定会逐渐养成良好的预习习惯，从而大大地提高学习效率，真是“好习惯、早养成、益终身”。

“小老师”上讲台，提高阅读力。小倪同学，平时做阅读时静不下心来，每次测验的阅读部分都要扣大量的分数。可是，现在要单独上讲台，如果自己不好好研读教材，岂不是要闹笑话吗？于是，他一下课就拽着书，要么静心阅读，要么圈圈画画，要么查阅资料，要么请教好同学，那股钻劲没得说了。到了家，更是全身心地投入。最终，他怕自己的阅读理解出错，还拉着我一定先让他和我讲一遍才放心。在试讲中，我欣喜地发现，眼前的小倪今非昔比，完全可以胜任一名“小老师”，那表达流利有感情，那提问到位有层次，那对文本的理解恰当准确……

正式上课那天，同学们对他刮目相看，听讲特别认真，和他的互动积极、投入，文本的知识点都能讲清、讲深、讲透。有了做“小老师”的经历，小倪对语文学习的兴趣更加浓厚，抽空还主动做一些课外阅读，阅读能力稳步提升。

“小老师”上讲台，树立自信心。小李是个内向的中等学生，胆子很小，说话声音极轻，脸儿容易红。她有一个愿望，就是长大想做一名老师。这不是一个很好的契机吗？于是，我和她促膝长谈，鼓励她要抓住这次锻炼的机会，让同学们对自己刮目相看。原先她说什么也不肯，最终她咬着嘴唇答应了。下面请看她的日记：

上课铃响了，我的心也越来越紧张，直到老师叫我的一刹那，我的腿早已颤抖了起来，神色慌张地走上讲台。我首先叫同学们讲新闻，但好像同学们都不配合我似的，没人举手，我心急如焚，还是我的老朋友——小欣解了我的围。不知道怎么的，我说了上一句却忘了下一句，脸涨得通红通红。讲着讲着，尴尬的我渐渐克服了紧张，声音也响亮了，表达也流利了。看到时间已经快下课了，我便不紧不慢地收尾。顷刻间，同学们响起了热烈的掌声，我心里乐开了花。

为了这堂课，我不知练了多少遍台词，现在，终于实现了。通过这次讲课，不仅让我体验到了当老师的那种自豪的感觉，还让我收获了以前没有的欢乐，我更自信了，我要为着自己的理想而努力奋斗。

可见，自信心是支撑一个人做任何事的动力，小李在做“小老师”的过程中得到了磨炼，相信今后的路会更宽、更远……

“小老师”上讲台，合作齐进步。在让“小老师”上讲台的实践中，我也不断反思、改进，当发现胆子小的、能力弱的、同学相处不够和谐的，我就有意识地给他再配一个自信的、能说会道的、和他关系原本不是很好的搭档，让他们共同进步。比如：小金和小蔡，两人经常会为丁点小事闹出这样或那样的不愉快，可谓屡教不改。这回我特意聘请他俩一起合作做“小老师”。起先，我也看出了他们的不情愿、不接受，但当我说“如果不愿意，那就把机会让给别人”时，他们无奈答应了。之后，我就指导他们如何合作，如何才能把课上好。

让人欣喜的是，课间不再看到他们追追跑跑、打打闹闹了，而是一起捧着书认真研读教材，一起碰撞思维的火花，一起请教我；晚上，他俩一回家就抓紧时间做作业，约定七点半在 QQ 上一起讨论教案；双休日集中小金家做 PPT、试讲；课堂上，两人一台戏，演得下面同学对他们刮目相看，送上雷鸣般的掌声。从这之后，他俩不再是对头，而是手牵手、心连心的好朋友。

通过实践，我发现学生都是爱当“小老师”的。在课堂上，“小老师”们既是老师又是学生，既是提问者又是答疑者。他们不断转换角色，相互启发，在无拘无束的教学活动中表达情感，锻炼口才，迸发出智慧的火花。试想：如果每个学生都能在充分学习和研究的基础上参与备课，走上讲台……那么，我们的语文教学将会进入一个更加美妙的境界，让每一位学生留下美好的回忆！（朱密华）

二、“我型我秀”展风采

校园文化建设是学生学以致用，展示自身才华，体现学校教育的大舞台，因此，我们本着“人人参与，促进每个学生主动发展，健康成长”的目的，以“让每个孩子都能体验成功”为宗旨，以“我自信，我展示，我快乐，我成长！”为口号，结合文化科学知识、艺术、体育、劳动实践等内容，每学年分阶段开展精彩的主题节活动。例如，科技节围绕“奇思妙想玩科学”主题开展科技周活动，营造一个学科学、爱科学、用科学的浓厚校园氛围，提供一个展示交流科学知识和技能的平台，让学生在动手、动脑中感受科学的魅力；体育节以“阳光体育、精彩绽放”为主题，开展校趣味运动会，通过趣味运动会的举行，让学生在各类趣味游戏活动中发展身心，陶冶情操，磨炼意志，提高学生身体、心理健康水平和适应社会的能力；阅读节以“走近郑渊洁阅读经典童话”为主题，开展新颖活泼、形式多样的阅读活动，激发学生的阅读兴趣，拓展儿童文学阅读范围，提高阅读能力，丰富课外知识，分享读书之乐；英语周通过举行万圣节“Happy Halloween”活动，让学生了解西方传统节日，感知中西方的文化差异，培养学生的多元文化素养，学会用英语表达自己的喜好，学会和小朋友合作游戏，全面提高学生的综合能力。

五年级辩论会是我校多年传承下来的毕业季主题活动之一。在毕业之际，为孩子们举办辩论会，既能激发他们积极参与活动的巨大兴趣，又极有教育意义，辩论会丰富了附小的校园文化，让学生在课业学习之外得到了身心的全面发展。

要搞好活动，学生的意愿是关键。做孩子们想做的事、搞他们想参与的活动，才能最大限度地调动起他们的积极性，才能在活动中激发他们的热情和潜能，才能使活动发挥出最大的育人功能。学生们对辩论会的反应极为热烈，个个想参与，人人都憧憬着当一回辩手。虽然最终被选到辩手及工作人员只占总人数的1/3，但整个活动却是人人都参与其中的。召集人的推选——辩题的选择——双方观点资料的搜集——聆听辩论会的讲座——配合双方辩手进行模拟辩论——旁听辩论会，根据自己的想法以及场上辩手的发言，在辩论前、辩论中、辩论后参与观点的投票。因为有了他们的参与，为场上的选手增添了自信和动力，也使整场辩论会变得更加精彩。

辩论会的活动自始至终得到了家长们的认可和大力支持，他们认为学校为孩子们搭建了一个展示个性、拓展能力、施展才华，学会团结合作、公平竞争的平台，理应更加珍惜这一难得的机会。因此，家长们各尽其能，请来专家和高中、大学金牌教练帮忙指导，家长还在假期里协助召集人，组织大家一起合作练习。他们的努力使得我们的孩子在组织、参与辩论会这一活动中，有了一个更全面的、更专业的认知和操作，更使孩子们在赛场上的出色表现成为一种必然。

活动对于班主任而言，与其说是组织一场辩论会，更确切地说是在策划一场自助式的盛宴。老师所提供的是一次机会、一个平台，保障时间、协调人员和均衡资源，而每个孩子、每位家长在活动中找到适合自己的位置，尽自己所能地施展能力与才华，在活动中既相互竞争，又彼此欣赏、学习，在这个平台上提升自己、享受参与的过程。正如孩子所说的:在辩论赛这个赛场上,正反两方都是胜利者,没有失败者。输赢只是一种形式,老师与同学之间、同学与同学之间感情的交流,团队之间互相鼓励和支持让我很感动,也很享受辩论的过程。结果真的不重要,重要的是我们一起走过,一起了解,一起成长,心与心的交流,促进了友谊。

从"分数重要不重要""选班干部要不要照顾男生""小学生使用手机的利与弊"到"在家劳动要不要给钱"的一场场辩论会,学生们不仅锻炼了口头表达能力,培养了自身的应变能力,更是提高了参与社会、了解社会的责任感,开拓了学生们的视野,塑造了良好的人格与品质,展现了附小学子们良好素养。

精彩主题节活动尊重学生的主体地位、主动精神和个性差异,注重形成学生健全的人格。从而,让每个孩子的潜能得以挖掘、发展,秀出自己的精彩。

三、"自由飞翔"勇挑战

每个孩子都有其独特性,"每个孩子都是天才,但没有天生之才。教师、家长应根据学生的实际情况,寻找适合学生的教育方式或补救措施"。我们不断用爱与欣赏的目光去看待每一个孩子,尽可能地为孩子们搭建适合其成长的空间和舞台,相信当你给孩子创造展示机会的时候,他一定会让你看到精彩。附小是一片能够让孩子健康、快乐、智慧成长的沃土。在这片沃土上,结出了一个个梦想的果实,阵阵飘香。

秋秋,是一位有"彩泥制作"天赋的孩子。偶然一次泥塑兴趣课上,彩泥作品赢得同学与老师的赞扬和认可。在老师的鼓励下,从而逐渐对彩泥的制作投入了浓厚的兴趣。于是,每周一次的午会课,让他做小老师,与同学交流自己的想法与制作心得。有时,课堂上还现场互动,来个 DIY ,班级为他成立了"彩泥工作室"。他对此的兴趣更浓厚了！老师给予指导,推荐动漫泥塑,鼓励他创造自己特色的作品。"附小才艺秀"活动中,还特意为他筹办了"彩泥作品展",一颗新星在附小熠熠闪光……

贝贝，喜欢看书，平日里少言寡语，众人面前不自信。一次上语文课的时候，班主任老师讲到了《开国大典》的课文，贝贝竟站起来滔滔不绝，自信满满。课后询问，原来贝贝在家跟着爸爸一起集邮，从中学到了很多知识。班主任老师特意推荐了相关书籍，还要让他当回指导集邮的小讲师。贝贝有了从未有过的认真劲儿：用了几个晚上，在网上下载了图片，制作 PPT，还在家模拟演示了好几遍。那天，虽然出现了机器故障，但是他冷静快速地做出了反应，给同学们发放邮票，现场互动有奖竞猜。给孩子一个舞台，贝贝发现了不一样的自己，变得更自信了。经常会带着集邮册去学校，和同学们一起讨论交流。现在的贝贝活泼开朗，班里的各项活动，都能看见他积极的身影，对于很多机会，更敢于去尝试了！

还有个孩子叫"小张衡"，因为他兴趣爱好广泛，涉猎历史、天文、气象、化学、交通工具等方面知识，尤其热爱天文研究和故事创作而得名。他还成为附小史上第一个正式出版自己著作的小作家。

2016 年 8 月 20 日，对于附小来说是一个重要的日子，附小的"小作家"刘羽轩在这一天，于上海书展进行校园作品——《小花朵的故事》签售活动。当青少年读者从展台旁经过时，羽轩非常自信地走上前去介绍自己的作品，眉宇之间的淡定从容显现出了附小学子的风采。站台上的书一本本在减少，羽轩的脸上逐渐绽放出笑容。最终，当日库存售罄。上午 11 点，以"中国校园文学漫谈"为主题的论坛正式拉开帷幕，台下高朋满座，台上的小作家自信满满。面对观众们抛出的种种提问，羽轩总是淡定、智慧地接招，他的机智回答常常赢得台下观众的热烈掌声。为此，《杨浦时报》刊登题为——《杨浦四年级学生竟在上海书展开起了读者见面会》的报道。

回首羽轩的成长，我们很自豪。一年级，他大胆地和我提出要为五年级的哥哥姐姐上天文课。如此自信的孩子，学校怎会不予以平台？此后，由科技教师带他去少科站、佘山天文台拓展学习。三年级，他出海报，为全校所有学生再次讲座，进行天文、气象等知识的宣讲，场场爆满，场场掌声雷动。于是，他在附小出名了！成了人人皆知——附小梦想秀新星。讲座之余，他在班级中还多次利用阅读课，与伙伴们一起分享他的所学、所知。

他越来越兴趣高涨，准备充分，表达流畅，像一位小专家，一心沉浸在他的创作王国：创编了生活在“忙碌国”的一群孩子，他们团结合作，一起探求知识的奥秘，研发新能源，充满了对宇宙、大自然、科学和未来的奇思妙想。通过一年多的努力，《小花朵的故事》诞生了，还在书展上与读者见面了。于是，他在全市出名了，成了家喻户晓的“小作家”。我更是欣然答应为他的著作写后记。

【《小花朵的故事》后记】

暖暖的午后，沐浴着明媚的春光，我坐在办公室里，出神地阅读着你的处女作《小花朵的故事》。作为你的首批读者，我倍感欣喜，心潮起伏：我们的羽轩真了不起！对科学的痴迷与热爱，让小小年纪的你便立下了著书的梦想，短短的一年，就撰写了一本十万多字的科幻书。读着那一个个融知识与幻想为一体的奇幻斑斓的故事，我的心醉了，多么生动，多么奇妙，多么精彩，感动于你的想象力，感动于你的创作力和实现梦想的毅力，你就是一朵绽放的小花朵！

不由地脑海里浮现出那一幕幕往事：2012 年的一个课间，一个一年级的萌萌的小男孩拉着我的手，郑重其事地说：“校长，我想给五年级大哥哥、大姐姐讲天文知识，您说行吗？”我又惊又喜：“行呀！我答应你，因为你是一个有梦想的孩子！好好准备，我一定帮你实现这个愿望。”两个月后，天文讲座的海报出现在校园里，你的身影也出现在五年级的教室里，滔滔不绝地在荧幕前讲述着星球的秘密，哥哥姐姐们都惊呆了！

2014 年，你读三年级了。一天，你和我咬耳朵：“校长，告诉你一个小秘密，我想写一本和科学知识有关的书。”“是吗？我发现你的梦想就像你的模样一样，越长越帅，越来越美了，我愿意做你的后盾……”

时光如水，当年的小花朵已经成长为一个高大帅气、乐思善问、好学爱写、成绩优异的小男生了，绘就的《小花朵的故事》已经真真实实地放在了我的案头。掩卷而思：校园里的每一个孩子都是一朵朵含苞欲放的花蕾，在家庭、学校、社会的温暖下、培育下，他们播下了属于自己的美妙的梦想，不断地汲取着阳光和雨露,健康、快乐、茁壮、智慧地成长着,一天天、一年年……看到他们成就梦想、灿烂绽放的那一刻,我的心又一次醉了:"为你们骄傲!为你们喝彩!为你们欢呼!"

"为了每一个学生终身发展",教育应该顺应孩子的天性,倾听孩子的心声,发展孩子的个性,更要激发孩子的潜能。因此,我们任重而道远。最后,我衷心地祝愿小羽轩能坚持不懈地播种梦想,追逐梦想,成为"少年爱迪生"。同时,我也祝愿附小的每一个孩子心中有梦,追梦成功……

另有个孩子叫"小孙杨",也是附小的骄傲。袁东骋,一个健康、可爱的男孩,一年级时就通过了近 500 多名学员的选拔筛选,进入杨浦区游泳俱乐部,成为了一名三线游泳队运动员。在接下来的三年里,接受着来自教练布置的繁重训练任务。每天早晨 6 点起床,7 点准时下水训练,不管严寒酷暑。特别是在寒暑假期间,每天的训练时间长达 4 个小时。小袁作为一个专业运动员,表现出刻苦认真,坚忍不拔的优秀品质,2015 年 8 月,由于他的出色表现,提早被选入杨浦二线游泳队伍。自进入二线游泳队伍起,每天下午 3:30 至 6:30 的 3 小时,承受长时间、长距离、高强度的专业训练。游泳是一项非常磨炼人毅力的运动项目,不管严寒酷暑,也不管刮风下雨,每天 4000 到 5000 米的训练量永不停歇。它就像学习,已然成为了小袁生活的一部分。每一次踏上起跳台,每一次憋气打腿,每一次转身呼吸,每一次冲刺后的气喘吁吁……都像是一个个烙印,深深地刻在记忆中,不会消退。

对于这名运动的好苗子,老师们配合教练与家长,保障了小袁在校学习的质量,解除家长和小袁本人学业上的后顾之忧。他学习刻苦,效率也高,学习成绩始终在班中名列前茅。孩子体学双赢,班主任老师更是在班级中加以鼓励和宣传,号召全体同学以其为榜样,学习小袁刻苦耐劳、勤学苦练的精神!老师特地在班级里开辟了一个"班级之星"的墙报角,从七个板块对小袁的游泳之路进行了宣传,还让孩子给全班进行了一次宣讲,不仅锻炼和鼓励了小袁同学,更是给全班同学树立了一个良好的榜样!在老师们、同学们的关心与爱护下，小袁同学无论是在碧波池中，还是在学海之中都更加有饱满的劲头与激情，将爱好、天赋与坚持完美地结合了起来，取得了一次又一次的进步与超越！

数年的刻苦训练，小袁获得的全国、上海市的各类奖牌累累，2016 年更是喜获丰收，被授予国家二级运动员称号，参加了第三届“民立杯”2016年上海市中小学生游泳冠军赛，为学校增添一枚金牌和一枚银牌。我在全校师生面前为他颁发奖牌时，不由感叹，经历了数次大大小小的比赛，从一个进入比赛会场就会全身瑟瑟发抖，紧张得眼眶含泪的男生，逐步转变为一个充满自信，且具备一定运动员素养的男子汉。面对竞争，面对对手，他绝不胆怯，积极主动出击，迎接挑战，这就是附小男儿本色！附小的骄傲！

该放手时就放手。是雄鹰，就让他们在高空中展翅高飞；是花朵，就让他们在草原上灿烂开放。给学生们一片自由发展的空间，给学生一个展翅高飞的机会吧！

第二节　在参与体验中学会生活

结合学校办学理念，我们从孩子视角出发，开展了各式各样的体验活动，寓教育于活动，寓活动于实践，让孩子在学知识的同时学会生活，使他们在未来的生活与挑战中能够真正融入社会、服务社会，让教育更日常化、具体化、形象化、生活化。

一、走入社会大学堂

1. 社会实践我参与

我们依托社会力量，参与儿童道德建设，将孩子们的思想教育融入社会生活的主旋律。我校的社会实践活动面向全体，让每一个孩子学有所长，学有所用。

就社会实践活动形式而言，要丰富多彩，旨在让孩子的学习多一些乐趣，让孩子把视野拓展到社会大学堂的方方面面，在活动中激发兴趣、提升素养、陶冶情操。就设计而言，我校不仅根据每学期的德育工作重点来设计，而且充分考虑各年段孩子的年龄特点，选择了一些符合他们年龄段兴趣的活动场馆。

我校每学期每个年级安排一次社会实践活动，学校提供的“大菜单”：一年级参观校园、二年级参观部队军营、三年级参观区城市规划馆、四年级走进同济大学、五年级观摩消防演习。每个班级也会根据班情、依托社会资源和家长工作坊开展“私人订制”式的社会实践活动。有的班级联系通用汽车厂带孩子去参观汽车生产流水线，有的班级联系爱国主义场馆开展参观活动，激发孩子兴趣的同时也能够将爱国主义教育渗透到活动中去。

为了让孩子们在学有所乐的同时学有所得，我校的教师们充分发挥他们的智慧设计出了社会实践活动学习单，让孩子在社会实践活动中观察、探索、发现、思考，做智慧小主人。教师们在设计学习单时不但考虑到要设计一些简单的问题来反馈孩子是否认真参与，而且也设计了开放性活动让每个孩子充分展露自己的个性。这样，孩子在完成学习单时才不会觉得他只是换了一种形式做作业，而是乐在其中。

海洋世界实践参观

学　习　单

亲爱的小朋友：

欢迎你们来到水产鲸鱼馆和海洋生物科普馆，你将跟随志愿者参观。我们出了几道题看看各位的观察力和思维能力，你能接受挑战吗？开始我们的实践旅程吧！

认为对的，请在括号内打“√”。

1. 抹香鲸标本是1∶1比例制作的。（　　　）

2. 鲸鱼馆陈列着抹香鲸、贝壳和珊瑚的标本。（　　　）

3. 我认识的贝壳有（　　　　）、（　　　　）和（　　　　）。

4. 我还了解到了：____

____

也可以画画哦！

5. 我的文明礼仪指数：（请在☆内打“√”）

认真倾听讲解　　☆

对服务人员有问好说“谢谢”　　☆

参观时排队有序不喧哗　　☆

除了学校的社会实践活动“大菜单”和班级的“私人订制”式社会实践，我校也在努力探索社会实践新方式。近期，我校结合各个年级学生的特长选拔了一些有思想、爱写作的同学参与《大公报》小记者活动，这些活动是《大公报》报社自主开展的公益活动，他们的细致策划和耐心引领在孩子的心中播下了智慧的种子。短短一学期，小记者活动就已经开展得如火如荼。他们到《东方直播室》做客讨论热点新闻，激发了关注社会热点的兴趣；他们参观中国第一家国家级航海博物馆，参观航模、模拟航行、4D电影，精彩纷呈的活动让孩子们大呼过瘾；他们来到犹太难民纪念馆重拾历史记忆，探寻70多年前的那段历史。

我校社会实践活动在规范有序的家校联动下，以体验为切入点并通过体验培养与发展道德认知、道德情感，道德行动，使学生学会实践道德，学会承担责任，在做中体验，在体验中融合，达到知、情、意、行的统一。我们也在社会实践活动的组织中，更为注重的是学生体验的丰富性，资源运用的合理性，家长参与的自主性和活动开展的科学性。如今，家校互动模式的社会实践活动已成为我校校外活动一道亮丽的风景线。

2. 雏鹰小队在行动

人是社会人，学生终要走向社会、融入社会。越早让学生接触社会，就越能让他们了解社会，附小充分利用社会资源，让学生关注社会焦点，发现社会问题。“雏鹰假日小队”是随着“雏鹰行动”的广泛实施和5天工作制的实行出现的一种新的少先队工作方式，是对少先队员“五自”能力的综合锻炼，是少先队课堂以外的，在社区范围内并在双休日、假期开展活动的小队组织。它既是课堂文化的延伸,又是学校文化的体现。它坚持以队员发展为本,促进队员身心健康发展,在活动中学会做人、学会学习、学会创新,注重培养队员可持续发展和终身学习能力。

“雏鹰假日小队”的兴起,给少先队工作带来了勃勃生机。但是对于独生子女的现代孩子而言,双休日又要面对种种补习班,在时间上,在活动内容上,在活动形式上,的确是一种挑战,更需要班主任的悉心指导。我们注重“雏鹰假日小队”的编组、小队的规模,注重活动的主题,鼓励学生利用学校周围的鲁迅公园,鼓励走进社区,为社区服务等。老师们启发队员勤于思考,构思和创想自己乐于去开展的假日小队活动的小主题。例如,信息交流会:好书、电影、游戏、演出……时尚小派对:展示才艺、尽情游戏、角色扮演……新品发布会:书籍、文具、玩具、美食……美食点评会:逛逛城隍庙,搜罗各地美食;自制饼干、小点心;公园野餐、烧烤……家庭一日游:生态游、参观博物馆、园艺耕种……游戏大赛:团队小游戏、亲子游戏、体育锻炼……

我校也依托家长资源组建了一支以家长为主体的“雏鹰假日小队”辅导员队伍。家长队伍中藏着十分丰富的教育资源,比如家长中有红军战士,有科技指导员,有军人,有航空公司乘务长和机长,有电视台工作人员……他们每个人背后都拥有一个小队活动的资源。组建好家长辅导员队伍是关系到少先队教育社会化的大事,是实现少先队教育新的突破,“雏鹰假日小队”也因而会成为学校、家庭、社会教育相结合的纽带。组建“雏鹰假日小队”辅导员队伍,是搞好“雏鹰假日小队”活动的关键所在,有了这支队伍可以换来“两个放心,一个高兴”,即老师、家长放心,队员们高兴。听听他们的心声。《大公报》小记者:航海博物馆的参观让我认识了更多船的模型,我和其他小伙伴一起模拟航海、看 4D 电影,这样的活动真是太过瘾了。执勤队员:我特别喜欢执勤队员的工作,不但能够在执勤时提醒其他同学,也能够提醒自己不要犯同样的错误。家长:学校开展了各式各样的活动,让我的孩子能够把视野拓展到社会,从做自己的小主人到做班级、学校的小主人,逐步发展成为社会的小主人,热爱生活、融入社会。

我校"雏鹰假日小队"活动更注重过程性积累及活动后的评价反思。活动中，要求队员们及时拍下活动过程中的照片、影像资料，并要留下活动成果，比如采访记录、完成的作品等，便于活动资料的整理。活动的成功之处在哪儿，还存在哪些问题，怎样改进更好。队员在总结反思中发现问题，分析问题，解决问题，能力会提高得更快。

【活动案例】

小队活动——啄木鸟在行动

为了响应学校推普周活动"火眼金睛我眼亮"，提倡正确规范的使用文字，提高学生综合素质和社会实践能力，五(1)班"雏鹰小队"决定组织开展"啄木鸟在行动"活动。小队成员们在家长志愿者的带领下，以校门口为起点，沿着大连路向曲阳路出发，途经密云路、玉田路，以及周边的居民小区。对于途经地区，凭借自己的一双慧眼，对街道、居民小区的标牌、店牌、指示牌、广告牌、宣传标语、公告，以及各种宣传品、街头广告、商店牌匾等中的繁体字、错别字、异体字、字形不全等不规范用字进行调查，并做好记录。对于查找到的不规范用字，进行严格的识别、把关，向能找到的有关人员进行礼貌交流和提醒，提出改正建议。

通过这个社会实践活动，同学们能对规范文字使用的重要性有更加直观的认识和理解，激发同学们对认真学好祖国文字的热情，提高学习文化知识的积极性。同时，引导同学们在日常生活中做个有心人，善于发现、主动观察，自觉从自我做起，规范文字的使用。

3. 缤纷假日我乐行

我们一直以来提倡培养孩子的自主探索能力，培养学生社会责任感、创新精神和实践能力。假日里，我们也为小朋友准备了缤纷多彩的活动，一年一度的中华传统节日——端午节，我们展开了主题为"乐体验 慧创新 享端午"的亲子活动课程。下面这份学习单向我们展示了此次端午亲子活动课程的四大项目，每个学生可以自由选择，只要能完成其中的1～2项项目即可。

乐体验　慧创新　享端午

——庆端午亲子活动课程学习单

<table>
<tr><th>活动项目</th><th>年级</th><th>活动内容</th><th>活动反馈</th></tr>
<tr><td>行走天下</td><td>1—5年级</td><td>与家人、伙伴外出参观、游玩时，观察端午节时的植物，用拍照或绘画的方式记录它们的样子；感受各地庆祝端午节的氛围及民间习俗</td><td>活动照片或小队活动记录</td></tr>
<tr><td rowspan="2">网游世界</td><td>1—2年级</td><td>和家人一起上网了解端午节为什么和屈原有关，并找一个关于屈原的小故事</td><td>班会课上交流</td></tr>
<tr><td>3—5年级</td><td>1. 上网学习屈原写的或关于端午节的一首诗歌，试着了解现代文的含义；
2. 上网搜索一部和屈原有关的影片，和家人一起观看</td><td>两分钟预备铃时吟诵制作2～3页的PPT</td></tr>
<tr><td rowspan="2">谈天说地</td><td>1—2年级</td><td>采访长辈，了解他们小时候是怎样过端午节的</td><td>班会课上交流</td></tr>
<tr><td>3—5年级</td><td>结合自己学习的收获，告诉长辈端午节的习俗，或开展小队活动，互相交流</td><td>班会课上交流
小队活动记录和照片</td></tr>
<tr><td rowspan="2">妙手生花</td><td>1—2年级</td><td>1. 画一只小粽子；
2. 认识艾叶菖蒲，了解它们的作用，与长辈一起悬挂艾叶菖蒲；
3. 制作简易的香囊</td><td>手工作品
照片</td></tr>
<tr><td>3—5年级</td><td>1. 画一条龙舟；
2. 认识艾叶菖蒲，了解它们的作用，与长辈一起悬挂艾叶菖蒲；
3. 包粽子</td><td>绘画
照片</td></tr>
</table>

此次活动内容丰富，形式多样，给予了小朋友很大的选择空间。通过各式的实践活动去体会端午的传统文化，一下子就能吸引孩子的兴趣，提高孩子的动手、动嘴、动笔的能力。

一位家长表示此次端午亲子活动课程，没有以灌输式方式让学生认识端午节，而是在学校和家长共同推动下开展，小朋友觉得十分有新意，使得这次活动成为学校出点子、家长出路子的成功合作案例。

另一位家长也说，在学校老师积极的影响和感染下，孩子自己上网查询了很多资料，主动去了解端午节的由来和民俗，知道了端午节背后的故事，知道了这句名言“路漫漫其修远兮，吾将上下而求索”，知道了屈原一生追寻真理，大义担当的爱国民族精神。此次亲子活动课程让孩子们有兴趣有目标地通过传统节日去探索中华民族的历史，激发了孩子们内心深深的爱国情怀，认识到我们中国有着悠久的历史和丰富的文化，有着很多像端午节一样的传统节日。

二、“定向体验”乐活动

在体验式的教育活动中，学生可以作为学习的主体，通过亲自参与或置身某种情景中，用心智去感受、关注、欣赏、评价某一事件、人物、环境、思想和情感等，从而获得知识、技能、情感而达到教育目的。体验式活动让学生“走出”教室，“走出”课本，进行“学习体验”“行为体验”和“内心体验”，参与到社会实践当中，在学习中体验，在体验中成长，把教育要求内化为品质，外显为行为。

1. 学做小当家

依据“两纲”精神，传统教育、民族教育、生命教育一直是我们对学生进行德育熏陶的重要主题与思想依据。而其中，“感念父母恩”是体验教育中能让孩子及其整个家庭带动起来，在生活中切实实现全员都是德育工作者的良好教育氛围和教育契机。在附小，我们既注重培养学生平时在家庭中的小主人意识，自己的房间自己理，自己的书包自己理，做一些力所能及的小事，还注重挖掘一些附小传统节目，如“附小茶艺节”“附小元宵灯会”“附小重阳节”等，组织学生积极参与这些节日，提升个人能力和素养的同时，也希望学生的家庭也能被积极调动，参与到这一系列有意义的活动中来，并能在这过程中无痕渗透德育教育，养成德育素养。因此，在开展这些系列活动的过程中，我们让学生学会做一份小茶包，在“附小茶艺节”里亲手为长辈端上一杯自己冲泡的热茶；我们让学生和家长一起亲手设计、制造环保灯笼，全家齐动手，集思广益，其乐融融；我们还让学生在重阳节为家中祖辈服务，或是洗一次碗，或是打扫一次祖辈的房间，或是为祖辈捶捶肩、捏捏腿、说说贴心话。事情虽小，但却能帮父母减负，找到乐趣，重要的是还是能够锻炼自己，使自己在一次次锻炼中吸取经验，从而成长。学做小当家，是感恩，是回报，是担当；是寻找，是发现，是乐趣；是锻炼，是培养，是使学生成长的一种有效途径。

2. 学做小军人

我们积极探索、尝试通过组织学生简单的军事训练与教育，促进学生增强爱国主义、集体主义和革命英雄主义观念；加强组织性和纪律性，培养吃苦耐劳的精神，促进学生综合素质的提高。基于这样的思考，我们在每年的新学期来临之际，邀请部队官兵来我校参加新学期开学典礼及升旗仪式。战士们为学生进行军事技能展示、队列出操演练，还按照班级为单位，给学生们进行为时 30 分钟左右的队列训练。学生们通过观摩以及亲自进行队列操练，感受到军人“坚忍不拔、吃苦耐劳、敢打敢上”的精神，并将学做小军人的体会，发扬到自己的队列训练之中，继承和发扬解放军叔叔的优良传统和精神。军训时间虽短，但我们的老师和家长发现我们的学生都有了可喜的成长，变得更有集体意识、荣誉意识和团结精神！变得更加阳光开朗和积极向上！

3. 学做友谊小使者

我校与江西南丰希望小学已结对数年，每年都有数次互动交流活动，每一次的支教、交流都给师生带来颇多感受。2016 年 5 月我们迈出了支教行的一大步，在老师去支教的同时第一次增加了 4 名四年级学生去交流。这种学生交流是全浸润式的，与山里的孩子们同学习同住行，让来自大城市，享惯优越城市生活与家庭环境的学生，有了别样体验。一位交流学生回校后精心制作 PPT，对全年级学生讲了在南丰的故事。

南丰上海经纬希望小学在赣东最高峰——军峰山上。这所小学虽然在当地已经是条件最好的，但是和上海的小学相比还是差得很多。不少学生每天要走很长时间的山路来上学。学校只有一间图书室，都是捐助来的书，摆放得参差不齐。学校的学习内容比上海小学要单一得多，学生没有科技课，更没有实验器材。我们老师带去实验器材，带领学生们动手探究科学知识，同学们都特别喜欢。一开始，那里的学生比较羞涩、胆怯，而我们早已在上海课堂上养成了自信表达的习惯，一直积极举手发言，看着我们这些友谊小使者大胆发言，乐于思考，在我们的带动下，那里的学生渐渐地也不甘示弱起来，点燃了全班的活跃气氛。

山里的同学很淳朴，也很能吃苦。打篮球时特别能拼，被撞了不埋怨，摔伤了不叫疼。住校的一年级同学都自己洗衣服，而且还是用很凉的山泉水，厚衣服拧不干，就两两互相帮助，一人拉一头拧，这让我们既感动又汗颜。在那里，我们也学会了独立管理自己的生活起居、积极地体验校园生活、融洽地与同学相处、自信地进行才艺展示。在乡村生活中锻炼出来的那份坚强和勇敢，将成为我们成长道路上最珍贵的体验！

当他们经过一周的生活体验回到上海时，家长更是深深地感受到了孩子的变化。家长们纷纷表示：父母是孩子人生中的第一个老师，而孩子成长过程中最最重要的收获，还是来自于学校生活和学校老师的谆谆教诲。学校教育不仅仅是对孩子学业成绩上的教学，更重要的是让孩子身心健康成长、学会感恩，养成坚强、自信、快乐等个性心理品质。自从孩子进入附小以来，学校的一系列活动，都能让家长们感受到学校的努力，这些友谊的小使者此次江西南丰之行，既是行交往礼仪、促两地交流的希望之旅，也更是学生们的成长之旅！

4. 学做康康小达人

附小“康康俱乐部”的成立源于附小有一小批不太喜欢运动而体重超标的肥胖儿童。专业老师们通过查阅资料，设计科学的锻炼方案，将锻炼时间定为下午放学后的 30 分钟（饭前 1 小时是最佳锻炼时间），锻炼监控为 4 天。每周一至周四放学后，不时看到胖胖们在操场上挥洒汗水，他们锻炼内容以有氧运动为主（更有利于消耗学生的脂肪），晴天在操场有快走 3 圈、边跳绳边跑步、拍球散步、负重跑等等。雨天有室内健身操、仰卧起坐等，形式多样的走跑运动，激发了不爱运动的他们的锻炼兴趣，渐渐地，孩子们在操场上连续 3 圈的跑和走，每圈 400 米对他们来说已经是小菜一碟了，走完跑完，气都不喘了。最可贵的是他们在这样的锻炼中学会了坚持，养成良好的锻炼习惯。

为了使“康康俱乐部”活动更具实效性，老师们还设计了“康康手册”：制定了营养食谱、热量消耗表，使学生家长重视饮食的控制；重点加强记录校外（周末、假期在家）活动情况。每月总结是每个学员获“金豆”的日子，针对校外坚持锻炼老师们会给予特别奖励，最厉害的学员一次获得了 20 颗“金豆”，这大大激励了其他的学员进行锻炼。就这样，他们的锻炼积极性更高了，成效变化更大了，学生们常常会这样告诉俱乐部的老师们：“老师，我瘦了 2 斤。”“老师，我更灵活了！”“老师我更喜欢运动了！”“老师，我是我们家霸王龙小队的队长，爸爸妈妈都跟着我跑。”就这样，“康康俱乐部”的活动得到了家长们的支持与肯定。孩子们坚持锻炼，在艰辛与愉快中度过，他们的努力没有白费，他们的付出得到了回报，体重明显下降，身体素质显著提高。孩子们不断地展示积极向上、顽强拼搏的精神。学期结束我们更是为这些优秀的孩子们组织夏令营，表彰优秀俱乐部学员，并颁发奖状。鼓励更多的孩子来参与俱乐部活动，加强锻炼，为健康快乐成长奠定基础。

三、校园管理小主人

少先队代表大会，是由队员代表为主体的会议，是队员学习民主、发扬民主、培养民主能力和主人翁思想的重要形式。每年少代会的召开是所有少先队员的盛会，是队员们参与学校管理，履行学校小主人职责的大好时机。在大会上，每一位苗苗儿童团员、少先队员都可以畅所欲言，把自己心中对学校少先队工作的想法、意见和建议告诉代表，代表们将在少代会上充分行使自己的权力，履行代表的职责，使少先队工作开展得更加蓬勃有生机。

大队辅导员的组织、指导、评价对于每届少代会的成功举办起着至关重要的作用。在一次校长提案答复前，我发现代表们交上来的提案价值都不大，涉及面小，没有反映普遍少先队员的心声。与大队辅导员进行了沟通后，发现问题出在少代会的提案是由各代表自己或者个别少先队员一起完成上交的，没有体现大多数队员的参与性和表达权。于是，“辅导红领巾学写提案”就成了这次少代会的主要活动。首先，根据校少代会主题“智育礼仪花，慧撷文明果”，确定学写红领巾小提案的内容为“小眼睛看世界”，要求结合“雏鹰假日小队”活动，让所有的少先队员都能参与其中，通过“小眼睛”看社区、看学校、看家庭，分别通过小队活动去发现问题：找一找，看一看，录一录，再将找到的不文明现象进行讨论和归纳，最后商量解决方法，并形成提案，让红领巾小提案有了方向和目标。

辅导员对活动进行了三项有序的指导。“雏鹰假日小队”活动指导：针对这次活动，对“雏鹰假日小队”队长再次进行集中培训，指导如何开展“小眼睛看世界”的活动。从时间的安排、活动的选择、方法的指导以及与他人的沟通技巧都一一讲解，再邀请有经验的小队长进行经验交流。为了活动的顺利开展，还邀请了家长志愿者从旁协助辅导，让队员们提高活动的信心，也让小队长的组织能力在活动中有所提高。少代会代表学写提案指导：除了对小队长予以指导外，还对各列席代表进行了指导。有明确少代会代表的任务和使命；有如何在班级“雏鹰假日小队”开展活动后收集到的材料进行筛选、整理；有指导如何正确填写红领巾提案表等的培训内容，让这些代表对于如何正确地写提案有了明确的认识。评价指导：在活动的后续环节，还对“雏鹰假日小队”和少代会代表进行了评价表彰。为了能让评价更具有真实性，又开展了评价的指导和动员，对突出的小队和优秀代表加以表彰和宣传，以树立榜样。

经过这样的安排，红领巾小提案的质量明显提高。少先队员人人都动起来,参与到“小眼睛看世界”的活动中去,而不是单单凭印象,或者个人的想法来进行,真正地通过社区、家庭、学校三个方面,对身边的不文明现象进行了观察、总结和思考,着实让学生受到触动。以往,我们会担心这、犹豫那,考虑诸多细节问题,但本次的开放活动,我们发现给孩子空间,会创造更精彩的篇章。

小组分工合作,出谋划策的,网上动员的……真是八仙过海,各显神通。而队员们更是学做小主人,少言寡语的会被热情开朗的所感染,思维活跃的会在大家的互动中迸发金点子,有的小机灵更是请来家长后援团,摄影录像。在活动反馈中,他们会一脸惊讶地说:“以前还不觉得我们身边有多少不文明的现象,可是通过这次的小队活动,让我们吓了一跳。”还有的小朋友说:“看到这些不文明的现象就在我们的身边,我觉得很难为情,以后一定会慢慢改正的,还会提醒自己的家人注意。”还有的小队,在少代会提案答复以后,继续自主地开展“雏鹰假日小队”活动,为找到的不文明现象寻找后续的解决方案:小区里张贴宣传单,家里郑重其事地给家长上课,利用十分钟队会开展礼仪小课堂。特别明显的就是在校园里,经常能看到一些小小志愿者,在捡白色污染物,执勤队员更加认真地提醒小朋友文明休息、安全上下楼梯。看到这些情景,让我们感到非常的欣慰,原来让小朋友去体验,去实践,去感悟,比我们说教来得好多了。

第三节　在服务合作中学会做人

人是社会人,学生终要走向社会、适应社会、融入社会。越早让学生接触社会,就越能让他们了解社会,知道“我为人人,人人为我”的含义,让他们学会在服务、合作、奉献中不断成长。

一、仪式教育习规范

在小学里,仪式教育的地位凸显,其特有的思想凝聚力、心灵震撼力和真情感染力非常强大，蕴含着特殊的教育功能，让学生们能够明晰自己如何作为一个社会人。我校的仪式教育活动从学生生活的各个方面开展，如：一年级开学第一课，二年级入队，三年级十岁生日，四年级主题队会，五年级毕业典礼等，为学生创造更多、更广域的教育情景，让他们在发展过程中能够更多地悦纳、领悟。同时，从仪式活动的筹备、场景的选择、布置到活动议程、设计、排练，我们都让学生全程参与。这样既贴近学生生活，又更好地激发了学生的情感体验，让学生在仪式教育中体验服务、学会合作，学会做人。

1. 少先队入队仪式——青青草坪悠悠情

少先队入队活动通常分三个步骤进行：首先，学生在家中从爷爷、奶奶和爸爸、妈妈那里收集一些相关的文字资料、录音资料以及部分照片，了解他们小时候加入少先队的一些情况。其次，通过小小画展、小科学家廊、小男子汉光荣榜、优秀作品栏等形式，为同学们提供展示自己才能的舞台，培养他们的兴趣爱好，促进个性特长的健康发展，在学习、性格、生活等各方面都提前做好入队的准备。最后就是入队仪式的进行。我们邀请全体家长共同参加，走向自然，在绿草坪上，每位家长亲手为自己的孩子佩戴上鲜艳的红领巾，说一句祝福的话，送一份有意义的礼物。在活动中，孩子在自己父母的引领和指导下成为一名少先队员，感到无比光荣和快乐，同时，父母们也能见证到孩子的成长，感受到孩子的快乐。在仪式结束完毕，家长们带着孩子一起参观场馆，展望未来。

2. 十岁生日主题集会——月湖湖畔放飞梦想

每年，我们将十岁生日庆祝的地点放在了环境优雅的月湖湖畔。在那里，孩子们沐浴着阳光，呼吸着清新的空气，感受着成长的快乐。这一活动的开展也需要做一些前期工作：学生在家长的支持下，从家中找来每个年龄段中的一张照片或一件值得纪念的东西；通过父母长辈的讲述了解童年的故事，体会父母师长的辛劳。在此基础上，召开庆祝十岁生日庆祝会。活动由成长篇、学习篇、快乐篇、亲子篇等几个板块构成。在亲子篇里，家长、老师和孩子们同台表演，并送上了生日的祝福。尾声，孩子们将写有自己梦想的气球放飞，蔚蓝的天空变得色彩斑斓。元祖屋里，大手牵小手，制作着特别的生日蛋糕，这份情、这份爱，无与伦比。整个生日活动洋溢着甜美、快乐和温馨。

3. 毕业典礼——附小话别情不舍

对学生学习生涯的第一个毕业典礼的举行，我们历来非常重视，因为它将给所有毕业生留下母校最美好的回忆，它将把师生情、伙伴情推向高潮，它将为每一个毕业生的再一次起航加油助威。整个典礼以感恩、惜别、起飞为主旋律。感恩回忆环节，学生们会以诗歌诗朗诵的形式，表达对同学间友谊的珍爱，对师恩的眷恋和感谢，并有家长代表发言，表达对学校、老师五年来的关爱和培养的感谢之情。憧憬未来环节，学生会以歌舞的形式来展望未来，并邀请学生代表发言，给母校献上毕业作品。还有颁发毕业证书，校长寄语，师生话别，校园留影等环节，一个个环节感人的场面此起彼伏，期间很多家长、学生、教师不由得会泪流满面，依依不舍。

【校长寄语】

致 2016 届全体毕业生

亲爱的同学、尊敬的各位来宾，大家好：

每年的此时此刻，作为校长我都感到由衷地幸福和激动，又有一批可爱的孩子，经历附小五年的学习生活，即将展翅高飞了，所以我首先代表学校，向圆满完成学业的光荣毕业生，表示热烈的祝贺！向五年来一路支持陪伴的家长们表示衷心的感谢！向无私奉献兢兢业业的老师们，致以崇高的敬意！

同学们，今天是你们学习生涯的第一个毕业典礼，看着你们的幸福笑容，听着你们的真情倾诉，脑海中回忆起一幕幕成长的往事。五年前小小的你在父母的陪伴下带着稚嫩的笑容来到了附小，一天天懂事，一天天成长，还记得课堂上你勤奋好学的模样；记得联欢会上你出色的表演；更记得活动中你勇敢的挑战。一眨眼五年的时间过去了，你们长大了，强壮了，你们用健康、快乐书写自己的金色童年！用勤奋努力证明了自己的综合实力，为自己、为学校争得荣誉，成长中的故事，将永远铭刻在我们共同的记忆里。再一次为自己鼓掌！

同学们，今天你们真情流露，感谢老师，感谢父母，感谢学校，还把自己的精心准备的作品留在附小，真是感动万分，谢谢你们给了我们不断前行的力量，让我们感受到教师这一职业的神圣和价值，谢谢你们带给我们欢笑和温暖，附小因你们而充满生机，因你们而永保活力！

刚才主持人称我为校长妈妈，那就让妈妈再叮咛几句：同学们，今天是你们学习生涯中的第一个毕业典礼，也是你们人生一个新的起点。你们将步入中学，中学的环境、老师的风格、同伴的交往、学业的要求，与小学还是有很大区别的，你们要将附小留给你的健康、懂事、快乐、自信、责任等品质带到新的环境中，去勇敢迎接挑战，面对成功再接再厉，面对困难不断克服！今后无论你们走到哪里，附小都会关注着你，附小永远是你坚强后盾！附小因为有你们而更为精彩，

同学们，从此，你们将离开附小校园，放飞梦想，今天学校也准备了两份毕业礼物送给每一位合格毕业生。一份是印有附小新校舍的鼠标垫，寓意：美好未来，共同拥有！每当你用功学习时，就能感受附小的情意和期盼！另一份是新附小落成后的邀请函，这两年你们为附小顺利重建做出了贡献，所以今年的 12 月 31 日附小迎新活动将邀请你们回校参加，你们都是附小的孩子，附小的大门将永远为你们敞开！

最后，祝福你们的未来灿烂无比，希望你们都能实现心中的梦想！再次谢谢各位家长、老师为今天隆重毕业典礼的辛勤付出！

二、岗位锻炼促养成

陶行知先生认为学生自治是学生学习自己管理自己的过程。而在此过程中，学校应当尽可能地为学生创造多些机会，使学生能够团结起来，养成自己管理自己的能力，这样不但能够培养学生的自我管理能力，让学生

主动遵规守纪,还能锻炼学生的组织协调能力,让学生终身受益。苏联教育家苏霍姆林斯基认为:“真正的教育是促进学生自我教育的教育。”我校也一直积极实践,分别提供了班级岗位、学校岗位,在培养孩子自治能力的同时学习如何做人,为他们以后踏上社会铺好道路。

1. 班级岗位我要做

现在的孩子生活在优越的生活环境中,普遍存在缺乏责任心的表现。为了培养孩子的责任心,养成做事负责的好习惯,附小把目标投入到了孩子身边的事。在班级中设立一些岗位,这些岗位工作看似平常无奇、微不足道,但能将一件平凡的小事坚持做好就是一件伟大的事。

首先,我们在班中设立各项不同的岗位,做到“班级的事,事事有人干;班级的人,人人有事干”。如:更换每天的课程表、抄写每日一拼、开窗关窗、开灯关灯、浇花、课间排桌椅、整理图书角、整理讲台、检查包干区卫生、擦窗台、倒垃圾……这些岗位由孩子们根据自己的喜好自由认领,每个岗位由一至两人负责,一旦确认岗位,便要认真负责地完成好自己的岗位工作。这样的岗位分工方式在国外被称为无班干部制度。无班干部制度,以美国、日本、芬兰为代表。美国的班级管理,被称作为课堂管理,他们没有我们所谓的“班集体”和“班主任”的概念,在美国小学,学生锻炼的机会都是同等的,每一个人都有机会承担活动的设计和组织,这在某种程度上也避免了学生的权力集中,注重对个体的自主发展。

小岗位激发学生自我教育、自我管理、自我约束的责任意识。这既能培养学生的自主教育能力,也能培养学生为自己、为班级、为学校负责的责任意识。一个小小的岗位给学生极大的心理满足和施展才能的机会,使每一个学生感受到了自身的价值、增长了自信,激发了学生参与管理的热情,也锻炼了他们自主管理的能力。与此同时,若每个孩子都能在岗位上认真负责,那么班集体的各项常规训练也通过个体负责取得了最广泛和最佳的效果。

孩子们对这些岗位非常感兴趣。刚开始时认领岗位后孩子们的热情很高,一有空就去关心自己的岗位,可过了一段时间发现没完成自己岗位工作的现象越来越多了。如负责关窗的同学放学时急着排队忘记了关窗；午休时图书管理员光顾着自己玩忘记了整理图书角；负责抄写课程表的同学早晨来得太晚没来得及写当天的课程表；检查包干区的同学连续好几天都忘记检查……这一连串问题的出现仍旧归结到孩子的责任心问题。起初刚担任岗位工作时凭的仅是一时的兴趣，所以刚开始时完成得较好。可渐渐的新鲜感没有了，自己也不重视了，就慢慢地忽略了自己的岗位，更谈不上什么责任心了。要想改变这一现状，只有进一步强调岗位工作的重要性，引起孩子们思想上的重视，从而引发孩子们强烈的责任心。我们充分利用班网进行了一些尝试。

竞选演说。首先开展了岗位竞选演说：岗位的确认要有一段小小的演说，说说自己对这个岗位的认识，为什么要选择这个岗位，你打算怎样完成好自己的岗位工作。每个岗位负责人都要将自己的竞选演说发布在班网上，之后在班级中进行竞选演说。这样一来，孩子们在选择岗位的初期就有一种非常隆重的感觉，充分引起了他们思想上的重视，体会到岗位责任的重大。

自评与互评。为了进一步让孩子们体会了解到岗位的重要性，每周五都会对小小岗位负责人进行评比，选出岗位小能手。评比方法有自评和互评，先由岗位负责人自己评价本周岗位负责情况，认为自己完成得不够的，再说说改进方法。自评的主阵仍是班级网站，同学们将自己的感想发布在班网上，全班同学都上网查看其他同学的自评，最后在班级中由全班同学举手表决，并将本周评出的岗位小能手在班级网站中进行表扬。每周的一次评比活动使每位小负责人都有了竞争意识，增强了岗位的责任心，积极性也更强了。

交流体会。除了每周的评比还有每月的交流，让孩子们在班网上互相交流自己负责岗位工作时的工作体会和感想。每位小负责人都有不少的心得体会，他们都是在用心去做。每月的交流让孩子们明白再平凡的事也要花了心思才能做好，每一个看似简单的岗位，真要做好了还真不简单，每一位岗位能手都是了不起的。负责开窗的同学说：每天的开窗也是要动动脑筋的,比如天气很热就把窗开大些,风很大时就把窗开小些,如果是下雨天风不太大注意开窗时雨水不会漂进来就可以了,如果下雨天风又大就只好不要开窗。小岗位让我学会了开动脑筋,想一想怎么更好地坚守岗位,为班级同学服务。负责浇花的同学说:要了解好什么花要浇多少水,有些花浇太多水反而会死掉,比如仙人掌。还有周六来学校上艺校时也要来浇一浇花,保持水分。这个小岗位让我知道了好多花的习性,每天看这些小花慢慢长大我也觉得很有成就感。

一份小小的岗位带给孩子的收获是无穷的,一份平常无奇的工作让孩子们体会到了责任,学会了为大家服务。班级中通过设立各色各样的小岗位,既能在组织形成班集体的阶段让班队管理更加井井有条,又能根据孩子的个性需求给予孩子锻炼的机会。在岗位体验中,个体通过在岗位上的工作逐渐养成良好的行为习惯带动整个班集体习得良好行为养成,同时班集体所形成的良好氛围又能反作用于每一个个体,激励他们养成良好行为习惯,个体与班集体形成良性互动,促进班级整体的氛围建设。

2. 校园岗位齐来做

一所学校,学生行为习惯的养成不仅需要每个班集体形成良好风气,也需要通过不同班级之间的互动来培养。附小的孩子是智慧的娃,也是能干的娃,我们结合校情和学校的活动给他们提供了展示、锻炼的平台。

学校的文化建设既需要德育活动的开展,也需要软环境的建设。我们在全校范围征集了各种行规小提示,孩子结合学校的行为规范设计出了各种各样有趣又好记的行规小提示。例如,为了提醒他人上下楼靠右走,小朋友设计的小提醒是:不学小蛇左右游,上下楼梯靠右走;为了提醒他人不要直接用嘴喝桶装水,小朋友设计的小提醒是:别和我“嘴”对嘴;为了提醒他人不要浪费自来水,小朋友设计的小提醒是:别让我流“泪”。为了鼓励这些孩子做学校小主人,我们在贴出小提醒的同时在下方加上孩子的名字。这样做不仅能够激发孩子的主人翁意识,也将行为养成教育渗透到了学校的一点一滴中去。

中队执勤也是我校培养学生能力、促进行为养成的一个传统岗位。每周由一个班级的同学负责校园各个角落的执勤工作，提醒违反校园行为规范的同学及时改正他们的错误行为，给他们以警醒。此外，我们还提供了乐乐电视台、康康俱乐部、行规检查员、红领巾广播站等多元化平台，给学有所长、兴趣浓厚、热心服务的孩子一个展示自我的舞台。

三、志愿服务你我他

参与志愿工作，既是在帮助、服务他人，同时也是在传递爱心和传播文明。因此，既是“ 助人 ”，亦是“ 自助 ”，既是“ 乐人 ”，同时也“ 乐己 ”。学校从小就要在学生心里种下志愿服务的种子，让学生在服务、合作、奉献中成长。

1. “乐乐超市”我来管

2014 年 3 月，在学生的提案要求下，由学生自主管理、自主服务的学校“乐乐超市”正式开张了。小小超市，倡导服务，练就能力，营出精彩。

“乐乐超市”的流通货币为学校特制的“金果”。每个学生都能在开学初获得一本“乐乐果园——智慧积点卡”，鼓励学生通过自己的努力，在“学会求知、学会生活、学会做人”三方面勇得“金果”，一点点积累，一点点加油，达到一定数额就可以到超市进行自主兑换。“金果”奖励让孩子们懂得：要给自己、伙伴或家人送礼物表达爱，要靠自己努力去获得，让孩子能“自食其力”表达爱。

超市物品来源于学生参与各类课程活动后制作的各类作品，来源于学校购买的各类学习用品，还来源于爱心人士的捐赠。超市的管理，全部由学生志愿者自主参与，老师以协调和引导为主。所有的大队干部都是超市的小经理，一起商讨，确立超市的岗位职责，确立“乐乐超市价目表”。超市的物品添置些什么，是个最大的问题，各个小经理会深入到各自班级，通过民意调查，了解伙伴们对奖品的需求、超市营业的设想等，最后汇总到大队部，集体商议确定。另外，为了提高学生的感恩和分享，超市还专门开设了一个“爱心漂流区”，小朋友们可以将家中闲置的七八成新的玩具或学习用品拿到超市，与其他的小伙伴互相交流兑换分享，传递快乐。

招募超市志愿者，学生们的响应最高。通过“乐乐电视台”的宣传，很多学生会仔细阅读招募广告，积极报名参加，他们来自学校的各个年级各个班级，这里不看他们的学习成绩，只要有为大家服务的心、有责任感的行，就能参与进来。在选拔考察后，大队辅导员为志愿者授了志愿者服装和标志，并对他们的礼仪、职责进行了细致的培训，制订了“志愿者服务考勤表”“兑换安排表”。

在“乐乐超市”开张后，受到了学生、家长、老师的热烈欢迎，学生的学习积极性也提高了，在平时各方面都努力争取进步。小小超市，犹如一面镜子，折射着孩子的内心思想；小小超市，犹如一部相机，记录着孩子的成长历程。“乐乐超市”不仅让孩子感受到了成长的喜悦，也让孩子学会了分享，真是“小超市大舞台”！

2. 牵手活动我喜欢

学校自创立以来，受到学生家长和社会各界的一致好评，在对特教学校的走访期间，我们深切地感受到那些特殊儿童需要帮助和尊重的渴望。一个人的力量毕竟是有限的，需要广大爱心人士共同努力，为更多无助的特殊儿童撑起一片蓝天。特殊儿童也是社会大家庭中的一员，他们需要社会奉献爱心，伸出援助之手，献出关爱之情。在核心价值观倡导“友善”时，我们更是重新审视理解其内涵，本着“心意不在大小，尽力就行；能力不在强弱，尽心就可”的意愿，组织学生开展志愿者活动。

在“六一”来临之际，与特教学校共同搭设平台，让普教和特教孩子手牵手，在互助、互享、互融中感受友善，体会成长的快乐。我们的孩子到特教学校去表演节目，做“甜点 DIY”，共品友善、互帮互助；特教学校的孩子到附小来参加游戏嘉年华活动，附小学生志愿者们带着新伙伴参加了各式游戏活动，牵着伙伴的手，结对活动。“我帮你！”“你真棒！”“点个赞！”……志愿者用激励的话语，热情的态度体现了小主人的风采。游戏嘉年华结束后，伙伴脸上都露出了幸福而满足的笑容。虽然志愿者们都忙着照顾新伙伴，自己没顾上玩，但他们说：“今天交到了一个好朋友，就是节日最好的礼物！”

活动拉近了孩子们与特殊儿童的距离，学生们用实际行动切实关爱特殊儿童，走进特殊儿童，彼此了解，深化友谊。这场相聚，也将是每个孩子成长路上的阳光，给他们的心灵烙下最温暖的体验。

3. 服务弟妹我开心

为了帮助一年级新生快速适应学校的生活，我们开展了“大手牵小手，携手共成长”活动，发挥高年级学生志愿作用，争当一名光荣的小辅导员，让高年级学生会分岗位和时段来帮助弟弟妹妹们。开学第一天，他们成为小小志愿者引导新生找到自己的班级。做眼保健操时，他们耐心、细致地帮助弟弟妹妹纠正动作。做广播操和室内操时，他们作为领操员给弟弟妹妹做榜样。放学后，他们又利用自己的课余时间帮助弟弟妹妹打扫教室卫生。

携手共成长活动不仅培养了孩子的责任感、服务意识，而且让高年级的学生拥有了奉献精神。在服务时，高年级学生还采用小组合作的方式来服务，他们组内进行分工，一起合作，一起发现工作中的问题。也许刚开始他们会相互埋怨，但是渐渐地他们发现这样并不解决问题。于是，他们开始群策群力，共同进退，不仅培养了团队合作精神，而且对团队中的每个个体能力的提升都颇有帮助，志愿者们在服务中增强责任，感受服务的快乐。一位一年级的班主任为了表示对小志愿者们的感谢，给他们准备了一些小礼物，这些小志愿者们居然写了这样一张卡片给那位班主任：衷心感谢老师给我们班留了这么多礼物！但是我们一致认为，我们不能接受。大家一起帮助弟弟妹妹是应该的。老师您可以把这些礼物奖励给你们班的小朋友。再次向您表示感谢！

与此同时，低年级的学生通过享受高年级学生的帮助也感受到了榜样的力量，逐渐形成服务意识。他们也在班主任的引导下心怀感恩之情，在心中播下感恩的种子。

【学生心语】

当小辅导员真好

当桂花的清香又一次弥漫在美丽的校园，我已经在附小生活、学习了三年了。作为四年级的大哥哥大姐姐，我们被赋予了一项重要使命，那就是当一年级新生小朋友的“小辅导员”。

当老师向我们宣布了这项任务，我的心激动地“怦怦”直跳。因为，我们终于有机会为一年级的“小苗苗”服务了。

到了真正做值日的那天，我抑制住自己兴奋的心情，急急忙忙地跑下楼，跑进了一(3)班的教室，啊！我惊呆了！教室里的桌子横七竖八地摆着，有的椅子还没有和他们的“搭档”桌子搭配成对；教室的地面上散落着各种各样的垃圾，有餐巾纸、铅笔，甚至还有五颜六色的糖纸、食品包装袋……这样的场景勾起了我的回忆：三年前，我们的教室也是这么杂乱无章，那时候四年级的大哥哥大姐姐们是多么不辞辛苦地为我们打扫卫生呀！这是一项多么神圣的任务呀！想到这里，我认真地扫起地来。这一次又一次的打扫卫生，每一次都是干得满头大汗。可是我想到一年级小朋友第二天能使用干净整洁的教室、摆放整齐的桌椅，他们肯定会说：“啊，真是太干净了！”“大哥哥大姐姐们真是太棒了！”我就忘记了劳动的疲惫，心里美滋滋的。

现在，我对小辅导员工作的理解应该是“光荣，责任，自律，示范”。我们作为附小的小辅导员是光荣的，但需要我们有对学校、班级、同学的责任心。所以，作为一名小辅导员，一定会更加自律，为低年级的同学起到示范作用。

小辅导员的工作在潜移默化地培养我们很多能力和意识。比如：劳动能力，集体意识，责任担当。而最主要的，我认为还是让我们从小理解和养成“大爱”思想和精神。这种思想和精神将让我们受益终生。

我们终究会长大，到那时，想起这件有意义的工作，我依然会说“当小辅导员真好”。（陈伊扬）

在愉悦自主中学会求知，在参与体验中学会生活，在服务合作中学会做人。附小智慧娃们活跃在校园、家庭、社会，在各种各样活动中崭露头角，彰显个性；在各级各类竞赛中屡获佳绩，绽放精彩，他们深受高一级学校、家长和社会的欢迎。关爱每一个，成长每一个，愿附小学子长得更结实，结出累累硕果！

家长参与学校管理，携手共建

第六章 智慧联动：共赢每一方

“众人拾柴火焰高”，创建智慧校园，须坚持“大气、合作、开放”的原则，整合资源，内外融合，多方联动，协同共育，实现共赢。

接待“影子”校长，合作共赢

在智慧校园建设中,我们始终开拓畅通、多向的家校合作和校际合作发展的渠道,使学校、教师把眼光放得更远,对教育、教学的认识更加丰富、全面。因此,附小秉持"大气、合作、开放"的原则,基于学校、区域,立足上海,放眼全国、世界,不断拓宽家校合作、校际合作发展领域,积极寻求与外校在课题研究、人才培养、课程建设等方面的合作点,实现互动共赢,智慧发展。

第一节　提高家校合作的效能

为每个孩子打造一片成长的乐土,是学校和家庭义不容辞的责任。伟大的教育家苏霍姆林斯基说过:"学校和家庭,不仅要一致行动,要向学生提出同样的要求,而且要志同道合,抱着一致的信念,始终从同样的原则出发,无论在教育的目的上、过程上还是手段上,都不要发生分歧。"因此,我们要充分认识到家校合作的重要性,让家校共同架起一座联动的彩虹桥,相互依托、互助互进,让智慧的家校合作"惠"及每一个孩子。

一、家校沟通更走心

小学阶段是孩子成长的重要阶段,有整整五年的时间,它既是孩子身心健康、快乐发展的关键期,也是高尚品德、良好习惯形成的关键期,让他从小有爱有梦,对他一生的幸福起着至关重要的作用。所以,学校、家庭要明确各自承担的不同责任和义务。在家校互动中,学校首先要发挥引导作用,要理解家长,走近家长,提高家长参与学校工作的积极性,让家长在参与与育儿过程中更新育儿观念,树立良好的育儿心态。

1. 家长的心理需求学校要关注

家庭与学校,学生与教师,从陌生到熟悉、到信任,彼此间的第一次印象是至关重要的。于是,每年的"入学季",我们精心设计制定准备期家校互动攻略,帮助孩子、家长消除入学焦虑,顺利、快乐地向小学教育过渡,帮助每一个学生快乐启航。第一次到校报到，每位家长都会第一时间拿到一本《快乐起航——新生家长手册》，里面包含了学校概况、家园守则、暑期家教小贴士、入学温馨提示、健身活动指导、家长阅读推荐书目等内容，让家长第一感觉良好：学校不错，工作细致，想得周到！报到手续办完后，举行第一次家长学校，作为校长，我会介绍办学理念、校园文化、教师团队，宣传“零起点、等第制教学工作”等工作；年级组长会介绍入学准备期要求，讲清需要家长配合事项及目的，还会播放上一届学生校园生活集锦。第一次家长学校上介绍、宣传、安排的内容都积极对应家长可能焦虑的问题，让家长再一次感觉学校想家长所想，安排周到，考虑细致，从而自觉、主动地认同并接受学校教育，明白为了孩子的未来我们必须共同努力！教师的第一次家访，我们要求教师服装得体，注意礼仪；要求了解学生的兴趣爱好、特长、习惯和闪光点等；要求指导家长多与孩子交流沟通，提倡民主教育，进行科学陪读；要求取得家长的支持，配合学校共同激发孩子学习兴趣；要求了解学生的主要监护人，便于及时反馈学生在校情况，增进和家长的联系。第一次“人本”的家访，让孩子、家长喜欢老师，让老师更多、更快、更深入地了解孩子和家庭，让准备期教育更贴切、更合理、更人性。

2. 家长的诉求学校要重视

我们积极创造家长与教师、与学校交流、沟通的机会，真诚地听取工作意见或对学校未来发展的建议。每次学校家长会上我都会与家长们坦诚交流，让家长既感受到当今时代做一名好家长的不易，也感受到在高强度的责任和压力下做一名好教师的不易。所以一定要牵起手来及时沟通，共同面对成长中的学校、老师、学生等各种问题，这样孩子才会在校园里更阳光、更自信。在一次家长会召开后的第二天，我的邮箱里收到了这样一封来信。

校长：

您好！

昨天的家长会，您说现在学生在校每天至少有一小时的活动时间，许多家长都非常高兴！但是，我们的孩子却被告知下课不能在走廊里跑，不能到操场上去,不能到其他楼面去,太多的不能!孩子只能下课时间继续完成校内作业。中午吃完饭,也只能在教室内继续看看书,继续做作业。当然老师的出发点是希望校内完成一部分作业,回家作业就少了。但孩子们也需要调节,一直在写呀看呀,他们也会觉得在学校里读书没乐趣。另外,上海青少年近视眼越来越多,这也是其中一个原因。您这次说学校加大了活动课及兴趣课的时间,这对孩子们来说是件快事,但同时也希望您能时常到各年级或各班级看看,是否在雨天这些原本孩子们期待的体育课或活动课会被主课老师“借用”了。真心希望“阳光一小时”能名副其实地有声有色地推广起来,让它成为附小的一个亮点!

收到这样一封无署名的家长来信,我相信它的真实性,有的教师说话、行为方式肯定让孩子觉得不快乐,回家与父母述说,家长才会选用这种形式与我沟通。作为校长,我觉得内疚,不怕问题,就怕不知,知道了唯有积极应对、积极整改才是最好的答复。于是,我写了两封信,一封给家长,一封给老师。

亲爱的家长:

您好!

谢谢您的来信!谢谢您能敞开心扉、真诚地与我交流!更谢谢您对我的信任!

孩子的健康、快乐成长是我们共同的心愿,如果孩子因为负担重,失去了学习的热情和兴趣,那是很可悲的,更是教育的失败。

教师是平凡人,每一个人都有自己的性格脾气,有自己的教育方式。作为学校领导有责任、有义务通过组织各种形式学习和讨论,让每一个教师树立正确的学生观、教育观,关注学生全面而有个性地发展,但在实施过程中,不同教师的认识程度是不同的,认识也有阶段性。

老师的活,很多时候是关起门一个人的良心活。我也知道在我们学校有“老黄牛”式的老师,认为把学生管得紧,盯得牢,是为了学生的好,但不被学生、家长认可的老师付出再多、再辛苦,都是无效的!所以,敬业的老师并不一定是学生喜欢的老师,老师需要魅力,特别是小学教师。

请允许我把您的来信转载到学校数字化平台，目的是让每一个教师对照自己、反思自己，思考如何让学生快乐学习，如何真正赢得学生的信任等问题。同时，我们也会要建立起教师间交流的平台，通过自我感悟、同伴互助等形式，达到改进的效果。再次感谢您的来信！

现时代的教师很辛苦，社会、家长对老师的要求很高，但老师也是人，在责任大、压力大的情况下也会做事方法欠妥，但老师自尊心很强，处理不好会对团队带来伤害，所以，我在思考后给教师也写了一封信。期望在学校教师中展开讨论，寻找对策，制定出整改的措施，让教师首先做“明师”，明白自己的首要责任。

亲爱的老师们：

大家好！

可能家长想与学校交流的愿望，被上周五的家长会点燃了。这封家长来信不知你们读后什么滋味？或许立刻庆幸写的不是“我”，但不是“我”就可以了吗？我们要不要反思自己的“儿童观”呢？

家长不可能了解学校里很具体的情况，家长来信的内容，很多来自于孩子回家的倾诉和家长间的交流。现在的孩子是很聪明的，很会向父母反映情况，有时会选择，有时会报喜不报忧，因为他们是孩子，童言无忌。那么，怎样才能让童言里表达、传递出你的爱呢？

其实，老师的辛苦，老师的累，学生也是懂得的，也知道学习的重要性，也知道你是为了他们好，但毕竟他们是孩子，孩子要有快乐、放松、自由的空间，就算你今天“无可奈何”“借用”了其他课，你也要尊重他们，跟他们讲清楚，得到他们的同意。

亲爱的老师，如何才能真正赢得孩子的心？孩子需要什么，孩子渴望什么，你知道吗？老师要做到“眼中有人，心中有人”是不容易的。老师的活，很多时候是关起门一个人的良心活，当你在要求学生做这做那时，有没有设身处地想过行不行？当你在班级里“严厉”批评一个孩子的时候，有没有想到其他孩子的感受？你安抚过他们的心吗？当你在学生手册上写下对孩子的评语，你又有没有想到这份评语会在他们亲戚朋友间四处传阅、评论?

试想,如果学校总是安排你超负荷地工作,不许怎样、不许怎样,再加这个检查、那个评比,还有不断地监控,你会开心吗?会不抱怨吗?你只能疲于应付,却身心疲惫。所以,将心比心,作为管理者应该多关心老师,时时把老师放在心间,科学整合各项工作,让老师有时间不断学习、思考、调整,更智慧地面对孩子、家长。作为老师,是不能忘记"学生最大",忘记自己的职责的!

亲爱的老师,你的首要职责是用你的爱,你的付出,赢得孩子的心!让孩子感受到你的爱,让孩子理解你,让孩子赞美你!看病想找名医,上学想找名师,因为名医让人信服,名师懂得孩子的心!相信孩子是纯真的!教育需要艺术!

亲爱的老师,时常有人关注学校的管理、学校的工作,是我、是大家、是学校的幸运,会提醒我们时常问自己"我是谁?该做什么?怎么做好?"。我们需要一起反思、学习、改进!

用这种方式处理了家长的来信,最终赢得了家长的谅解,并且对学校的各项工作有了更大的支持;对老师的善意公开提醒,让每个教师明白了自己的一言一行对孩子的健康成长影响甚大,所以更要在平时的工作中关注细节,调整方式方法,用自己的真心换来孩子的真情、家长的真意。

3. 家教的理念学校要引导

家长是孩子的第一任老师,也将会是孩子的终身老师。家长对孩子的教育,是贯穿孩子一生的,父母的一言一行、一举一动都是孩子最鲜活最直接的教科书,都在潜移默化地影响着孩子的身心成长。现在社会处于多元价值取向的阶段,有的家长接受过良好的教育,拥有较高的学历层次,也有机会考察过其他国家的教育,对于孩子的教育有许多自己的想法、观点;有的家长把孩子送入学校就觉得放心了,在家中最省心的方法是给他一个游戏机自己玩游戏,对老师说任你管教,有了问题又焦虑万分,无从下手;也有的家长受环境影响较大,喜欢相互攀比,其他孩子怎样我的孩子也要怎样,为了孩子不惜牺牲自己的一切。各种心境的家长造成家长群体在育儿的观念上分歧较大，方式方法上也存在较大差异。

因此，我们要引导家长有正确的家教理念，通过家长学校等宣传途径让家长对现实有个明确的认识，认识社会、认识学校、认识孩子，更认识自己。家长学校以学习先进的家庭教育理论，交流良好的育人方法为主要内容，也有根据学生的年段，家长的需求开设讲座，如低年级绘本阅读指导讲座、学生心理健康专题讲座、中小衔接专题报告等等。与此同时，为了感谢和鼓励家长，每年学校都会开展“附小好家长”的评选活动，表彰为学校发展出谋划策、尽心尽力的家长，营造“我为人人，人人为我”的合作氛围，激发更多家长的参与热情。通过树立典型，宣传优秀家教经验，全面提高附小家长素质。

二、“家长工作坊”有活力

值得应该庆幸的是，学校有一支理解、支持学校工作的家长队伍，家长有礼仪、乐沟通的配合，给予了学校工作莫大的支持和鼓励。这几年，如果没有家长的理解支持，学校根本不可能发展到今天。

首先，我们组建的“家长义工队”发挥了不少作用。“义工”一词多见于新加坡、中国香港，在那里，许多家长喜欢在学校当义工，督促校方的工作，协助教师的教学活动，利用自己的专长或经济实力，支持和改善学校的办学条件。在他们看来，能为学校义务服务是做家长的骄傲。“家长义工队”的这种方式能大大调动家长参与教育的积极性，减轻学校管理的负担，形成非常和谐的家校教育合力，为学生健康成长创造了有利条件。

每学期开学初，我们在各班会下发“家长义工意见征询表”，要求每位家长每学期为学生服务 1 次，服务的规模可以有小（小队）、中（班级）、大（年级或校级）。志愿服务的内容是多项的，可以提供学生社会实践资源，可以积极参与学校兴趣科目的指导，可以参与校园环境文化的建设，也可以成为每次活动的热心志愿者等。在梳理汇总“家长义工征询表”时，我们会发现有一些关心孩子成长、热心教育、热情支持学校或班级工作的家长，根据平时的交流、沟通，将他们推选为学校各级家委会成员。家委会成员需承担相应的职责和义务,架起家长和学校,学生与教师,学校与社会相互联系的一座桥梁。

我们在组建"家长义工队"的基础上又创立了"家长工作坊",试图进一步改进和探索家校合作的新模式,凝教育之合力,共同构建和谐、智慧的校园,为学生的健康成长保驾护航。"家长工作坊"成立校级、年级、班级的"三级"家长委员会,校级每班 1 人,年级每班 2 人,班级每班 3 人,各级成员由班级、年级推荐产生,各级负责人竞选产生,校长、德育分管、班主任参与其中,各级家委会都有相应的联络研讨方式。"家长工作坊"下设三个专题项目:"家长沙龙""智慧学堂"和"谏言献策"。各级各项工作开展由相应家委会成员牵头,"家长沙龙"主要是根据各年龄段学生的不同特点,有针对性地开办家长学校,对家长进行家庭教育、心理健康、亲子阅读等方面的专项指导。"智慧学堂"则是积极参与学校兴趣科目的教学,提供学生社会实践资源,让学生走出校园,开拓眼界,丰富知识。"谏言献策"是号召家长为学校的内涵发展出谋划策,为教师提供更高层次的培训机会和内容,参与校园环境文化的建设等。

例如,我们挖掘一批有时间、有干劲、有一技之长的家长资源,鼓励他们走进"智慧学堂",为学生讲述童年故事,讲授围棋技艺,与学生畅谈军事发展,分享保健知识……既丰富了学生们的视野,又推动了学校课程的发展。学校的教育资源是有限的,而社会是一个大课堂。家校合作的社会实践活动,能将学生带进新的天地,能使学生得到新的发展。班级家长们成为了班级个性化活动的志愿者,他们召集组织孩子们观看画展、钓鱼、春天踏青、制作饼干等丰富多彩的活动,帮助孩子们认识社会,生动地感受生活的乐趣。从最初的"星星点点"到如今的"繁星满天",家长自发组织的班级个性化体验活动成为校外活动一道亮丽的风景线。现在每个班级每学期都有平均 2 次以上的班级活动,很多热心的家长积极报名参加,提供资源,自发组织各类有益活动。家长们也成为好朋友,互相支持帮助,遇到矛盾平和解决。家长成为了课程建设的坚强后盾,成为了推进学校可持续发展的坚定力量。

附小也为“家长工作坊”的各项工作的开展保驾护航。为拓宽家长学校的学习和活动途径，让家长从多方面了解学校工作，附小搭建了交流与展示的平台，我们坚持定期开放校园。每周设值日家长日，负责在校园值日，参与监督学校各项工作；每月设家长开放日，邀请家长走进课堂听课，观摩班级升旗仪式，参加学校各类活动，使家长在参与学校教育教学管理的过程中形成教育共识、管理共识；每学期设个别咨询会，针对家长个性化的教育需求，学校组建名师志愿者服务队，对家长进行有针对性的咨询和辅导，答疑解惑，沟通交流。每一次开放后，我们都会及时让家长填写反馈单，从而真正倾听家长的心声。此外，每学年学校还会开展问卷调查，了解家长对学校管理工作、教师业务能力、师德师风等方面的评价，征询提升学校办学水平的良方妙计、促进教师专业成长的建议措施等。广开言路，开放办学，让附小走进了家长的心里。家长们更认可教师的付出，更支持学校的教育。学校、家庭、社会，紧密结合、相互依托、互助互进，实现了教育功能最大化，促进了学生健康、快乐与智慧成长。附小好家长、现任学校家委会主任戴名玹妈妈在交流中谈道：

在陪伴孩子的成长过程中，我最大的收获是与家委会工作结缘。在女儿三年级的时候，感谢学校为我提供了更广阔的平台，通过这个平台，我有幸完成了从班级家委会负责人到校级家委会负责人的角色转换。在担任校级家委会负责人的这两年间，因为角色的变化，考虑问题的角度也相应产生了很大的变化。从过去的思考对象班级中的每个“小家”上升到校级中各年级的“大家”，而正是这一系列思维方式的改变，令自己在家委会这个平台上有了成长，对家委会的组织工作内容以及如何能做到最好，有了更深层次的理解与体会。

作为校级、年级家委会负责人，要热心，仅管好自己班级，“莫管他人瓦上霜”的班级家长是很难胜任这份工作的；要耐心，面对一个年级几个班，同样一件事会产生不同想法及做法，这时要有足够的耐心去与各班级家长采用不同方式进行沟通；要慧心，要懂得智慧地运用外部资源，会用他山之石的各种办法，有技巧地去处理来自于各班级的不同问题。

很多家长曾经不止一次问过我,为什么要去参加家委会的工作?为什么要去选择这份忙碌?我一直自诩自己是一个好管闲事之人,但内心在安静的时候,也曾多次问过自己,答案是这样的:孩子的这一路成长、我及家人的成长或多或少都会获得身边很多人的帮助,我一直想在我的能力范围之内选择一种方式予以回报,让孩子学会感恩!但是在这个很现实的社会中,太多的事情的参与、过程、结果是与利益或期待的回报有关联。可是当我接触到家委会的工作,真正地感受到了这是一份付出无关乎利益及回报的工作时,我欣然选择了它。特别是当我的付出得到了周遭很多人真心实意地认可时,我觉得自己的选择是正确的。而且因为一路的坚持,我也慢慢地感觉到自己越来越淡定,越来越快乐!

三、家校互动更快捷

互联网时代,我们顺应时代发展需求,充分、灵活地搭建新平台,发挥平台各自的优势,铺设学校教育更开放、快捷、多元、高效的轨道,促进家校良好互动。

例如,为了更好地引导一年级新生快乐、健康入学,指导家长科学、有效进行家教,学校设置了“幼小衔接”专网,分为“学习准备期”“后学习准备期”和“家长学校”三个板块。其中,有师生自编、自导、自演的视频短片,有各学科的课堂实录,有教育专家的主题报告,有热点问题的答疑解惑,把孩子在幼小衔接期需要养成的基本行为、学习、生活习惯等要求生动呈现,极具指导性和操作性,让学生、家长对学校生活有直观、生动、具体的了解,就会对小学生活充满期待与憧憬,受到了家长们的欢迎。

“市民信箱——家校互动平台”是2007年开始的市政府实事项目之一。平台上提供了教育信息、亲子教育、名师指导、学习资料等内容,学校教师又创建了“学科指导”、“家校论坛”、“快乐瞬间”等栏目,普及家教知识,推广成功经验,引导家长树立正确的家教观,掌握科学的家教方法。平台发挥了容量大、教育性强、信息汇总便捷的作用,我们使用至今,受益颇丰。

再如，建立班级微信群是顺应家长的需求和老师沟通快捷的需要，也是为了促进老师与家长的情感交流。刚开学时班主任会主动经营微信群，每天拿起手机，拍下孩子们在校园里学习、生活的快乐瞬间，精彩活动，及时发送在班级微信群里，满足家长们很想知道孩子在校各方面情况的心愿，让他们放心、安心、舒心，也让自己能和家长的距离更近。如：一位新上岗的老师，工作第一年便接手了一个"半路班"，任该班的班主任。第一次家长会上，她从家长的脸上解读出了他们的想法——家长们并不接受她。利用"职权"，她加了班上所有孩子家长的微信，并建立了一个班级家长微信群，开始实施"打动家长柔软内心"的计划——"康康老师每周支招"。每周她都会找一个这个阶段的孩子特有的问题或者现象发到群中，鼓励大家一起探讨解决。最开始，在群里回复她的家长是少之又少。然而，情况渐渐地发生了改变。或许是她每周一支招的坚持打动了家长，亦或许是她给家长发的"问题""支招"真的为他们解决了烦恼。总之，越来越多的家长开始和她交流、互动，赢得了他们的支持。

微信群让家长们如鱼得水，家长们会为班级工作献计献策，比如当外界"有毒校服事件"发生后，家长对班服选择非常谨慎，许多班级由家委会成员发起，在微信群里商讨为学生购置具有时代感、符合年龄特点、安全保质的班服，更是充分利用设计师、制造商等家长资源，切切实实地为学生服务；当要举行个性化的班级庆典活动时，家长们会在微信群里畅所欲言，谈构思、想节目、选服装、挑会场，招募志愿者等，一切工作开展得井然有序；当漫长的假期来临，家长们会讨论如何让孩子度过一个充实而有意义的假期，组团旅游、做小小志愿者、参加公益活动、晒晒孩子们的假期作业等，资源共享丰富多彩。

平台、飞信群、微信群，把有着共同需求的班级成员团结在一起，家长与家长、家长与教师、教师与学生、学生与学生都成为了知心好友。教师因势利导，倡导家长要陪着孩子慢慢成长，引导家长们发挥群内正能量，互相支招，共享经验，经常就本班家长感兴趣的或家庭教育中的共性问题，开展主题式网上茶座活动，学生学业状况的及时沟通、在校情况的共同分享、日常生活的温馨提醒、校外活动的跟踪报道、互帮互助的积极互动、育儿宝典的探讨学习……大家围绕一个个主题在线交流,诉说困惑、沟通思想、分享经验,人人都可以成为楼主,这一切极大地激发了家校互动的积极性,同时又增强了家校互动的参与度和指导力,使学校教育事半功倍。

一位哲人说过:“掌握了沟通,你就掌握了世界。”在沟通中,看到了老师对每一个孩子浓浓的爱,看到了家长对老师的感谢和感动,这种互联网时代的家校交流沟通方式,让彼此间更温暖。

【家长心语】

孩子教育的“一体两翼”

老师和家长应该是孩子教育的“一体两翼”。老师在孩子的心目中更有权威性,而家长和孩子之间天然的亲情关系是其他人不能替代的。人们的性格、表现都是多面的,孩子也一样,家长看到的是孩子在家庭环境下的表现,老师看到的是孩子在学校环境下的表现。我相信很多家长都有过类似的体验,听了老师的反馈后惊呼:“孩子在家里可从来不是这样的……”而“家校互动”正是搭起一座桥梁,使得学校与家长能够及时沟通,对孩子有一个更加全面的了解。家长和学校有了统一的理念和教育目标,互相配合,发挥合力,使得孩子更容易接受和达成教育目标。比如有些话从家长的口中说出,孩子会把它当作“耳旁风”,而同样的话,出自老师口中,孩子就会非常重视。而老师面对全班的孩子,看到的也只是孩子在学校的表现,难免会以偏概全,俗话说“知子莫若父”,家长对自己孩子了解得最为深入,通过及时与老师沟通反馈,也会使得老师对孩子有更全面的认识,在教学中也会有针对性的采取特定的方式方法,使得孩子更容易接受。所以家校互动良性关系建立的关键还是老师和家长各自摆正自己的位置,彼此换位思考,彼此多些理解和包容。

家长积极参加各类学校活动及家长义工活动,并乐于奉献,是见证孩子成长过程的好机会，也是在为孩子以身示范，对于培养孩子的集体感和奉献精神都有非常大的影响。我本人作为校级和班级家委会的一员，也有非常多的切身体会。我积极参与并带动其他家长一起加入到学校的各类志愿活动中，同时也一直鼓励孩子积极参与。如今，我的孩子非常关心自己的同学，热爱自己的集体、学校，凡事都以集体的荣誉为先，谦让有礼，阳光正义，这难道不就是达到了我们教育孩子的初衷吗？

每学期在家委会积极带头下，我们班级的家长们都组织1～2次的集体社会实践活动，主动分享各自的社会资源，为孩子创造良好的教育实践机会：从“今天我主持”参观东方电视台活动，到“育儿心理教育”分享会，到“军营一日游”活动，到“非凡马年—迎新年派对”，到“小小飞行家”春季游园会活动，到“亲子趣味运动会”活动，到“十岁生日会”，一次次的精彩而难忘的集体活动收获的不仅仅是丰富了文化知识，拓展了孩子和家长们的眼界，更是促进了同学间甚至是家长间深厚的友谊。

父母是孩子的第一任老师。家长的行动和陪伴，使得他更加自信、阳光。通过对学校活动的积极参与，孩子与我也有了更多的共同语言，在一起为班级活动出谋划策的过程中，和孩子的心也走得更近了。（刘羽轩家长）

“2016春天的声音”班级音乐会

因工作关系，我跟各种形式的音乐会多有接触。2016年3月，恰逢附小艺术节，因得知我们班级的很多孩子都在学习乐器，当时考虑仅仅依靠学校的资源，估计很多孩子都没有上台展示的机会，所以就动了给孩子们办场音乐会的念头。基本理念是：给你一个舞台，只要你愿意表现自己，都可以报名参加。后跟班主任王姝老师及各位家委会成员商量，得到了大家的一致赞同。

此次音乐会由班主任王老师担当顾问，我和曹宇辰妈妈负责具体策划。从3月7日开始筹备，至4月9日正式演出，历时一个月。活动得到了孩子及家长们的积极响应。为了实现每个孩子都能展现自我的目的,考虑到有些孩子没有学习乐器,王老师神速地组建了4个合唱队。全班33位同学,有31位报名,最后共演出节目22个,其中18个乐器演奏,4个合唱。孩子们都很珍惜这次演出机会,认真准备了节目;家长们也全力配合,还专门准备了演出服装,并牺牲休息时间对孩子们的合唱节目进行了排练和指导。

演出当日,小朋友们都盛装出席,现场气氛异常火爆。活泼搞怪的《小苹果》、热情洋溢的《青春修炼手册》、激情四射的爵士鼓、或节奏明快或温婉缠绵或舒缓悠长的钢琴曲都给大家留下了深刻的印象。很多家长反映,小朋友们的表现远远超出大人们的想象,一个个自信、大气、阳光,舞台范十足,只要给他们一个舞台,个个都是闪亮的明星。并且,我感觉最难能可贵的是,孩子们都非常遵守现场秩序,认真观看,拼命地为其他同学喝彩。因时间和场地关系,演出没有进行彩排,但现场节目衔接紧凑、秩序井然,这大大出乎我的意料。

组织这样一场音乐会,有许多协调的工作需要完成,需要不同职责的人密切配合。从筹备到演出,不管遇到什么样的困难,各位家长都积极响应,出谋划策。虽然大家都很少碰面,主要依靠微信联络,也是第一次合作组织这样的大型活动,但配合非常的默契,这种默契度已远远超出了大家的预期。这也再一次印证了我们班级是一个超级团结、超级友爱的大家庭。

总之,音乐会之所以能取得圆满成功,是老师、小朋友及其家长们群策群力的结果。正如一位妈妈当天发的朋友圈所说:这真是充满青春、活力、温暖、幸福的一天,给力的“小陀螺”(王老师昵称)、给力的“小的们”、给力的家长们,有你们阳光更灿烂!相信我们的孩子在这种积极向上、团结友爱的氛围中一定能够健康快乐的茁壮成长。(张卓伊家长)

第二节　助推区域见习教师的成长

作为师范附小，长期以来，附小一直是师范生实习、见习基地，是培养新教师的孵化场，是新教师成长的摇篮。每年都有大批师范生(还有其他大专院校的准毕业生)来校进行实习。学校为他们安排带教教师、开设专项辅导，一批又一批的实习生从附小这片沃土上扬帆起航，走向市区，为杨浦为上海的教育发展做出贡献。自 2012 年学校成为上海市首批教师专业发展学校暨见习教师培训基地以来，更是努力履行社会责任，以踏实规范为基准点，以精心悉心为出发点，对前来参加培训的见习教师认真负责，倾囊相授，既为学校注入了新鲜血液，又为整个教育系统的师资培训贡献了自己的力量。近年来，先后有 43 位见习教师在附小迈出了职业生涯的第一步、第一年。

一、实打实细致安排

规范管理，是附小的传统。学校成立了规范化培训工作的领导小组，明确工作的指导思想和目标，细化规范化培训的具体要求，我们除安排学科带教教师，还精心挑选班主任指导教师，区优秀共产党、区园丁、区名师工作室学员、区中心组成员、区级骨干、校级骨干、年级组长、教研组长，都成为了见习教师走上讲台的第一任师父，第一面镜子。

1. 落实带教计划

新学期开学第一天，我们就会举行见习教师培训工作师徒结对仪式。结对仪式除了领导小组成员、带教教师、指导教师、见习教师参加外，同学科的教研组长、同年级的年级组长也会一同参加，显示团队对这项工作的重视。结对仪式上，学校领导充分宣传此项工作的意义和要求，对见习教师的专业发展寄予厚望，对带教教师的奉献精神予以感谢。签订带教协议书时，让双方各自明确工作的职责和要求，清晰每月的工作任务和日程安排,让带教协议陪伴见习教师的每一天,见证见习教师的成长……

2. 反馈带教情况

到了学期中段,我们会召集所有带教教师与见习教师,召开带教交流会。会上,听取带教教师在带教过程中的心得体会,听取见习教师们的所思所想和建议。在会上带教教师与见习教师畅所欲言,师傅谈徒弟的成长,徒弟说师傅的帮助。领导小组会针对提出的问题做出相应调整。例如,见习教师反映作业较多,来不及完成。负责教师就建议将每月应完成的任务细化到每一周。每周一,用飞信把本周要完成的工作任务,“飞到”每位见习教师、带教教师、指导教师的手机上,提示各位教师有规划、有质量地完成见习任务。同时,学校的共同邮箱接收着上一周的作业任务,细水长流,避免临时恶补的现象,也帮助见习教师养成学习任务、教学工作日日清、周周清的习惯。这样的定期交流为见习教师规范化培训提供了助力和能源。

3. 注重日常积累

于漪老师曾经说过:一个老师认真反思,连续三年,就能成为优秀的教师。为了能更好地帮助见习教师迈开职业生涯第一步,学校明确了《培训手册》中学习交流的作业量,每周至少三篇:一篇有关教学实践,一篇有关班主任工作,一篇有关校本主题培训,从不同的角度回顾培训学校、带教教师的引领与指导,反思自己的培训与实践。每周三篇,每月汇总反馈。现如今,见习教师的学习交流摘记中记录了培训学习过程中的点点滴滴、喜怒哀乐,学习交流摘记见证了她们的成长。2015 年学校的 7 位见习教师,共撰写学习摘记 266 篇。在学校组织的青年教师演讲比赛中,见习教师依靠平时撰写的学习摘记提取素材,尝到了经常练笔的甜头,并且合作完成了数字故事《七色彩虹初绽放》,给学校全体教师讲述了他们在为期四个月的培训中获得的成长与感悟。审阅新教师的摘记,其实也是一种管理的跟进,知道他们在想什么,遇到什么困难,需要什么帮助,作为管理者可以及时跟进、调整、改善,有的放矢地助青年成长。小曾老师在她的摘记中写道:

随着这段时间的上课、听课，发现当一名教师不是那么容易的，深深地感觉到作为教师的责任与压力，让我体会到了想当一名优秀的小学老师所要面对的挑战。在课堂教学中我发现自己经验不足和随机应变能力薄弱，课堂上出现了很多状况。首先是不自信，在没有生字卡片的情况下，自己一下子就变得六神无主起来，小朋友也因我的慌乱产生了疑惑。这是他们所没有遭遇过的情况，一个个睁着困惑的眼睛望着我。这更让我乱了阵脚，随手在黑板上写起生字来，丝毫没有注重生字的规范、标准性，这无疑是小学语文教学中的大忌。还有给小朋友说要求时没有做到指令清晰明确，于是课堂上有些小朋友在我说完要求后仍旧不清晰需要做些什么，没能拿出教师的威严，很好地掌握住课堂秩序，导致课堂陷入混乱局面。其次，板书方面更是存在很大问题，对学生的表扬用词很单调，甚至不够妥帖。

对于我这个新手老师来说，班级纪律管理也是一大难题，课堂上常常会出现学生插话我教育后又故态复萌地现象。发现了这个问题后，我及时请教我的师傅们，他们告诉我究竟有多少条规矩，惩罚有多狠，都不是关键的，最关键的是让孩子意识到你"说话算话"。你定的规矩，一定要不折不扣的执行，他们自然也就会遵守。如果你先吓唬他们要怎样怎样，真发生了你又不可能按照那样来惩罚，那他们很快就会知道你只不过是说说而已，不用理你说什么。所以我现在，自己盯不牢的规矩压根儿不立。凡是说出口的规矩一定严格执行，比如说了作业要改错，下一次课就必须真查，不改的必须让他知道这样是不对的。经过我的思考和付诸实践，班级里的孩子越来越能够遵守我定下的规则了，真心感谢师傅们不厌其烦地指导。

在今后的教学工作中，还有许多地方需要我改进，我要在实践中不断学习思考。

二、面对面全面浸润

在一年又一年的摸索实践中，附小不断开发建设培训课程，让见习教师浸润在附小文化中，感受到附小教师的师德师风，不断提升自我的师德师能，成为讲台前合格的教师，未来优秀的教师。学校的5位区学科带头人、6位区级骨干，他们的身影活跃在专题讲座中，发挥着辐射带动的作用。

1. 传承学校文化课程

对于新入职的见习教师，熟悉学校的环境，融入这个集体是他们面临的最大的挑战。每一个到附小的见习教师都会在老教师的带领下参观学校校史陈列室——智慧苑。学校组织这样的活动，目的是让见习教师能追寻附小历史发展的足迹，对学校的历史沿革、整体情况、办学目标、办学理念有较为全面的认识，为他们尽快熟悉并融入学校环境提供良好的契机；每一个见习教师都会在9月10日教师节这天参加学校的承诺仪式，在附小退休特级教师胡蘋老师的带领下庄严宣誓，许下教育的誓言，迈好讲坛第一步，让执教生涯的第一个教师节留下印象深刻，激励新教师献身教育、扎根讲台、谋求发展、为圆“教育梦”而不懈努力；每一个见习教师会参与到学校的每一项活动中。学生的春秋游、运动会、升旗仪式、迎新活动、午餐早自习……他们学习班级管理的每一个细节，参与每一次教研活动、论坛活动、专家报告、演讲比赛……他们学习校园文化的点点滴滴，融入学校的方方面面，感受学校的文化氛围。

“理想与信仰”课程，主讲教师结合自身的成长经历，谈教师的价值观、人生观，谈如何更快地融入学校的教育教学工作，寻求自我价值。今年附小人撰写了附小恢复校名十年里发生的许多故事，《十年心路》这本凝聚着附小“四大精神”的微故事集，成为引领见习教师传承附小文化的课程教材。讲故事、读故事、聊故事，为教师点赞，为学校点赞，成为文化浸润课程的一大特色与亮点。

2. 深化课堂实践课程

围绕这一主题每年我们都会精心安排各种专题培训，一课一课，为见习教师量身定制。还把每年给见习教师作的专题讲座，汇编成讲稿文字，并且根据教改的要求，不断充实完善。在原有的“理想与信念”“教学五环节”“学生行规训练要则”“安全事故的应急与预防”“为特殊生插上隐形的翅膀”的基础上，调整充实，拍成视频录像开设微课程。例如，根据学校已有的特色和资源，完成了“合理利用家长资源，丰富学生社会实践活动”的微视频制作，开发了四个子课程：从筹备组建到具体内容，从组织实施到总结反馈，把利用家长资源，丰富学生社会实践活动的操作关键点加以一一呈现，为见习教师组织学生社会实践活动搭设了实施的阶梯。还开发制作了微视频《课堂评价语洋溢人文关怀》《构建和谐的师生关系》，给予见习教师解决教育教学中的盲点和难点的策略与方法。短小生动的微课程突破了培训的时间和空间，见习教师可以在学校，也可以在家里，反复看，看反复，在学习中实践，在实践中感悟，在感悟中提升。

结合教育形势，我们安排见习教师学习《中小学生学业质量绿色指标》《上海市教师专业标准》《课题研究的方法与策略》，希望见习教师站得高，望得远。编辑《见习教师课堂能力提升的“三课”带教案例集》《见习教师课堂能力提升的教师发展个案》，让课堂实践课程更丰满。

3. 提升人文素养课程

走上三尺讲台，见习教师就会发现理想与现实之间的差距，会遇到与学生之间、与家长之间、与同事之间的困惑与难题，怎么办？只有反思、实践，再反思、再实践。学会反思，学习积累，学着研究，这为见习教师迈开职业生涯第一步开好头。我们为见习教师推荐专业书籍，从《给教师的一百条建议》《优秀是教出来的》《老师的10个对不起》到《哈佛教训》，给见习教师的是具体的教育案例，建立他们的教育观念，帮助他们引导学生的技巧。学校开设“品读经典，滋养人生——与书中人对话”的绘本阅读读书会活动，见习教师和全体教师一起读绘本，交流感言，绘制有趣的阅读地图。与众不同的阅读活动，让见习教师对阅读有了新的认识，感受到阅读的力量与阅读带给大家的幸福。“你和我，不是每一个，也是那每一个，我们是点灯的人，也是那追求光明和幸福的人！”阅读活动的结束语留在了见习教师的心中，回味久久……在“阳光附小，阳光少年”运动会上留下了见习教师们矫健的身影。运动场上，广播操比赛、跳绳、运球接力，见习教师融入校园文化的建设之中，融入团结协作的氛围之中，展现了一道靓丽的风景线。

阳光下,挥汗水,绽笑脸,让工作更快乐,让生活更幸福!

三、手把手教导规范

学然后用,见习教师的成长舞台是课堂的实践。听课、评课、说课、磨课,这是教师成长过程的必经之路。见习教师从听课、备课、两分钟预备铃、上课、批改作业开始学规范……

1. 看课学规范

见习教师听示范课,学习课堂常规,了解教学环节。结合上级要求,我们规定见习教师每周听课不少于五节,规定见习教师不仅要听带教师傅的课,而且可以随班听课,可以年级组听课,可以跨学科听课,可以观摩优秀录像课,浸润到课堂的方方面面,更快地投入到教育教学中来。见习教师从过去只关注教学环节到开始关注学生反应,现在渐渐开始注意到激发学生情感的重要性,学会俯下身子去听,去看,以孩子们的角度考虑问题,贴近孩子们的心!在见习教师走上讲台前,带教教师和见习教师会共同研磨教学目标,教学重难点,理清教学环节,修改见习教师的教案,一遍又一遍。郑老师在指导见习教师时,小许老师提出了一个问题也是一个新教师的共同困惑,即课堂教学中存在教育理论与课堂实践无法有效对接,本体知识无法有效参与备课实践的问题。鉴于此,郑老师在以后的共同备课中,着重与她研究数学备课如何提高教学的有效性,从掌握课程标准对每一个知识点的要求说起,首先认真研读教材,不仅梳理数学知识,而且挖掘数学思想方法,也就是教材编写的指导思想,让见习教师走上课堂的目标意识更清晰。

2. 仿课勤实践

见习教师跟随着带教教师,从听课开始了解课堂常规,了解从备课到上课的距离,他们先是模仿带教教师的一言一行、一举一动上课,带教教师一句句教授,一步步引导,见习教师走上了讲台,就会发现课堂和自己的预设有着天差地别。课堂语无伦次,视线无暇顾及学生,学生则游离在课堂之外,反应平平,不知道如何调动学生的积极性,如何提升学生的注意力。

教材上很多教学内容来不及上怎么办;教学知识点不知道如何讲透;教学环节如何衔接比较自然…于是,一次次的点评指导在每一次的课后,甚至课上到一半,带教教师就会喊“停!”指正不足,教授方法。美术课上,带教教师发现见习教师马老师组织学生整队上课时,学生动作慢、有声音,马老师的评价组织语言没有起到效果,于是,及时示范引领,“现在全部回教室,重新整队……”课后,王老师又和马老师交流,告诉她:带队上课前必须明确要求,要求也必须让全体学生听清楚听明白,要让学生先静下来,眼睛看老师,这样提出的要求才有效……一天又一天,一周又一周,带教教师给予的反馈中有鼓励,有称赞,也有针对问题提出的解决策略。

3. 磨课出成效

见习教师培训的最后一个月是考核月,每位见习教师在带教师傅的指导下都要完成一节考评课。在一次次磨课、一次次试教后,见习教师课堂表现更顺畅了,他们能及时观察学生的反应了,他们能发现学生回答中的问题了,他们能运用多种方式来评价、激励孩子了,课堂的目标意识更加清晰,解读教材的能力提升了。汇报课上,学校会邀请聘任单位的领导前来听课,共同见证见习教师的成长。听课结束后,学校、聘任单位、带教教师和见习教师会一起坐下来,召开简短的总结会:就这节课的优点与不足,见习教师说课,带教教师评课;就整个培训阶段,见习教师的各方面的表现进行小结反馈,见习教师明确自身的优势与不足,明确今后努力的方向。与此同时,聘任单位领导的感谢与寄语,给了培训学校和见习教师进一步努力的动力。

四、心贴心搭建平台

指导见习教师上课,课前课后,带教教师付出的要比自己上课付出的多得多。他们把这个任务看成自我成长的契机,是责任,义不容辞。于是,从备课、上课、作业、辅导、评价各个环节都手把手地教,心贴心地指导,带教班主任工作更是如此。

1. 训练日常行规

每位见习教师都有一名班主任带教师傅,学习班主任管理方面的工作。在开学初期,见习教师主要是了解班级日常事务和学生管理,除了班主任日常管理与班会课外,课间的活动也给予了见习教师深入了解学生的机会。在丰富的课间活动中,见习教师与孩子们在一起游戏的过程中,以一个同伴的身份,深入其中,参与他们的爱好,分享他们的喜悦,拉近与他们的距离。带教教师告诉见习教师带班的要求和需要注意的地方,让见习教师初步了解小学生的心理和年龄的特点,也让见习教师觉得学生的所作所为都是他们这个年龄特有的可爱,因而也让见习教师觉得和小学生在一起学习、相处是一件十分愉快的事情。

就拿管饭来说,也是一门学问。一年级学生因为刚从幼儿园升入小学,很多地方还不是很适应,所以很多要求和规范还需要老师不断重复和强调。吃饭的时候也会发生很多突发事件,小朋友的汤洒了,饭打翻了,都需要老师及时处理,还要带着小朋友到食堂里再打一份饭,这些都是班主任老师需要学会的,也让见习教师体会到做班主任老师的辛苦。

如何把班主任工作做好,管理好班级,尤其是班级里的小干部,他们不但能为全班同学起到领头示范作用,而且还能帮助老师管理班级。陈老师对小柳老师说,平时与学生们相处时,该威严时要有老师的威严,该亲切时也要有朋友的亲切,这样学生们对老师才会又敬又爱。平时要多观察学生的言行举止,了解各人的不同性格,做到心中有数。小柳老师渐渐明白,要从日常的一点一滴开始,学习做一个合格的班主任。

2. 指导与家长沟通

教会见习教师和学生沟通,和家长沟通,是班主任带教的一项重要工作。在带教初,汤老师就让小张老师听家长会,让小张老师初步了解该如何和家长沟通,家长配合学校应该做些什么,应该怎么做,而老师又该怎么说,家长才愿意接受。在以后的日子,汤老师抓住班级的偶发事件,让小张老师共同参与和家长的沟通,让她了解整个事情的始末,也观察了带教教师和家长、孩子交流的整个过程。学习的第一步是模仿,如果一名新教师能完全模仿老教师为人处世的方法，那么等到自己独当一面的时候，至少也能自如应对。随着自己教育教学经验的丰富，也终将会在模仿的基础上形成一套自己的教育方法，不知其意的模仿，十之八九必会走样，所以在指导小张老师模仿带班，以及和家长沟通技巧的同时一定也要给小张老师分析，为什么这么做？如果不这么做会怎么样？如果这样做还不行还有其他方法吗？授之以鱼，不如授之以渔。教给新教师方法经验后还需要实践操作，只有在实践才能出真知，才会真正迁移这些经验和方法。所以，课余时间，汤老师指导小张老师关注小Z同学，看到他有一点点行为上的改善就放大表扬他，让他逐步改去以往自私、骄躁的坏脾气。小张老师照做了，小Z同学也一点点进步了。

同时，汤老师还创设让小张老师和家长交流的机会。例如，每天让她带队下楼放学生回家，这就有和家长接触交流的机会。又一次，班中小H新买的一件比较昂贵的外套找不到了，汤老师让小张老师陪孩子下楼和家长说明情况。下楼前，汤老师面授计策：第一，得体谅孩子以及家长找不到外套的着急心情；第二，说清今天老师是如何陪孩子寻找的过程；第三，安抚家长，老师会继续寻找，找到外套只是时间问题。张老师照做了，不但顺利获得家长的认可，还让家长感激于老师的负责。小张老师深有所悟地说，原来和家长沟通这么简单的一件事情也这么有讲究啊！

3. 理解宽容小问题

初出茅庐的见习教师，又是90后的新生代，在完成了一天忙而多的教育教学任务之后，还要挑灯夜战，加班加点，完成观课报告、课堂实录自我分析、读书笔记等各项培训作业，很累很辛苦，难免会出现这样那样的问题：上班迟到，不愿进班，作业网上抄袭……学校抱着理解宽容的心态，接受他们，引导他们，真诚细致地沟通，从生活上关心，从思想上引导，更用无声的榜样来感染他们。看到学陶行知的感言中有网上抄袭现象，没有批评指责，而是告诉见习教师，网上的资源可以学习，但是必须为我所用，用别人的观点来启发自己，用自己的想法来主导全文，这样的学习才是有效的学习，并且在接下来的学习中跟进观察，及时表扬，肯定进步，保护见习教师的自尊心,点燃他们的工作热情。在一次次的实践体验中,见习教师深深地体会到:当老师是良心的活,真心换真情,用真心去爱时,也会收获满满的爱,自己也会变得更加智慧,更具师者的魅力! 任重而道远,靠的是相当长的一段时间里多阅读、多思考、多积累。

教师的成长需要一片沃土,附小这一广阔的舞台上时时处处留下了见习教师的身影——智慧讲坛上,汇报学习《上海市小学教师专业标准》的感受想法;上海市儿童阅读论坛,见习教师参加教师讲故事比赛,得了优胜奖;机器人机械奥运的赛场上,见习教师在幕后留下了辛勤的汗水与心血;校园电视的制作,凝聚着见习教师的智慧;绘本读书会上,开场白中那首清新小诗的朗诵者,就是充满朝气的见习教师;崇明托管的教学公开课上,初出茅庐的见习教师登台亮相,磨炼着教学的应变能力;附小"参与杯"新课堂、新技术、新理念的展示舞台上,六位见习教师登台亮相,为全体教师介绍了学校教育教学中最新的电子技术:智慧校园系统、多媒体无线投影机、集电视机、投影、电子白板为一体的触摸屏一体机、最新的课堂录播系统……将最新的信息技术、年轻的时尚气息带进了附小。

在多年的摸索与实践中,我们立足教改实际,面向见习教师,拓宽各种培训途径,提升培训境界,以教育教学实践需求为导向,以实践体验为载体,以提升教育教学能力为重点,不断摸索,不断前行,满足见习教师的成长需要,为教育的未来增添一抹亮丽的色彩。

第三节 收获开放与辐射的成效

人们常说:予人玫瑰,手留余香;家里时常有客人来,才会更兴旺。自2009年经市教委人事处评比审核,学校成为"教育部——中国移动中小学校长培训项目实践基地"以来,这些年里接待交流过无数批来自五湖四海的校长、教师同仁。我们始终用真心换真情,每次都精心制定接待流程,根据来校天数、培训要求开发、建设相关的培训课程,从校长室到中层干部,从教研组到执教教师，都秉承“常态接待，全员参与，倾囊而出，毫无保留”的原则，为各地校长、教师们提供了丰富的学习实践机会，让每一次的开放接待都能圆满成功，得到来自各省市同仁的啧啧称赞。

鼓励教师走出校门，在广阔的教育天地里汲取新知，辐射经验。以游学、访学、支教等形式输送教师到结对学校、长三角等地区进行交流，开展跨校同课异构活动，委派骨干教师进行集团内流动，把自己的经验进行辐射。附小教师在开放中磨炼、成长、收获，得到了长足的发展。

2011 年金秋，附小接受市教委委托管理项目的任务，托管崇明县汲浜小学。从那一刻起，两所学校走过了从陌生到磨合，从磨合到融合，从融合到默契的路程。一个个项目，一组组镜头，一篇篇感言记载着我们的足迹，见证着我们的成长。我们坚持“输血”与“造血”并举，不断加强队伍建设，促使学校走向持续的发展。

一、融合让管理有温度

“输血”是一种强力推进的有效策略。首先我们强化校本培训。针对汲浜小学的现状，着力提升教师的价值取向和精神追求。汲浜小学很多教师有自我发展的需求，但苦于缺少有效学习的机会。为此，我们通过师德报告、教学讲座、读书指导等方式，全方位地为教师成长提供平台。例如，在结对没多久，我们组织了两所学校的全体教师参观于漪教育基地，特地请来了八十几岁高龄的于漪老师为大家作报告，并展开了现场互动。聆听了于漪老师“为了每个孩子的快乐成长”的报告，“一辈子做教师，一辈子学做教师”“选择教师就是选择了高尚”等铮铮话语深深地镌刻在老师们心中，她的学术涵养、精神境界深深感染了每一位教师。这种场面这种互动是汲浜小学教师从未经历过的，会不由自主反思自己的教育观、为师观、人生观，这种培训叩击每个人心灵，效果明显。目标明确、主题鲜明、内容丰富、组织到位的全员校本培训，给队伍建设输入了汩汩“活血”，帮助教师们开拓视野、更新观念、分享经验、积聚智慧。

其次，我们敢于面对学校的问题与矛盾。刚去不久，适逢绩效工资分配方案调整期间,矛盾多多,教师与中层、主课教师与艺体科教师、教师与后勤;意见重重,都感到分配不合理,不能体现劳动价值。在这关键时刻,我们直面问题,与学校管理层共同商议,着手修订绩效工资分配方案。在教职工大会上我声情并茂地对老师们讲了这番话。

临近岁末,盘点一年自己的工作,都希望收获满满,特别是自己的收入,这是对自己一年辛苦的肯定,人的价值体现。如果在这个过程中,出现了一些问题,谁都不会满意,不会开心,会严重影响人的情绪,成为学校矛盾爆发的导火线。其实学校在发展的各个阶段会遇到各种矛盾,新事物在肯定、否定、否定之否定中产生。作为团队中的一员,为了团队和自身的发展必须明白一些道理,达成一些共识。

校荣我荣。人无论在哪里工作都是一种缘分,我们这里有很多老师在这所学校已经工作了许多年了,对这里对这个环境都是很有感情的,希望自己生活、工作的环境能够发展得更好,自己也感到幸福。的确,学校发展好,会给每一人带来希望和福音,物质上、精神上会产生自豪感和价值感。学校发展得不怎样,时间越长,越会有倦怠感和疲倦感,人也少了一份感觉,而人是需要感觉的,当同行在赞美你学校的时候,其实你也分外地光荣。学校发展很有问题时,人人都要防备,人人就更累,今天这事,明天那事,议论纷纷,人心不齐,搞到最后,对这所学校的所有事所有人都是一种否定。所以我经常会说,事成于团结,力生于和谐,校荣我荣,为了自己、为了学生,我们必须共同努力。

自身的责任。人都有劣根性,都有自私的一面。的确,自己都不为自己、不爱自己,还有谁会为自己说话会爱你,所以在和谐的氛围中,人和人之间互相理解、互相宽容、互相支持、互相关爱,人自私的一面就会适当隐藏,但在良好关系未完全建立时,就容易出现矛盾激化等问题。所以,每个人应该对自己有正确定位。有作为才有地位,才有发言权,只有做好自己的事才有能力管其他的事,要做个明师,明白“我是谁,我该干什么,我该怎么做”。作为校长、作为中层干部、作为党员、作为教师,都有自己的底线,都有一份责任和良心,在这个岗位上,就不能忘记你的职责!现在,我们的职业尽管很辛苦，但是收入在逐年增加，这是好事，是很多人非常羡慕的。所以，我们要珍惜岗位；所以，应该把主要精力放在教育好学生上。

共同应对问题。校内问题的和谐解决，必须紧紧依靠团队中的每一个人齐心协力共同解决。对于学校一些因历史或环境造成的问题，需要进行梳理、听意见，逐步改进，并形成一些制度进行管理。如果形成长效管理机制，两年、四年、十年，领导会流动，但教师不流动的多，受益的就是每一个教师。制度的形成，过程必须规范，要广泛听取干部、群众的意见，要全体教工大会通过，尤其对于教师、干部的课时量、工作量、岗位职责等规定，更要慎重，要识大体顾大局。制度通过后，就像所有人在法律面前人人平等一样，大家依法治校，按章办事，所有的事对事不对人，公正公平公开、合法合情合理。

我们都是汲浜人，是汲浜小学的一分子，只有我们发展了，学校才能发展；只有我们好，学校才能好；求大同，存小异，以和为基石，学校才能真正焕发活力。那么，再大的困难也不怕！

站在团队发展角度思考，站在一线教师角度讲话，有法、有理、有情维护大多数人利益，让教师们更有了前行的信心和力量。

另外，我们关注两校文化的融合。两所学校所处环境完全不同，都有着各自的文化背景。汲浜小学教师一开始对我们的加入是有戒心的，于是我们开展系列“暖心工程”，消除“输血”可能带来的“排异”。凡汲浜小学提出的要求，我们都尽力达到，凡汲浜小学需要帮助时，我们都全力扶持，渐渐双方建立了互相尊重、互相信任的合作关系，一次次交流，一次次互访，一次次活动，更是拉近了互相的距离：“牵手相携、同心发展”“聚会三八相约美丽”“尚德立教添智慧 爱铸师魂促成长”等联谊活动都为我们留下了温暖、感动、难忘的回忆，彼此真心付出，真诚相待，让心贴得越来越近了……

二、互访让“领头羊”显作用

“造血”，就是把附小的校园文化和汲浜小学的本土文化进行融合，让它拥有自己的造血功能,形成有效机制,促使其快速发展。

1. 加强中层干部队伍建设

中层干部是学校领导班子与普通教师之间的桥梁,是领导班子的决策得以推进和落实的重要环节和有力保证,是推进学校发展的带头人,是完成目标任务的主力军,一所学校面貌如何跟这所学校干部发挥的作用息息相关。托管以来,我们坚持每周联席会议,会议中既有对托管工作重点和难点的剖析与策略研究,又有专题性研究和交流发言;坚持定期联合学习,寒假、暑假都组织两校中层干部联合学习,结合各自的情况,开展广泛讨论,充分认识提高干部自身素质的必要性和紧迫感;有效安排外出考察学习,拓宽工作视野。先后组织干部到绍兴蕺山小学、杭州胜利小学、上海龚路中心小学,听课、参观、听报告。这其中,中层干部对龚路中心小学的学习印象最为深刻,蔡校长的讲座"怎样做好中层"朴实之中见智慧,智慧之中见激情,给附小和汲浜两所学校的中层干部以极大的触动,大家看到了自身的差距,都纷纷表示要把好的学习经验落实到自己的岗位,引领学校的教育教学工作。

同时安排了干部轮岗,附小的校园文化、教师风貌、团队精神一一展现在汲浜小学轮岗干部的眼中,使他们内心深受触动的同时,在思考中收获成长。一位轮岗干部在小结中写道:

有幸到附小参加为期一周的培训学习。自知学习机会来之不易,分外珍惜。五天来,附小把我作为他们其中一员,严格要求;我也把附小当作自己的学校去努力学习。身临其境,耳闻目睹,附小一周紧张有序的教育教学工作,观看升旗仪式、参与听课、参观校园文化建设、观摩阳光健身及快乐活动等等,了解学习附小教育教学经验,时间虽短,但收获很多,感触很深。

有一句话这样说道:业绩背后是团队,团队背后是文化,文化背后是心态,心态背后是管理者对员工心态的投资。一个始终绽放灿烂笑容、有着银铃般爽朗笑声的校长,当侃侃而谈她的管理之道、教改之道时,无须多问,这样乐观豁达的校长背后会有一支怎样的教师队伍。教育是要有精神的，办学也是要有制度的，但是，作为一校之长，确实，她的心态左右着学校的氛围，当这些沉浸在学校深处、弥漫于校园之中并能被任何一个外来者触摸到时，就足可以成为学校的文化。当我同时分享着具有相同管理理念下的不同的管理做法时，内心深处不免产生了极大共鸣，于是，关于教师管理、家校合作等话题，我获得了在同一教育视野里的再认识，不禁思考着汉浜小学今后努力的方向：

1. 细化管理，狠抓落实争高效。结合我校实际，进一步细化学校各项管理制度，增强可操作性，逐步由经验型、粗放型向规范化、精细化管理转变，完善学校考核方案，教师平时教学工作实行量化考核管理，从师德、考勤、教学常规、环境卫生、阳光活动、快乐活动、学生安全等方面表现情况进行记录，并给予评价。一周一公示，一月一汇总，最后将评价结果纳入教师年度绩效考评。

2. 加强教研，专题教研促质量。坚持每周开展一次专题教研活动，每学期进行一轮高效课堂比赛活动，将优化课堂教学"模式"成为具有适合我校特色的高效课堂模式，力争高效课堂常态化，全面提高教师的教育教学技能，实现教育教学质量的进一步提高。

3. 以生为本，校本课程成体系。积极开展好快乐日活动，使学生快乐学习，健康成长。通过活动的进一步深入，学校逐步形成自主发展、立足校本、凸显特色的校本课程体系，教师逐步提升教育教学能力，促进专业的内涵发展，让每个孩子都能充分体验，感受幸福，健康快乐地成长。

本次培训的激动与感动之情溢于言表，我将学有所得、学有所思、学有所悟、学以致用，结合我校管理实际再上新台阶，促进我校更好发展。

2. 加强班主任队伍的"造血"功能

班主任是学校工作的排头兵，我们围绕"做个幸福的班主任"的主题开展了班主任系列实务培训：专家讲座、论坛交流、经验互动……系列培训中，最受到汉浜班主任们欢迎的是营建温馨班级文化的培训。教师们通过走班观摩、评比总结，就教室环境、班级文化、人际环境进行交流分享，感受到小小的教室处处有育人的元素。我们还组织了"累，并快乐着"德育论坛活动,两校班主任欢聚一堂,互动讨论、分享育人智慧。详实的案例、工作的困惑、巧妙的支招……整个论坛活动中,大家畅所欲言,共同感受班主任工作的幸福感和使命感。

三、带教让教师齐发展

打造一支适应时代发展的高素质的教师队伍,是学校可持续发展的基础,骨干教师的培养工作是重中之重。附小选派13位素质好、能力强、经验丰富、教学效果突出的老师与汲浜小学16位教师结对,帮助汲浜小学骨干教师成长,以促进汲浜小学教师教育、教学能力的提高,推动学校教学质量的整体提升。我们制订"师徒结对"的带教制度,确定师徒双方的职责,有针对性地帮助徒弟把握教材、研究教法、指导学法,提高他们的业务水平。同时,搭设外出学习、互动的平台,先后40多位教师去山东、杭州、绍兴及上海其他区、县进行教学观摩活动,使他们开阔眼界、增长见识,更要求参加活动的老师回来上汇报课、作校内交流,把自己的学习感想和对教材的领悟进行分享。两校频繁的互动交流,合作影响,更新了教师们教学理念,改进了教学方法,更让汲浜小学的教师们感受到附小教师全心投入工作的精神风貌,由此激发了他们对教学工作的热情,引发他们更多地去思考怎样改进课堂教学,怎样提高教学质量。两年来,不少教师参加了片、县级公开课,获得了各种奖项。

带教结伴一路走来,促进的是教师共同的发展,学校共同的发展。附小十几位老师通过带教在各方面都有了长足的进步。

【教师心语】

互动研究 传递正能量

带教工作似在两校之间架起一座桥梁,一座连接城区和农村学校的教学互动桥梁,通过这座桥梁,彼此增进了先进教育理念、教育方法及教育管理的沟通，共享教学智慧。

克服困难，从容走好带教路。当许多任务一块儿来临时，我们每个人心里总会进行一番斗争，到底是干呢？还是不干呢？是认认真真去完成，还是应付过去呢？在签订带教协议的那刻起，我想：既然选择了去做，就应该全力以赴。平日在附小的工作，我们常是超负荷地在进行着。可我始终提醒自己：带教工作是我工作的一部分，认真去完成布置的每项任务是我的责任。虽然自己能力有限，干起来相当吃力。这一年多来，经常和汲浜小学的老师在一块儿开会，相互交流，相互探讨，我感觉自己也学习了很多，提高了很多。

融入其中，品味平凡促自省。我带着学校领导的谆谆嘱托，满怀着一腔热血和一颗惴惴不安的心和钱磊老师结对帮教。第一次踏入钱磊老师执教的课堂，孩子们的质朴、善良，就深深地震撼了我。也许，有“客人”老师听课，孩子们发言怯生生的，举手稀稀拉拉的。但钱老师循循善诱，因势利导地启发、激趣，课堂上的小手举高了，发言声音响亮了。虽然，会发生答非所问的事儿，可课堂是孩子们的了，他们开始活跃，有走出座位捡学习用品的，有大声回答，不知道的……正是在他习以为常的平凡中，我看到了坚持的力量，感受到了崇高，使自己的心灵得以涵咏，使灵魂得以荡涤。

沉心静气，磨砺自我促成长。在帮教中，我还充分利用各种机会虚心向其他教师学习、向广大教师学习学生管理的实践经验、向学生了解学习的困难，同时思考如何突破自我。学无止境，我在帮教活动中获益很多。一方面，通过帮教我提高自己的业务水平，另一方面，通过帮教与更多的语文教师交流中，听取了他们对我课堂的意见和建议，彼此在活动中共同学习、共同进步。

带教的日子里，不仅仅是带教，其实也是一种感染力，是一种一个人带动一群人，一群人带动一个学校的力量。（王群）

四、活动让学生有收获

托管工作最大的受益者应该是汲浜小学的学生。每个星期五下午，汲浜小学的校园里就沸腾了，这是一周里孩子们最快乐的时光。有的在操场上欢呼呐喊，有的在电脑房里制作小报，有的在引吭高歌，有的在翩翩起舞，有的在折纸剪画……这是汲浜小学在附小的帮助下，成功启动了快乐活动日的课程实施。具有“汲浜特色”的快乐活动日方案，在全县的快乐活动日方案编制工作中走在前列，获得了县级专家的好评。

为了这些课程的实施，为了学生们的快乐成长，附小团队做了不少努力。我们帮助汲小教师寻找自身亮点，提升整体建设快乐活动日的能力和积极性。附小“智慧树课程”之兴趣类科目所执教的二十位教师来到崇明，走进农村小学的课堂，进行各类兴趣课的教学展示活动，有专业类的科目，如少儿扎染、茶艺、机器人、舞蹈等，也有学生非常感兴趣的套餐内容，如彩泥制作、动漫、彩纸剪贴等。这次交流活动不仅让汲浜小学的师生看到了附小丰富多彩的兴趣课活动，看到了附小教师多才多艺的基本素质，更是让汲浜小学的教师了解到“快乐活动日”的真正意义。通过活动，汲浜小学建设课程的热情被点燃了，全校教师齐心协力，共同打造深受学生喜欢的兴趣类课程，开发了几十门特色课程，其中的“灶花文化”课程以及“葫芦丝文化”课程，特别具有乡土气息。

经过两年的托管工作，我们可喜地看到汲浜小学悄悄发生着变化：校园面貌新了，干部干劲足了，老师观念新了，学校各项工作走上了规范化轨道。同时，附小也悄悄发生着变化：带教团队能力更强了，带教机制更活了，带教经验更丰富了……两校教师在分享教育教学的智慧，感受职业的幸福和价值的过程中，快乐地成长着。

【教师心语】

汲取智慧，注引清泉

附小与汲浜小学“牵手相携、同心发展”的结对启动仪式近一年。在这三百余日中，在附小领导的安排下，在两校间一次次的活动中，我们汲取着，奔赴两校或外地参加各种活动，对于“智慧”的解读也随之加深。

外出听课为我提供了学习的机会。自结对以来，我去附小听了好多堂课，受益匪浅。像杨校长上的《两只小狮子》、徐老师上的绘本读物《我的爸爸》。她们富有感染力的语言，多种有效的教学策略至今给我留下深刻的记忆。这些经历，我都学以致用于我的课堂教学中。今天我特别要提的一点是，本来我很内敛，很矜持，不愿在教研活动时主动发表观点，但在附小老师的“强迫”下，当然这个强迫是要加引号的，我也愿意讲了，或许再过几次，我会抢着讲呢。

名师讲学提升了我的境界。上次去附小聆听了于漪老师“为了每一个孩子的快乐成长”的报告，让我很感动，特别是她的“选择教师就是选择了高尚，教师是以人育人，以自己高尚的师德、精湛的业务来培养人”更是令我深受启发。想想当今社会，虽然有些喧嚣嘈杂，但是教师的地位与日俱增，我们能不珍惜这个职业吗？热爱学生就是热爱自己，就是为自己谋发展，用蒯校长的话说呢，努力工作就是某种意义上的积善积德。

教研活动提升了我的专业水平。自结对以来，我校的教研活动次数剧增，年级组里的不说，间周的大组活动给我们收获不小，举上次吴书记的主讲的“让语文课堂更有效”例子，吴书记用丰富的理论依据和最接近我们的课堂视频诠释了语文教学中教学目标的制定，通过某老师两堂同样的课，阐明了教学策略的适切性。我们听了之后茅塞顿开，很感动，很激动，那么接下来就是行动了，行动在我们的语文教学中。

在一次次的学习中，越来越清晰地感受到：“和”是智慧和幸福的根基，“学”是智慧和成长的源泉。（汲浜小学教师　沈慕才）

和团队携手同行，攻坚克难

附录

十年成长故事：幸福每一个

“我心我写，我写我乐”，撰写自己的成长故事，倾诉自己的真实感受，分享一步步前行的智慧与快乐，这就是一种幸福！

智慧讲坛，合作共享

十年，是人生长河中的一段旅程，期间会发生很多故事，有很多变化。如何在变化中寻找机遇，抓住机遇，适时形成一股力量与精神，从而推动事物的发展，这需要一种大智。

附小是一所老百姓家门口的好学校，具有深厚文化底蕴和办学积淀。在五十多年的办学历程中，根深叶茂，成长出一代代热爱教育的优秀教师，培养出一批批优秀学子，赢得良好的社会口碑。但附小的发展并非一帆风顺。从 2006 年恢复校名，到 2016 年新校落成，这十年期间，每年经历不同的变革和考验，激励着团队从头起步勇攀新峰，激励着团队齐心协力砥砺前行，激励着团队矢志不渝不懈追求。教师、学生、领导，每个人都在锻炼中成长，在锻炼中增智，在锻炼中寻找自身价值。今天，团队每个人“我心我写，我写我乐”，讲出自己的成长故事，说出自己的真实感受，分享一步步前行的智慧与快乐，这不正是又一次自我的提升与修行吗？

十年的时光转瞬即逝，所有的收获已是过去，留下的是一份岁月的沉淀。“不忘初心，智慧前行”，会让我们离心中的梦想越来越近！

一、在关爱学生中成长

“关爱每一个孩子是我们的天职，成就每一个孩子是我们的荣耀”。这是附小的教师誓言。教师不仅要有爱，而且要善于爱，善用爱的艺术去感染学生、引领学生，让学生心中沐浴阳光，快乐成长。

孩子，我一直会等你

送走五年级两个毕业班后，我又接了四年级两个班的英语。我踌躇满志开始新的征程。开学第一周，小朋友出色的表现，让我对他们充满期待！然而一次默写，让我有些忐忑不安了。

那是开学第二周，我对第一单元进行了默写。全班大多数小朋友默写得很棒，只有小李同学的默写成绩很不理想。顿时，焦虑之情油然而生。为了督促她能认真复习，我随手就在默写本上写了：这次默写你是分数最低的哦！要加油了！

晚上，我拿起手机，一条短信蓦然进入我的眼帘：周老师，以后可否不要写这么伤害孩子的话？小李很伤心，已经哭了一晚上了！我愕然了！猛然想起，在交接班时，原授课老师曾和我谈起过这孩子：自尊心很强，但英语基础不是很好，又因家庭缺少关爱，所以学习英语有些困难……我沉默了，脑海里不由想起这句名言：教育是一门艺术，我们要用智慧启迪艺术的大门……我这是怎么啦？明知小李的自尊心很强，我却用所谓的好心提醒打击了她的自尊心。我自责，愧疚……

于是，我拨通了小李爸爸的手机，首先为我那句不负责任的默写评价真诚道歉，接着和他聊起了小李同学在英语学习方面的需求……他接受了我的道歉，还答应好好配合。第二天，我又找了小李作了自我批评，随后给她讲了几个有趣的英语小故事。看到她眼里透露出求知的光芒，便笑容可掬地告诉她：不着急，老师会放慢脚步等她，帮助她进步的。

教学过程中，我们有时会急功近利，想在最短的时间里让学生掌握更多的知识，但是更多的孩子的接受能力不会以我们的意志为转移，所以我们只能放慢脚步。我要用慢慢等待为她积蓄进步的信念。

渐渐地，小李在英语课上又露出了笑容，默写成绩也逐步提高。然而，越来越多的语法知识又让她流下了伤心的泪水。每每看到这一情景，我内心很不是滋味！老师不是应寓教于乐吗？学生不快乐怎么求得知识呢？帮助她掌握语法知识是当务之急。于是，在每次考试前，我都会帮她把本单元的知识点梳理后再复习一下，通过各种练习来巩固知识点。考试时，我也会不失时机地给她送去一个加油的眼神！评讲试卷时，不报分数，只注重对知识点的讲解，鼓励学生畅谈自己的理解。没有了分数的压力，在分析试卷时，她不仅听得非常认真，还能积极举手发言。对她的点滴进步，我毫不吝啬地加以表扬和鼓励，同学们也会情不自禁地送给她雷鸣般的掌声。

小李同学变了，变得活泼开朗了，变得不再躲我了。她会把她的画拍成照片给我看，还会跟我微信聊她的作业。在不知不觉中，小李学习英语的积极性提高了,英语成绩也进步了。每次她看到自己的进步,眼中都会充满着惊喜。

等待是一种智慧,等待是一种积蓄,等待是一种信念。就像龙应台说:孩子,你慢慢来!我也会对小李说:孩子,我一直会等你!(周晓琴)

撰写班级日志 绽放智慧火花

一天又一天,忙忙碌碌的教育教学工作,使得自己的心变得有点烦躁不安,感觉渐渐失去了品味纯真、感受童心的能力。然而相隔十年,我又一次走马上任当上了班主任,看着孩子们天真烂漫的笑脸,稚嫩可爱的童言童心,我的心中一片柔软。于是,灵感一现,萌生撰写班级日志的想法:天天记下孩子们身上发生的趣事,一来能见证孩子们快乐的成长历程;二来能与父母分享孩子在校成长中的快乐;三来能让忙碌而平凡的工作变得更有意义!顿感,智慧的火花如一道彩虹驱散了天空中的阴霾!就这样,我开始了教学日志撰写之行,不知不觉写下了许多小故事。

2015 年 12 月 18 日 星期五 多云

上课时,一个神奇的小宝居然把水笔里的墨水弄到了课桌上。怎么办呢?他不是拿抹布擦,也没有用纸巾擦,居然是用手和嘴巴擦!着实吓到我——这个“王同学”了,因为小宝嘴巴和舌头已面目全非,变得黑漆漆了!真是个熊孩子啊!不行,不能让他这样乱来。要知道,墨水里有许多化学物品,对人体是有害的。于是,我严肃地告诉他:“铅会使人变笨;汞会让人丧命;还有很多很多的化学物质,会让体内的细胞发生变化。”这下熊孩子害怕了,哭着问我怎么办!好吧,立刻将嘴巴洗干净,漱口。可是黑黑的颜料哪是这么容易洗干净的。我又安慰他:“你吃得不多,估计问题不大。只要你下午表现得好,等一会儿老师给你吃一颗‘解毒丸’就没事了!”可爱的熊孩子果然乖乖地上了两节课,如愿以偿地拿到了“解毒丸”。含着甜甜的“解毒丸”,脸上露出了灿烂的笑容。估计以后,他再也不敢吃墨水了。

我将这篇日记发给了萌宝的妈妈。他妈妈给我打来电话，说她感激之情难以言表，还说老师的良苦用心不仅让她知道孩子在学校里的生活细节，还潜移默化地教育了孩子要讲究卫生，真是一举两得。在之后的交流中，他妈妈不止一次说道：从老师的日记中，看到了附小老师对幼童浓浓的爱，感受到了附小老师的智慧教育。每天记录，连自己这个亲妈都做不到。如今，她除了放心，更多了一份对教师职业的尊重。有了家长的这份信任和感动，我撰写日志的劲头就更足了。

2016 年 9 月 22 日　星期四　多云

课间广播操时，教导处一位老师来我们班，特意表扬我班的一个孩子，说："这个小朋友太让我感动了！""怎么了？""他在校外看见我，主动走过来和我打招呼。真是太有礼貌了！"哦，这么懂礼貌的孩子是谁呢？对，就是这个阳光小男孩！我班的小朋友都要以他为榜样呢！感谢爸爸妈妈教育出这么懂事的好孩子！

同样，这篇日记又赢得了孩子父母的交口称赞。在榜样的影响下，我班的孩子也越来越有礼貌了。

撰写班级日志不但让我的生活更充实，而且使班级工作更加如鱼得水。点点滴滴的小故事汇总成册，学期结束时，我把它分享给了全班家长。家长们感激之声不绝于耳，我一下子被封为"女神"主任、"智慧"老师，真是幸福爆棚！

撰写日志不仅让我找回了爱的力量，又悄无声息地架起了家校沟通的温馨桥梁，班里的每一项工作都能得到家长们的鼎力支持。我感慨：有了这样通力合作的家校关系，何愁孩子们不能快乐成长！（王姝）

爱心支教，青春无悔

2010 年 2 月，我带着领导的重托，带着责任和决心，带着惶恐与不安来到了杨浦小学分校支教。

杨浦小学分校安排我担任三(2)班的语文教学工作。为了不负学校重托,我先深入了解学生状况。得知这班大多学生家境不好,父母学历层次较低,无业人员及外来务工子女偏多。为了提高全班学生的学习成绩,我想到了先从培养学生学习习惯,激发学习兴趣入手,课堂上尽量做到轻松愉快有趣味,传授知识也要由浅入深,循序渐进。课余时间,要给学习有困难的学生辅导补差。

班中有一名学生,先天听力有障碍,父母离异,她生活在父亲再婚家庭中,成绩极差。对于她,我倍加关爱,每天除了在课堂上多给她机会,多表扬,多鼓励,还在放学后,放弃自己的哺乳假主动留下来为她补课,不厌其烦地给她讲解,耐心地辅导她完成作业,解决了她的后顾之忧。虽然每天披星戴月很是疲惫,但我的内心得到了慰藉。

坚持了一段时间,孩子们的习惯和兴趣终于有了一点起色。然而我的努力与付出,认真与坚持却遭到了家长的当众责骂,怪罪我多管闲事,每天把孩子留下来,让孩子晚回家了,耽误了他们的事(不能打麻将了)。面对这突如其来的凌辱,我强忍着愤怒和委屈,莞尔一笑,没多说一句话。

回到办公室,我忍不住哭了。我丢下了自己不足周岁的宝宝,无怨无悔地辛勤付出,换来的却是家长的不理解,不配合。我犹豫了,他们不是附小的学生,过不了几个月我就走了,我值得这么拼命吗?我要放弃。回到教室,看见孩子们正用一双双渴望求知的眼神看着我。我惭愧了,想到自己当初的誓言:不管遇到多大的困难,一定要坚持,一定要努力,时刻不忘自己是附小的老师。于是,我努力说服自己,家长放弃了对孩子的教育,我要坚持。那一刻,我收拾委屈,擦干眼泪,继续辅导那些需要我帮助的孩子们;那一刻,我更坚定了自己的决心:用爱心支教,无悔青春……

那个被家长带走的孩子我也不能放弃,我要留住她。我思忖良久,要想留住孩子,首先要说通家长。于是,我想好了对策,鼓足勇气,与小姑娘的父亲促膝长谈。我从孩子的近况到孩子的前途,从孩子的需求到家校的合作,一一向他娓娓道来,还举了一个个活生生的案例开导他。我用真情打动了孩子的父亲,用智慧征服了孩子的家长。功夫不负有心人,终于得到了爸爸的理解和支持。孩子很努力，每天放学后留下来，坚持了几个月，学习成绩进步很大。期末考试后，她父亲还特地买了小礼物来感谢我。

一学期来，我已深深地爱上了这群朴实可爱的孩子们，孩子们也视我为知心姐姐，与我无话不谈。短暂的支教生活，是一次磨炼，是一次考验，也是一段终生难忘的经历。有付出，就会有收获，我沐浴在爱心支教赋予我生命的精彩之中，青春无悔。（王珏梅）

二、在团队合作中成长

我们都知道：一滴水只有放进大海里才永远不会干涸，一个人只有当他把自己和集体事业融合在一起的时候才能最有力量。在附小这个团队中，我们更是深刻地感受到了团队合作带来的温暖，带来的成长，带来的硕果。

师徒带教　互学共赢

附小是新教师成长的摇篮，每一位新教师都会有一位好师傅，这源于附小有着一批教学经验丰富和“传帮带”经验十足的教学骨干。

我的带教师傅是杨莉俊校长。她不仅教学经验丰富，而且带教能力超强。记得，我刚进入学校第二年，就赶上附小教学常规赛——“参与杯”，那一年是1～5 年教龄教师的教学比赛。我忐忑不安。师傅一边安慰我，一边加强对我的培训。白天，她一节又一节听我试教；放学后，她一遍又一遍指导我修改教案，写教学反思。她用智慧帮助我成长。校内比赛课历练后，她又将我推荐到区里上了一节公开课，得到了教研员的高度评价，赢得了听课老师们一阵阵热烈的掌声。

从此，我对教学越来越有信心，师傅对我的要求也越来越高，开始指导我写教学论文。犹记得第一次撰写论文。我将自感文采斐然、论点清晰的论文交与师傅。她看后，先是眉批、尾批，接着讲评，犹如指导小学生写作。经她指点，我茅塞顿开，认真地反复修改。她看后再作修改。最终，这篇论文获得了“长三角小班化论文”比赛第一名。为此，我还走出上海，到南京各小学参观学习。自那以后，我跟着师傅多学习、多阅读、多积累，记下点滴教学经验，写成论文、案例，投稿、参赛，跟着师傅参与学校课题研究……获得荣誉一枚枚，发表文章一篇篇。

在她的带教下，我快乐并幸福地成长着。我渐渐成长为小学高级教师，语文教研组长，然后成为区中心组成员、区教学骨干。如今，我又获得中学高级教师职称，成为区里小学语文教师中最年轻的中高教师。

附小一直都在用智慧传帮带，逐步摸索出新的带教模式——学科带头人带教骨干教师，骨干教师带教职初教师，环环相扣，互相关联。在带教过程中，师徒互学共赢，共同成长。这不仅是团队合作，更是智慧大聚餐。

如今一批批新教师不断涌入我校，在他们身上，我看见了自己当年的影子。随着带教团队不断壮大，我也成了一名带教师傅。在带教路上，我边学边做，既要学好师傅的本领，又要学着师傅的样子传承附小的精神，用心用情用智慧带教新教师，将手中的接力棒继续传承下去。

每每看着一位位新教师在附小的舞台上崭露头角，施展拳脚，开辟属于他们的新天地时，作为师傅的我也由衷地为他们高兴。这就是我们附小人的期望和责任。（汤静怡）

留恋这片沃土

因为憧憬和向往，我如愿而幸运地来到了附小。在这里，我度过了美好的二十年，也给我留下了太多的享受和眷恋。

前十年，我站在讲台上教书育人，分享着孩子们的快乐与幸福，分担着孩子们的忧愁与烦恼；在他们身上，我进一步体会到了教师这一职业的光荣，更多地享受到了教书育人的乐趣。前十年，我和同事们朝夕相处，一同研讨教育教学，一同规划附小的蓝天，深深融合在附小这个充满智慧的“和”的团队里。

最难忘那一年春天，学校要求每个年级在走廊上办一期主题墙报。身为年级组长的我立刻带领组内老师一同讨论主题、规划版面，我们要用集体的智慧完成这项任务。大家很给力，即刻行动，各显神通，有的上网求教，有的电话讨教，有的向朋友咨询……每个人的眼里都闪耀着智慧的火花。我感慨：集体的智慧是无穷的。集思广益后再三斟酌，主题确定了，大家分头行动，有的写稿，有的排版，有的美化……很快，一期关于“时间”的主题报跃然墙上。这墙报得到了校领导和老师们的赞扬，还为校图书室获得先进做出了一点小小的贡献！这是“和”的精神、“智慧”的力量。

我爱上了这里，因为这里是培养人才塑造人才的沃土，又因为我在这里学到了很多，得到了很多……

十年后，我要退休了。然而我深深迷恋上了这片沃土，舍不得离去，很想为她再做点什么，以报答附小给我带来的一切美好的回忆。一个机遇，让我如愿以偿，我被留下了，留在了档案室开始了一个全新的工作。开始，我有点不知所措。睿智的蒯校长见我满面愁容，立刻从大学里请来一位档案实习生，后又带我到兄弟学校学习档案管理……校长的睿智让我很快熟悉了这份工作。随后一个个检查、评比……接踵而来。刚上手这工作的我有点手忙脚乱了。于是，分管档案的张老师请来了中层干部、组长、部分老师来做我的后援团。每天一下班，他们就聚集在档案室挑灯夜战，乐此不疲。这是我的分内工作，然而参与的是大家。“和”的精神如一盏明灯点亮在每一位附小老师的心中。

这十年，我做过无数的档案，每一份档案都倾注着老师们的心血和汗水，凝结着老师们的智慧和情感；这十年，我登记过数不清的荣誉证书和奖牌奖杯，每一枚荣誉都赞美着附小这块沃土。这十年，我偶尔会重返讲台，和老师们一同参与智慧教学，享受着智慧教学给予我无尽的快乐。

我由衷地感叹：附小是当之无愧的名校，因为这里有“和”的精神，有睿智的校领导班子，有热衷创新的教师团队，他们用情用爱用智慧在经营一所口碑载道的学校。

如今，一栋崭新的教学楼拔地而起，她像一艘乘风破浪的巨轮。我们深信，她必将会载着附小的全体师生奔向更美好的未来。（汪美金）

聚光灯的背后

“好像初次的舞台，听到第一声喝彩，我的眼泪忍不住掉下来……”耳边响起《掌声响起来》熟悉的音乐，思绪却已飘到去年排练巾帼文明岗展示节目的时候……

繁忙的期末结束工作让各科老师应接不暇。“叮铃铃——”手机响了，循着声音我好不容易从试卷堆里挖出了手机，接起电话：“喂，好的！”

先前还埋头苦干，正与试卷拼搏的大家，眨眼间，聚首在了校长室。

“学校德育组荣获全国巾帼文明岗的光荣称号，现在要承担这次区展示任务，要排一个能够体现附小精神的歌舞剧，弘扬师风师德，传递正能量！”书记的话音刚落，我们面面相觑，深知此次任务的重要。要排一个新节目可并非是易事，学期快结束，而下学期伊始就要报上节目，准备的时间紧迫，节目雏形还未有，我们该怎么做呢？

天上不会掉馅饼，办法还得靠自己。于是，大家你一言我一语，各抒己见。最后，德育室主任陈老师综合大家的提议，大致确定了节目的三个篇章……框架有了，具体安排哪些节目，大家又七嘴八舌地议论开来。

节目组的成员来自不同学科，不同专业，但彼此不分你我，为了大家共同深爱着的学校，拧成了一股绳。音乐鲍老师提出了对舞蹈的建议，其他学科的老师虽是门外汉，但也对节目发表了自己的见解。头脑风暴中，集聚着大伙儿智慧的火花，一个个灵感在迸发，一个个创意在涌现……不一会儿，大家就达成了共识，各自规划、分工明确。大任务变成了一个个小任务，难题也将逐个击破。

我有幸被选上了表演这个节目的主角，为了确定音乐，编写新的歌词，我与同伴老师利用下班的时间煲起了电话粥，常常为了纠结歌词中用哪个词而议论不休。忙碌中，我累得发起了高烧，却依旧坚持着。每一位接到任务的老师也跟我一样，都为之努力着，加班加点。我们还请来了专业的家长后援，为我们的节目进行编舞上的指导。

高密度的排练开始了，大家放下手头上的所有工作，抽出空余时间，一次次地聚在一起。有的老师身体不适，他们咬着牙默默忍受着；有的老师孩子临近考试，他们顾不上只得亏欠孩子；有的老师家里遇到困难，他们为了学校这个大家无声无息地克服着。在大家的共同努力下，我们一遍遍地彩排、磨合，大到队形，小到每个动作、每次走位都不放过。从无到有，从有到优，我们附小老师用自己的智慧，高效地完成了这次演出。

聚光灯照射的舞台是那么璀璨，明亮、温暖，绚烂的灯光照亮了舞台上表演的每一个人的心房，一切的美好都似乎被定格在了那一瞬间。“掌声响起来，我心更明白，你的爱将与我同在……”附小的每一位老师都知道，那是附小的荣誉，

那聚光灯背后的故事深深铭记在心！（曹怡婷）

三、在教学反思中成长

常言道：吾日三省，经常审视自我会让自己更能够认识自我的不足和错误，从而改变自我，提升自我。同样，教学反思会使教师“不用扬鞭自奋蹄”，形成自我反思意识和自我监控能力。

开启迂回战术，智慧解决难题

《易经》中说：智慧感化德行育人——因势利导。意思是教育人或者管理人，都要以理服人，以智慧来感化，以智慧来育人；坚持中庸之道，利用因势利导的方法教导人，从而赢得人们的信任与尊重。故而，启用智慧能让人找到事半功倍的方法，也更能让一名教师最大限度地发挥教育教学的作用，达到理想境界。

那一年开学，我接手了三年级一个班的语文教学任务。三年级是一个转折点，学生从低年级步入中高年级，知识量增加且不说，难度也增加了不少。如何提高学生的学习素养，进行系统、规范的语言能力的训练，轻松愉悦地学好语文，必须要找到一条解决之径。

知己知彼，方能百战而不殆。我分析了学生语文学习的优势与劣势，再结合中高年级语文学习的具体要求和阶段目标，找准了两个突破口，即阅读和写作，决定开启“迂回战术”，让学生们在潜移默化中解决难题。

首先，我找来优秀的儿童文学作品，引导学生阅读，鼓励他们摘抄好词美句及布局谋篇精妙的篇章。通过美文欣赏，学生对阅读产生了浓厚的兴趣，自觉地开始大量阅读，举一反三，在阅读中积累，在阅读中理解，在阅读中学习，在阅读中创造。如：我们学了一篇杨红樱的课文，学生们便从杨红樱的作品中又选取了《男生贾里新传》阅读后进行交流，有的交流摘抄的美句好段，有的交流读文后的体会，还有的交流自己仿写的段落。如今，学生课间几乎人手一卷，做阅读摘抄、写读后点评已成习惯，尽管点评的语言质朴略显稚嫩，但不妨碍他们直抒胸臆，真情实感的流露。与此同时，学生也在不自不觉中接收了系统、规范的语言能力的训练，阅读和写作的能力也有了提高。

之后，我又顺势而为，开展了写“循环日记”的活动。将全班学生分为 6 个循环组，每周都有一人来写日记，再在组内循环阅读一周，阅读时及时给伙伴点赞或提建议，还邀请家长也参与其中，互动点评。这样一来，班里“写作热情”高涨，写的人洋洋洒洒、精彩纷呈；点评的人津津有味、头头是道。有的孩子还学着杨红樱的语言模式开写了我们自己班的“四大天王”，语言极富幽默色彩，字里行间藏着杨红樱的影子。功到自然成，智慧手段既帮助学生们完成了语言的吸收到再创造，又让他们用自己喜欢并能接受的方式解决了语文学习中的困难。

华山也许自古一条道，但迂回之下，条条大道又能通罗马。教师的智慧就是帮助孩子们在学习的道路上勇敢攀登、迂回前行，带他们看尽这一路上的无限风光！（史慧敏）

让每个孩子破茧成蝶，振翅高飞

成蛹、破茧、化蝶，这是蝴蝶生长变化的过程，其实孩子成长的过程就像一只美丽蝴蝶的成长史。飞舞的精灵，是由最初的卵进化成小青虫，再由蠕动的虫形成蛹，经过了漫长的等待，最后靠自己的力量破茧而出，成为一只只美丽的蝴蝶。作为教育工作者的我一直都在思考着，如何正确认识他们、帮助他们集聚成长的力量，完成一次次美丽的蜕变……

九月，我又一次迎来了一群天真活泼、对小学生活充满好奇，满怀憧憬的孩子。他们第一次正儿八经地背上书包，走进书声琅琅的校园，开始了漫长的求学之路，一切是那么新鲜。开学第一天，我带他们走进了新奇而有趣的“英语王国”。孩子们个个热情高涨，对学习英语充满了浓厚的兴趣。但时间一长，部分孩子对学习英语不再那么兴趣盎然了。因为英语不是母语，离开英语课堂，就没有了语言环境。因此，老师教的内容，一转眼就荡然无存了，必须花很多时间去听、去读，这对于他来说太枯燥无味了，太不好玩了。于是，英语课堂上经常出现这样一幕：当别人争先恐后的发言时，他们只是静静地陪衬着，像一只只柔弱的毛毛虫，蜷缩在教室的一角，慢慢吐丝将自己紧紧地包裹在茧里。而我要做的是关注每一个孩子，我要让他们破茧成蝶，振翅高飞。

如何激发一年级孩子的英语学习兴趣便成了我的主要关注点。朗朗上口、节奏感强的 chant 一直是孩子们的最爱。于是，我收集了好多英语儿歌教给孩子们。课堂上，每当发现孩子们注意力不够集中时，我就用一首欢快的英语儿歌将他们的注意力渐渐归拢到课堂中，再一次积极参与到课堂活动中来。英语儿歌成了一朵朵智慧的火花绽放在课堂上。“柔弱的毛毛虫”开始跃跃欲试了，不再包裹自己，而是和大家一起唱起了英语儿歌。

孩子们的发展参差不齐，我便采用分层教学法，使每一个学生都能依据自己个性发展的特点，在各自的层面上发挥学习能动性。课堂上，我鼓励孩子们根据每篇课文的情景编写、表演对话，孩子可依据自己的能力在小组内承担相应的工作，有的是编剧，有的是导演，有的是演员。每个人都能在小组中发挥自己的所长，积极参与其中。课堂上再也见不到“柔弱的毛毛虫”了。

为了让孩子们进一步巩固所学知识，课后，我为他们量身定制了一系列的多样化作业：做一做，完成动物的头饰，画画夏天的公园；说一说，选择一个喜爱的卡通人物为他们配音……这一系列生动、有趣的课后作业，帮助他们巩固了课堂上所学到的知识，也为他们后一节课的学习打下扎实的基础。“柔弱的毛毛虫”终于破茧成蝶了。

毛毛虫破茧成蝶还不够，还得振翅高飞。我要努力为这些孩子寻找更广阔的语用途径，让他们得到更丰富的英语体验！这些必定是锤炼每一个人的机会，让每一个孩子极力展现自己的智慧，发挥自己的作用，让参与其中的每一个孩子在活动中蜕变成长，展翅翱翔！（谢瑾）

骑行之路显智慧

“温老师，由于校舍重建，这学年，你要两边跑，辛苦你了……”蒯校长交给了我一个如此艰巨的任务。虽然我答应了，但心中不免有点担忧，两校之间相隔一段距离，我该顾哪边呢？

我找出了珍藏已久的自行车，在杨高和打一校区的路上骑行着，越骑越觉得骑行之路是多么漫长、多么枯燥。

几个星期下来，我心力交瘁，每天踩着自行车两头赶。有时，不是因批改作业忘了时间，就是因监督学生订正延误了上课，遇到刮风下雨更是狼狈不堪，好在有同事们帮忙。但我仍无法做到两边兼顾，就连学生的名字也前记后忘，倍感分身乏术。

有一天，在骑行路上，我忽然想到把学生的姓名和他们的特征结合起来，一定好记。我一边骑，一边记，果然记住了。我心头一喜，不再焦虑。每天，我一边骑行，一边思索，骑行之路成了我的智慧之路。

两个班级分居两地，事情一多就顾此失彼。如何做到两边兼顾？我一边骑，一边想……我想到了备忘录，俗话说“好记性不如烂笔头！”。我把当天要完成的任务和第二天要做的事情一一记在小本本上，如影随形。有了备忘录的督促，自行车的帮忙，我就能兼顾两头了。

最大难题还是作业订正。两个班级不在一起，我常常无法做到全员及时订正，及时批阅，这无疑给学生后续学习造成影响，还容易使部分学生养成惰性……于是，我利用微信、飞信以及家校互动等平台及时与家长沟通，把学生作业订正情况一一告知未完成订正的学生家长，得到家长的理解与支持，再借助家长的力量督促孩子及时完成订正。

培养低年级学生良好的学习习惯尤为重要。我常常为纠正他们的书写习惯和听课习惯等花去很多时间。为了培养好习惯，激发学习兴趣，我定制了各种有趣的图案印章，有“书写工整章”“你真棒章”“加油章”……当这些充满童趣的印章出现在孩子们的本子上、试卷上、书上后，他们很高兴，因为这些印章见证了他们努力的结果。我还建立了各种奖励机制——印章换奖票，奖票换金豆，金豆换奖品。有了这些小刺激，孩子们学习数学的主动性和积极性大大提高。

一个月、两个月……我慢慢骑行着，适应着……

渐渐的，我不再觉得骑行之路漫长枯燥，因为它不仅给了我智慧，还给了我快乐。骑在落满枯黄树叶的马路上，听着清脆的咔嚓声，仿佛在欣赏美妙的钢琴曲；“温老师，请帮我带一沓试卷去那边……”我享受做一个快乐的“试卷传递员”。骑行之路不再艰难，它成了我工作中的小插曲。

一个学期结束了，我的骑行之路仍在继续。骑行路上，我心存感谢，感谢领导对我的信任；感谢同事们对我的帮助；感谢家长对我的理解与支持。

我骑行着，工作着，这是一段难忘的日子，这是一段充实的日子，这更是我教师生涯中一个特殊的经历。也许在不久的将来，或许是在很久以后，我能自豪地说：附小的重建有我的努力付出，在这努力的背后充满着我的智慧。因为我是一名附小教师！（温沸）

四、在活动展示中成长

人生愈有价值，生命就愈有力量，自然也就愈快乐。我们知道每一次活动展示，都是一次挑战，一次机遇，一次提升自我价值的平台。久而久之，我们不管价值感来自何方，归向何处，只要知道坚定不移，带来的是快乐，延伸的是幸福，这就够了。

第一次执导大片

特别喜欢听陈奕迅的《十年》，尤其是在细雨飘零的下午、在夜深人静的时刻，音乐一响起，就会“别有一番滋味在心头”。

很多人说，EASON演唱最大的魅力就在于用情诉说，能轻而易举地将你的思绪牵引到往昔……

2008年，那个注定要刻在我记忆深处的年份。为了迎接校庆五十周年，全校上上下下都在筹备一份份“重礼”——庆祝大会、校史册、学生作品画册、宣传DV……这是恢复校名、重振士气的契机，谁想错过？因而全体为之倾力！

校长把拍摄DV的任务交给了我，当时拍摄DV是很新鲜、很陌生的一件事。正所谓“初生牛犊不怕虎”，我和王珏梅老师组成了拍摄团队。可是，领命之后，我们却陷入了迷茫：要拍什么？怎么拍？先做什么？素材有多少……越想越后怕，这活不好“啃”。

不好啃，也得啃！因为我们是愚者，因为我们有智慧。眼看日子一天天过去，我们请教了“度娘”，照着范例依葫芦画瓢地撰写脚本：这里要呈现太阳初升的画面，那里要出现文字和画外音……折腾了一周，拍摄脚本基本定稿，自己看看也觉得挺满意的。

殊不知，真正的“可怕”是在后头，接下来的两周，深知我们“苦难”的校长大手一挥：“你俩到远程教育集团去蹲点，已经请了专业人士配合你们制作。”

于是，我俩开始到电视台上班了，每天坐在技术人员的身旁，心里那个急啊！因为这才知道，每一个动画的插入有那么难；这才知道，要淘到心仪的素材有那么难；有时一分钟的镜头竟然会花上整整一天的时间，我们讲得口干舌燥，他们做得精疲力竭……但是再难，我们也要坚持，我们要发扬愚公移山的精神。耐心是我们最好的心态，我们寻求增援，然后一遍又一遍的插入，一页又一页的寻找，一次又一次的讲解，终于，凭借我们的耐心和智慧做完了脚本上的第一章节。但第二天重播后又觉得这不恰当，那儿别扭；重来！重来！再重来！追求完美，也是我们的责任。

整整两个星期，说“披星戴月”一点都不夸张，在学校上班都没这样需天天加班到晚上九十点钟。但，真的一点都不觉得苦，因为看着“孩子”一点点地成形，充满了孕育“新生命”的喜悦！真的一点都不觉得苦，因为不是我一个人在“战斗”，身边有“队友”，身后还有更多的“队友”，只要一个电话，马上传来所需资料，连退休教师都会捧来他们视若珍宝的旧照片、旧报纸、旧教案……扩充我们的“资源仓库”。

终于，随着一幅长卷轴的展开，五十校庆的 DV“诞生”了。它，翻开了附小的往昔，镌刻了附小的今朝，承载了附小的明天！

又一个十年在即，不禁回首那年，不由忆起那事，真的是“别有一番滋味在心头”……（吴燕蓓）

难忘而快乐的“万圣节”

2014 年 9 月，附小重建，全校师生分居两地，四个年级 “蜗居”在杨高小白楼，二年级借住在打一校区。然而，一切教育教学活动都在有条不紊地开展着，而且是在那么局促的环境中。

11 月，恰逢附小传统的英语周活动期。虽然条件艰苦，但为了让孩子们依然有一个难忘而快乐的英语周，我们英语组决定开展一次“万圣节”主题聚会。

这是我们搬到杨高的第一次大型活动，大家都想让这个精彩的英语主题派对既有“万圣节”特色，又能彰显附小英语特色。可当我们真正筹划起来困难重重，准备期只有三周，杨高小白楼只有四个年级的教室，借住在打一校区的五个班没有活动场地，再加上活动方案尚未出炉、服装道具没眉目、英语视频没着落……我这个英语大组长、活动总策划人急得焦头烂额。突然，这时又接到一个任务，小徐老师请病假，需要我临时代理两个星期的班主任。班主任工作势在必行，可活动方案还没落实，时间又是那么紧迫。

正当我一筹莫展时，体贴入微的校领导、助人为乐的好同事和英语组的同伴们组成了一个智囊团，大家群策群力，万圣节的活动方案终于新鲜出炉。

整个主题活动分为两个步骤："万圣节"开幕庆典和万圣节游园会。最令人头痛的游园会场地问题，也在智囊团的反复讨论中，迎刃而解。游园会采取分流交换场地，一个年级在操场上开展广场秀和水印文身活动，其他四个年级就在教室里开展丰富多彩的游园活动，每30分钟，按年级和班级交换场地。精妙的好点子使活动有序、安全而又顺利地开展起来。

如何在活动中体现英语特色，了解西方传统节日，感知中西方的文化差异，在活动当天会用一些简单的语言与同伴合作游戏呢？这时，又是附小智囊团齐心协力，出谋划策：在主题活动前两周，我们分别制作了不同主题的"万圣节"视频，充分利用校园网，进行了主题活动的前期宣传，教会孩子们制作各式面具和南瓜灯……

有了智囊团的参与，一切准备工作紧锣密鼓又井然有序，我这个总指挥更是忙得不可开交。可爱的附小老师们又一次挺身而出，有的说："你分配任务吧，需要什么服装、道具我们自己解决。"有的说："视频制作我来想办法。"有的说："班级管理我可以帮上忙。"……一句句贴心的话语温暖着我的心房，我感慨万分：有这样的附小老师，还有什么困难解决不了。我释怀了，不再焦虑，每天披星戴月，不亦乐乎。白天，老师们用智慧默默地为"万圣节"活动忙碌着；深夜，同伴们用真情与我微信聊着活动中的各个细节。

"万圣节"这一天，伴随着欢快的乐曲，老师、孩子和家长都盛装出场；一个个英语节目精彩纷呈；活动室安排更是有条不紊。穿梭在校园中的我，看着装扮的古灵精怪的孩子们灿烂的笑脸，看着即使是在深秋萧瑟的寒风中，依然累得满头大汗的老师们，舒心地笑了。三个星期里的一幕幕画面，深入我心，至今难忘。

"万圣节"活动也成了孩子们抹不掉的回忆，在他们的周记上、作文里都记载着万圣节给他们带来的点点滴滴的快乐和幸福。有些家长还主动送来感谢信，感谢学校给他们孩子的童年留下了最精彩、最亮丽的一幕。（张颖）

借力而行，走向共赢

行政例会上，领导按惯例布置下阶段工作：

“钟婕，11 月份的全教会，你给大家做一个关于学校是如何构建智慧课堂的报告。”

“我？”我猛一抬头，惶恐地看着领导。

“上半年，我们撰写了‘构建智慧课堂’的主报告。明年，新校就要落成，智慧课堂是我们自恢复校名以来，一直致力研究，并着力打造的教学品牌。因此，我们要组织全校老师一起学习，分享我们的研究成果。你回去好好准备！”

“我，不行的……”我使劲地摇头。

“一定要相信自己！”领导信任地看着我。

“哦……”我应下了，可心里却是一个劲的愁：虽然上半年，自己费了不少心思，潜心参与了这份主报告的撰写，但是解读的难度系数太大。虽然自己有多次在校区层面专题发言的经历，但谈的毕竟是老本行——语文，哪有给全体老师解析的本事？更何况，远道而来的西部校长也要聆听……唉，怎么办？我心烦意乱地刷着手机屏……

忽然，一条锦囊妙语映入眼帘：“善于借助外力，事业才有支点。——《易经》”。

言下之意不就是借力而行吗？太好了！这正是渡过眼下难关的上上之策呀！可是，我向谁借力，怎么借力呢？我暗自思忖着。

有了，向高人借力！主抓教学的杨校长不仅课上得精彩，还不断地跨学科帮助教师们准备比赛课、汇报课、公开课，且捷报频传。她，不正是我要找的高人吗？向她请教，这真是事半功倍的明智之举呀！

向伙伴借力！校园里不乏骨干教师，他们有着成熟而又丰富的课堂教学经验，请他们一齐亮相报告解读会，围绕主题，结合课例，介绍他们的实践智慧，不是更能让高高在上的理论、要点变得接地气吗？

向生活借力！罗丹说过："生活中不是缺少美，而是缺少发现美的眼睛。"智慧的教学案例也许就在我们的身边。时时观察，处处留意，细细聆听，一定能找到新鲜、生动、真实、有说服力的案例。

向书本借力，向网络借力！那里往往登载着时下最前沿、最先进的教育思想和理论，最典型、最智慧的课堂教学案例，多多查找，多多撷取，不是正好可以充实、完善讲座的内容吗？

想到这儿，我那颗诚惶诚恐的心慢慢地踏实下来。

每个深夜，我埋头翻阅着大量的资料，找寻各种入眼的、匹配的、智慧的各学科的课例和片段，把它们一一记录下来，整理、归并、分析，入册……每个白日，细心留意着身边的课堂，聆听现场，观摩录像，遇到好的课例，就随手记录，不断充实，好中选优，优中选精，让解读更具有实效性、引领性……

终于，我借助众力，为全体老师奉上了一场接地气，有启迪，富实效的报告解读会。

一次教学报告解读会前前后后的准备过程，让我感悟很多，也领受很多：金无足赤，人无完人。没有谁可以永远独立去完成每一件艰难的事。借力而行，也许能化难为易，化弱为强，化单调为美丽，化腐朽为神奇，是实现自我、成就他人，走向共赢的智慧之举！（钟婕）

五、在突破自我中成长

生命中最难超越的，不是别人，而是自己。化蛹成蝶是一场蜕变，一场需要用耐心和努力去经历的蜕变，经历了无声无息地痛苦之后，破茧而出，咀嚼美丽和飞翔的快乐。

学而增智　习而积慧

"陈孋娜，长三角班主任全能大赛二等奖！"台上传来喜讯。顿时，我的内心百感交集。多少个日夜苦心研修教育政策、法令、文件、精神，习总书记的讲话，开展各种主题班会、社会实践，进行方案设计、教育故事撰写、案例分析、锤炼基本功……班主任工作在我四十岁时真正入心学习，岗位不容易，层层筛选成为上海选手不容易……此时，我禁不住热泪盈眶，这种磨砺真是成长！

回首这一路，抱着一颗学而增智，习而积慧的心愿，我挑战着、学习着、成长着……平静看比赛，乐享其过程。

第一堂培训课就是戏剧学院表演系为金星等角儿策划节目的老师给我们上表演课，从朗读，发言、用语、眼神、动作，我虚心学习着，感觉自己好像是明日的新星。而后的专家讲坛、师哥师姐的传经送宝，小组研修，我学而不厌。记得 10 月 23、24 日赴崇明封闭式训练 2 天，恰逢学校心理咨询师中级考试面试答辩，我毅然包车往返于两地之间。到达培训点正值模拟教育故事，当即被点到。就这样，在所有强手面前毫无准备地亮相了！这是一种锻炼和考验。大家调侃说，一号负责定基调。我把第一堂课所学融入字里行间，融入每句充满激情的表达中，甚至不惜掉落几滴眼泪，学着用不同语调表演角色，打动人心，以理服人。

学习能积淀教师的底气，提升教师的智慧，丰厚教师的底蕴。每天我乐此不疲地学习着，成了习总书记的强烈粉丝，整天穿梭于他的讲话发言，了解到总书记对少年儿童的要求每年各不相同：2013 年，爱学习、爱劳动、爱祖国；2014 年，记住要求、心有榜样、从小做起、接受帮助；2015 年，从小学做人、学立志、学创造。我搜寻于政策法令、教育部关于培育和践行社会主义核心价值观进一步加强中小学德育工作的意见、教育部关于加强家庭教育工作的指导意见、教育部共青团中央全国少工委关于加强中小学劳动教育的意见、中小学班主任工作规定、教育部关于进一步加强中小学班主任工作的意见、2015 新版《小学生守则》、关于进一步加强和改进未成年人思想道德建设的若干意见及中华优秀传统文化教育内容……我从中找到了智慧的源泉，开始埋头于主题活动方案的撰写练笔。几乎每天一个方案，我对着镜子述说教育故事，我整理历届题目，背着、写着、想着、演着、阅读着……转眼间就是深夜，我叹息时间都去哪儿了！我强迫自己完成每天的学习量,连做梦都是基本功。

带着嘱托,乘上大巴,到达合肥已是晚七点,抽签后被召集到领队房间。什么贵州讲话,什么方案设计……聆听着,思忖着,散会已是十点半。旅途的奔波,突如其来的复习资料,今夜又难眠。一大早八点笔试开始,手机被统一没收,1 小时后提交方案设计,而后教育故事、主题发言、突发应变……连珠炮似的考试,评委咄咄逼人的发问,现场展示……我都一一沉着应对。

一幕幕场景如现眼前,这一路,长期的积累,中期的培训,短期的冲刺,让我更加明晰自己想要的:学而增智,习而积慧,不忘初心——牵着孩子们的手一路相伴,让每朵小花更加美丽,让每个生命更加精彩!(陈孋娜)

第一次用平板电脑执教作文

"学校引进了新项目,想打造有学校特色的智慧云课堂。"校长的话在每一位附小人的心中泛起了涟漪……

2012 年,我和引领高科技时尚的"他"的结识就源于此。

这是一个阳光明媚的午后,我接下了用平板电脑执教作文的任务,成了附小第一个站在云端"吃螃蟹"的人。面对新事物,我茫然不知所措。此时,时尚的"他"就在我眼前,静静地看着我。和作文教学相结合,我该如何着手?原本作文教学就是学科难点,现在又要运用新技术,我又该怎样和你亲密接触?我皱着眉,和"他"对视着,脑中却空空如也。校领导看出了我的烦恼,鼓励我说:"别着急,咱们一块儿来设计,'三个臭皮匠赛过诸葛亮'嘛。"听了这话,我轻松了许多。

我绞尽脑汁开始设计教案,该如何凸显平板电脑的作用,又不失作文教学的特点呢?当我正一筹莫展时,杨校长带着智囊团来了。于是,中午休息、放学以后,我们便聚在一起进行教案设计的讨论,大家各抒己见,献计献策,忘记了疲惫,忘记了回家。在一次次的修改再修改中,我们定下了主题,框定了环节,确定了内容,最终教案成型了!望着这份教案,眼前浮现出老师们热烈讨论的画面，一阵暖意涌上心头，没有团队的合作精神，何来这乐思慧行的创新？

下一步，就是和电脑公司商讨如何在平板电脑上进行人机互动，以达到我们预期的目的——让孩子通过人机对话，提高写作兴趣，选择自己感兴趣的内容进行写作活动，对别人的文章进行修改和点评。首先要让电脑技术人员了解我们的教学设计，才能使创新信息技术吻合我们的教学设计。要做到“吻合”谈何容易，设计推翻了，重做，再推翻，再重做……理想中的设计与现实中技术能达到的水平有一定的距离，怎么办？智囊团的老师们又一次展开了讨论，大家集思广益：“课堂上直接上网查找资料太费时，能否事先做好一些网页供孩子们直接查找？”“学生打字太慢，可否改为书写笔？”“再做一个程序，让孩子们互相修改、互相点评。”……电脑公司的技术人员被老师们的智慧折服了，不住地点头称赞。随后的一次次磨合，一次次调整，常常弄到晚上九十点，第二天继续……反反复复“折腾”了好几次，技术支持部分的一个个“堡垒”终于解决了。这不正是因为我校团队迸发出的智慧火花而攻克的吗？

然后就是试教。每一次试教，专家、校长、大组长等都主动参与听课评课，中肯地提出了很多意见和建议，还有掐算教学环节的时间。同办公室的伙伴们关心我，不断鼓励我：“需要我做什么吗？”“来，喝口水。你一定能行的！”……一句句温暖的话语充盈着我的心，劳吾身悦吾心。我全身心地投入到试教中……这节课在集体智慧的不断实践打磨中越磨越亮，并在区公开课上获得了老师们的好评。我还把这节课带到了长沙，参加了全国比赛，获得了一等奖。

看着这金灿灿的奖状，我心潮澎湃。站在领奖台上的人是我，可荣誉应属于我们附小这个集体。没有你们，我不可能和“他”——平板电脑邂逅，也没勇气成为附小利用平板电脑执教的第一人，更不可能深深地爱上“他”。（谢洁）

漂洋过海去教数学之前奏曲

从毕业后就扎根在附小，在这里我奋斗了近十七年，和附小有了深厚的感情。在附小这片沃土上，我不断进步，不断成长。

2014 年的 6 月底，我接到了蒯校长的通知，让我去参加一个市里的选拔。因我具有大学英语四级证书，所以没多想，就按选拔要求录制了一段用英语教数学的录像，寄到了规定的地方。

没多久，我接到了面试通知。这时我才知道，这是由中英两国教育部及上海市教育委员会领导，英国国家教学与领导力学院、英国数学教学卓越中心和上海师范大学共同实施的“中英数学教师交流项目”，也是我国第一个由发达国家资助、与发达国家之间的教师工作互派项目。这个项目要在整个上海市挑选 60 名小学数学老师，在 11 月底和 2 月底分两批赴英国，用上海的数学教材和教学方式来为英国孩子上课，课堂的教学语言必然是英语。

我既激动又忐忑，虽然，我有英语四级证书，可我不是科班出身，英语的学习主要也是靠自学，更重要的是，我已经有十几年没有用过英语了。我行吗？可若要放弃又不舍。我犹豫了。蒯校长笑着鼓励我说：“不去试一试，怎么知道行不行？去吧，我们支持你！”于是，我满怀信心开始了一周的“特训”，先用英语写好“自我介绍”，一遍遍读，一遍遍背；再假扮考官，用英语自问自答；说累了，就看英剧，练习听力；还利用一切课余时间听、读、背、讲英语单词、语句和英语故事。

一周后，面试我们的有上师大的原校长张民选、市数学教研员等 4 位老师。面对考官，我有些紧张。张老师先让我们进行自我介绍，然后问道：“你觉得自己的优势和短板是什么？”让我们自由发言。我努力克制住自己的情绪，想着这一周来的努力与奋斗不能付之东流，便主动用英语说道：“我已经工作十五年了，具有丰富的教学经验，因此我自信能上好数学课，但我的英语口语能力欠佳，和英国人交流有困难，用英语来教数学，会牵涉到很多数学专用词汇，难度一定很大，但我会努力学习，坚信自己一定能克服！”最后，数学教研员给我们出了一道奥数题，而我是第一个完成的。

走出教室，我的后背已被汗浸湿。回到家便是等待结果。终于，我的努力有了回报，我被选上了。然后是培训，培训结束还要考试。为了证明自己能行，我开始每天与英语为伴，一有空就是念念有词地背着数学专有名词：fractions，decimals，quadrilateral，subtraction，add……功夫不负有心人，我成为了第一批赴英国教数学的上海数学老师。

漂洋过海去教数学，这过程是艰难的，然而收获是巨大的，对比英国的小学课堂和上海的数学教学模式，我有了更多的思考，也有了更大的进步。（蔡娟琴）

六、在学校重建中成长

学校重建的梦想化为了现实，这其中蕴含着附小几代人的辛勤耕耘。何其有幸，我们这一代人能够圆了几代人的梦想。我们可以自豪地宣告：我是幸福的，因为我爱，因为我有爱。

化　蝶

蝴蝶必定要经过蛹的挣扎，才会有一双翅膀美丽如画！化蝶是最艰难的过程，是每一步必须完美的过程，是每一步必须踏踏实实完成的过程，最后它才会带给人们那份感动，那份梦想，那份对未来美好的期盼。

校舍重建不正是附小发展的里程碑吗？重建工程不正是化蝶的过程吗？不正是给予附小，乃至附小每一个师生一个再次迅猛高飞的历史机遇吗？

作为整个工程的“总管”，我真真切切、实实在在地亲身经历与见证了这次蜕变的整个过程，体验着每一步的艰难，也享受着每一步收获的硕果。

附小重建的消息几年前就在校园里相传，时刻牵挂着每一位师生，那份期盼在一日一日的梦想中，在一年一年的憧憬中慢慢地熬过。历经反复纠结、反复斟酌的岁月，终于在2014年10月正式进入旧楼拆除阶段。可预期的喜悦带给我的只有那一丝，更多的是满满的伤感和回忆。在学校搬移的那段时间，我拼命地留下附小的这个，附小的那个；这个不能丢的，那个以后能用的，真好像是在从别人手中抢夺属于自己的东西一样。后来我知道了，我抢的是那份记忆，我夺的是那份对附小的依恋。我时时会站在那倒塌的、堆成山的废墟上看着，看着曾经生活和教学过的每一寸土地，看着曾在自己手中经历过两次大房修缮的一砖一瓦，眷恋之情油然而生。我举起照相机拍着，拍着，眼睛莫名地湿润了，这是我18岁后工作至今的附小，是我心中的附小，如今没了。旧楼是没了，可在我心中它会永远占着很重要的位置。它很耀眼，虽然只是那旧旧的四层老房，虽然它不大，可它却是很高很高，因为这里人才辈出。

看着新校大楼一层一层地拔地而起，带给我的憧憬也越来越强烈。二次装修设计方案也在一次一次地颠覆、研究、商议、确定中赶集似的出炉着，简直是应接不暇。按照设计要求和教育教学的需求，办公室、教室、专用教室、特殊教室各式的家具，也同时在逼迫着每一天的工作时间。我期盼时间能停止前行的脚步，期盼再给我点时间！可不行，只有加油！再加油！设计选样结束了，以为可以喘口气了，可又会不由自主地担心效果不理想，家具不合适。一个个困难，就像影子似的结伴相随，天天相约而至，它们唯有一个一个被解决，才能让我心安。那些日子里，每天的微信运动记载几乎都要达到一万两三千步，哈哈！点赞的人可不少，都说我健身肯定有成效。

时间转瞬即逝，定格在2016年10月了，重建工程即将完成，蝶之将出，此时所有的附小人都关注着那一刻、那一时，期待着蝶的破茧而出、蝶之飞舞，期待着属于附小的那片阳光。这片土地将孕育出新的生命，南来北往的人们都会知道：美丽、动人的蝴蝶，它会永远地飞舞在附小的书语花香中，因为这里是它化蝶的地方，这里留下了它化蝶的艰辛和磨炼……（蒋文烨）

附小石头记

我来自林深叶茂的大山，我来自万千的巨石。千里迢迢，日夜兼程，我终于来到了上海。都市的夜景与乡村截然不同，它充满了活泼与欢乐。马路旁，一排排路灯照耀着黑夜，高楼大厦上做装饰的霓虹灯五彩斑斓，把整个都市照得如同白昼；马路中，一辆辆汽车你来我往，使夜不再寂寞。我躺在长长的卡车上，静静地等待着黎明的到来，心中忐忑不安：我不知道我的新家是怎样的，也不知道这里的人们是怎样的！

天渐渐地亮了，工地上渐渐热闹了起来。挖土机一阵忙碌，大吊车也已准备就绪，我一阵窃喜：啊！我终于有了属于我自己的一片土地！我冉冉上升，腾空而起，摇摇晃晃，慢慢前行……怎么回事？怎么把我搁在了这里？真是不好意思，我的体积太大，大吊车要调头缩短臂距再来送我。等啊等，等到大吊车清洗了轮胎上所有的污垢；等啊等，等到大吊车缓缓地推出狭长的小路；等啊等，等到大吊车在高峰时段的马路上 180 度调了一个头……终于等到了，我再次被装上吊绳，再次腾空而起！

近了，近了！我的天地近在咫尺，可我过不去，大吊车也无能为力！翻土车来了，想要出力帮一把，这样我就能挪动位置啦！可是不行，还是不行，真正急得心上像堵了块大石头！工地上的人啊真聪明，翻土车一辆不行再加一辆……

在大家的齐心协力下，我终于站在了属于我的土地上！让我的头抬一抬，踏沃土绿地，看日月星辉。雷声阵阵，天雨唰唰，洗去一路污垢，洗去满身尘埃。细看周围一切：原来这里是还在建设中的附小！这里就是我的新家！

我打量着周围，这里的人们个个眉开眼笑；这里的人们个个精神抖擞；他们仔细观察着我，说我像头牛！俯首甘为孺子牛！我喜欢。他们纷纷称赞着我：说我像一艘船，乘风破浪，顺风而行！我喜欢。我喜欢，我感谢，这里的人们热情智慧，爱着我，爱着这个家！

我憧憬！我守护！我的新家欣欣向荣，蓬勃向上！（张瑾）

孩子·梦·七彩校园

从未想过,孕育一个可爱的宝宝与建设一座美丽的学校,这两件事可以奇妙地交织在一起,成为我——一个幸运的妈妈和老师最难忘的记忆。

产假结束后,我回到牵挂已久的校园,新的大楼主体已经建成。蒯校长让我协助蒋老师策划室内装修。我感到责任重大,钢筋水泥的大楼只是框架,室内装修才是孩子们触摸的世界,需要用心、用智慧打造。

装修策划组的日常便是各种选择,家具什么样式?墙面什么颜色?护栏该定多高?地板用什么材料?细致到楼梯金属防滑条里橡胶条的颜色。每一个细节都关乎孩子们的安全和体验,每一次选择都充满了斟酌、纠结甚至争执。这里,我想说一个关于全校使用率最高的地方——厕所里的隔断门的故事。

厕所里的隔断门应该用什么颜色呢?厕所墙面已按图纸铺成深灰色瓷砖,空间显得紧凑又偏暗,如果隔断门再大面积使用一种亮色会显得非常不协调,而白色为底局部用彩条的方案,又因工艺和造价难以实现。几番争论,大家只能选择放弃原先的方案,讨论是否还是采用四平八稳的中性色。

带着纠结我回到家中,晚上给宝宝喂奶时,心中仍在思索,思索着附小装修的设计理念——未来附小将被打造成"七彩校园",每个楼层根据学生年龄和功能分为清新的绿、炫酷的蓝、热情的橙和梦幻的紫,要在校园的点滴之处用色彩加以表现……这样一想,蒯校长的坚持是对的,我们再难也要想办法,为所有的孩子建设一个更完美的校园,哪怕只是一扇门!

第二天清晨,暴雨刚停,带着修改方案,我们趟进湿滑泥泞的工地,新一天的争论也随即而来。为了实现彩色的门,周围的灯光、吊顶的颜色都要重新更换。可工地的工程师坚持按图纸施工,不愿修改,除非经纬的设计师重新出图。就这样一来一回,再沟通再交涉,又白白耽误了一周时间。不过我们附小人就是不怕困难,使出了锲而不舍、愚公移山的奋斗精神!

在我们不断的坚持、沟通、争取之下，月底工程例会后校长带回了好消息，一周的辛劳终于换来了七彩炫丽的门。

走出新校舍工地，我们互相微笑点赞！虽然，前方还会遇到一个又一个难题，但我们不怕麻烦，不畏困难，只为心中共同的信念——给孩子美丽的校园，许他们七彩的梦。（郭小源）

这十年，在附小人的眼里，是那样的厚重而珍贵。附小幸福成长故事也将继续进行，让我们共同期待下一个十年，再一个十年……

后 记

一曲《十年》，百转千回，感慨万千！行文至此，我的处女作——《师生成长的智慧园》一书也要画上圆满的句号了。

这本书记载了附小自恢复校名以来，我和我的团队矢志不渝的办学追求——让附小成为师生共同成长的智慧家园、学园、乐园和花园；回顾了这十年间，我和我的团队一切从头开始，同心同德，同舟共济，同甘共苦的创校之路；展现了新一代附小人所具有的荣辱与共的爱校精神、脚踏实地的求是精神、合作共赢的团队精神和乐思慧行的创新精神。书中把附小的管理、课程、课堂称之为智慧管理、智慧课程、智慧课堂，并不是说我们已成“智慧”，而是想表达我们的不懈追求与信念，期望智慧如阳光一样洒满校园的每个角落，让师生成长为智慧之人，能适应时代的发展，享有幸福人生。

对我而言，这是磨砺的十年，成长的十年，充实而又甘甜的十年。这段岁月，让我刻骨铭心，让我和附小融为一体，唯有笔耕，才能抒怀。一年多的切磨箴规，得到了“双名基地”卞松泉、蔡忠铭两位导师的悉心指导，得到了华师大金忠明教授的点拨帮助，得到了学校许多老师提供的丰富素材，在专家、领导、同伴的激励下笔耕不辍，我终于完成了书稿的写作，实现了人生的又一次成长。

因为和团队在一起，也萌生了“逼”教师们一起写书的想法。这几年，附小教师经过自己的努力实践取得了一定的发展，那么对于那些基础好、能力强、有潜力的骨干教师如何帮助他们进一步突破瓶颈，取得再发展，成为校长的责任。于是，由我领衔申报了上海市级立项课题“基于智慧课堂的特色教师培养的个案研究”，在专家的引领下，组织七位教师做先行的排头兵，创设一定条件，铺设绿色通道，鼓励教师挖掘自身教育教学特色，认真撰写个人专著，为更多教师做出前行的榜样。

现在，附小编写的《智慧育人探索丛书》即将问世，也许这套丛书缺乏一定的高度与深度，但却真真实实地记录了一线教师在教育教学上的执著追求，思索课堂、行走课堂、锤炼课堂的历程，展示了教师们对教育事业的钟情与挚爱，所以真切希望得到同仁们的斧正。

这套丛书的顺利出版，感谢杨浦区教师进修学院各位领导、教研员们的全力支持；特别要感谢一直以来厚爱附小，期冀附小的原第二师范学校校长、教育家于漪，亲自为丛书撰写了总序。高瞻远瞩的真知灼见，体现了教育前辈对我们这一代的殷殷期盼，也激励着附小在于漪精神的感召下不断奋勇前行。

一曲《十年》，百转千回，感慨万千！十年，是岁月的符号，是昔日的美好，更是崭新的开始。“十三五”教育蓝图已经绘就，附小也将迎来其华丽转身的美好时刻。我们将紧紧把握机遇，积极推进智慧校园的建设，向着师生共同期冀的美好愿景出发——幸福地栖居在自由、快乐、智慧的校园里，得到适切的成长与持续的发展。

2016 年年底，附小重建完工、顺利回归，谨以此套丛书作为献给“新附小”的礼物，也谨向所有附小的师生、家长及所有关心、支持、帮助附小发展的领导、专家、同行和朋友表示诚挚的感谢！

蒯峰梅
2016 年 11 月

参考文献

[1] 叶澜.教师角色与教师发展新探[M].北京:教育科学出版社,2001.

[2] 王玉华,杨朝晖.创造型教师的品质特征及其培养途径[M].北京:中国科学技术出版社,2003.

[3] 教育部师范教育司.教师专业化的理论与实践[M].2版.北京:人民教育出版社,2003.

[4] 王建军.课程变革与教师专业发展[M].成都:四川教育出版社,2004.

[5] 张万祥,万玮.教师专业成长的途径——30位优秀教师的案例[M].上海:华东师范大学出版社,2005.

[6] 潘国青.学校教育科研新论[M].上海:上海教育出版社,2005.

[7] 傅建明.教师专业发展——途径与方法[M].上海:华东师范大学出版社,2007.

[8] 焦晓骏.教师的智慧[M].福州:福建教育出版社,2007.

[9] 薛剑刚,时俊卿.做智慧型教师[M].北京:语文出版社,2011.

[10] 曾建胜,苏文木.做有智慧的教师[M].福州:福建教育出版社,2011.

[11] 蔡忠铭.学做智慧型校长[M].上海:上海教育出版社,2012.

[12] 卞松泉.治一校若烹小鲜[M].上海:上海教育出版社,2012.

[13] 尹后庆.见证变革[M].上海:上海教育出版社,2013.

[14] 袁贵仁.中小学校管理评价[M].北京:人民教育出版社,2014.

[15] 李希贵.面向个体的教育[M].北京:教育科学出版社,2014.

[16] 窦桂梅.回到教育的原点[M].桂林:漓江出版社,2015.